JN082773

学校選択制は
学校の「切磋琢磨」を
もたらしたか

大阪市の学校選択制の政策分析から

濱元伸彦・中西広大　著

八月書館

はじめに

　本書は、大阪市で2014年に導入された学校選択制に関する政策分析を意図して書かれた研究書である。本書の執筆者である二人は2015年あたりから、それぞれ独立して大阪市の学校選択制に関する公開データの収集やフィールド調査を行い分析を進めてきたが、その後、その研究成果を、大阪市の学校選択制に関する総括的な政策評価としてまとめられないか考え、なんとか本書の刊行にいたった。本書の二人の執筆者は、それぞれベースとなる研究領域が若干異なっているが、一応本書は、「政策科学としての教育社会学」を志向するものとして位置づけたい。

　本書では、大阪市の学校選択制がどのように実施されるにいたったか、また、導入後、学校選択制がどのように保護者に利用され、そして、どのような変化を市立小・中学校にもたらしているか明らかにしようとしている。加えて、本書を大阪市という一自治体の学校選択制の事例研究という形にとどめるだけでなく、研究知見を通して、学校選択制という政策に関する理論的な貢献も果たしたいと考えている。その貢献とは、欧米や日本国内において学校選択制の導入を正当化する理論、すなわち、学校選択制がもたらす擬似市場的な環境が学校の教育改善をもたらすという理論——本書ではこれを学校選択制の「切磋琢磨」の理論と呼ぶ——について検証する。

　本書の分析は、公開されたデータや筆者ら自身のフィールド調査（主にインタビュー調査）に基づくものだが、大阪市の学校選択制の動向を隅々まで検討できるほど十分とは言えない。それでもなお、これまで出されてきた大阪市の学校選択制に関する研究成果と比較すれば、その内容はかなり包括的であり、同市の政策担当者や教育関係者に対しては、選択制の実態について考えるための豊富な情報源となりうるはずである。

　最初に述べておくと、学校選択制に対する著者らの基本的なスタンスは批判的なものであると言って差し支えないだろう。ただ、本書において分析結果を提示し、それに関する考察を展開するにあたっては、批判ありきの視点で臨むのではなく、可能な限り中立的な視点を保って行うよう心がけたつもりである。というのも、終章で述べているように、就学制度のあり方を考え見直していく主体はあくまで市民であると捉えており、本書の役割は、市民

の就学制度に関する建設的な対話を支える研究知見を提起することだと考えているからである。

　加えて、本書の読者には、学校選択制が改めてどういう制度なのか、それが何をめざすものなのかも先行研究を通じて考えてもらいたい。また、学校選択制を正当化する理論（本書でいうところ「切磋琢磨」の理論）とは何か、それを支えるエビデンスがいかに脆弱であるか、また、学校選択制から期待されるメリットやそれがもたらしうる潜在的なリスクは何かもまた知ってもらいたい。以上のことを知り、考えてもらいたいがゆえに、本書の序章が非常に長いものになってしまったことについては、あらかじめお詫び申し上げたい。

　また、大阪市には学校選択制導入以前に、長年の「越境入学防止」の全市的取り組みがあったこと、それは、特定の学校や地域に対する差別意識をなくし、今日でいうところの学校間の序列意識を徹底してなくそうとする取り組みであったことも、改めて思い起こされてほしい。そうした就学制度に関わる歴史や地域的背景、そして、本書に提示するさまざまな学校選択制の実態に関する知見を読み解いていただきながら、改めて、本当に学校選択制という制度が必要なのか、市民を含め教育にたずさわる人々が幅広く考え、議論していただけたら、筆者らとしては大変幸いである。

　本書執筆中の現在も、東京都の一部の特別区など学校選択制を見直す動きがある一方、学校選択制の新たな導入を検討する自治体もある。本書は大阪市の学校選択制の事例に焦点を当てた研究であるが、他の自治体でこの制度の見直しや導入の検討に携わる人々に対しても、本書の知見は有用なものであると考えている。

執筆者を代表して　濱元伸彦

学校選択制は学校の「切磋琢磨」をもたらしたか
　　——大阪市の学校選択制の政策分析から
　　　　　　　　　　目次

　　　　執筆担当：濱元伸彦（はじめに、序章、第1章、第3章、第4章、

　　　　　　　　　　　第7章、終章、あとがき）

　　　　　　　：中西広大（第2章、第5章、第6章、あとがき）

序章　学校選択制と「切磋琢磨」の政策理論
――政策分析のための序論

1. 学校選択制とは

　あらためて、本書が焦点を当てる制度、学校選択制とは何であろうか。『学校教育辞典』（第3版, 2014）によれば、「保護者に、その子女を通わせる学校を選択する権限を認める制度。主として、義務教育段階で使用される用語である。」(p.138) と記されている。「主として、義務教育段階で」とされているが、日本では、国民すべての義務教育の保障のため、教育委員会が学齢期の児童生徒の就学すべき学校を指定する義務を負っており、そして、その学校は児童生徒の居住地域で定められた校区の学校を指すとの原則があることが含意されている。つまり、学校選択制とは、この原則を緩和し、子どもやその保護者の要望に対応し、教育委員会が居住地域で定める校区以外の学校も就学先として選択できる自由を付与する制度を意味する。同制度は、特に日本の文脈では、もともと居住地域と関係なく受験可能な私立学校は除き、義務教育段階における公立学校の選択を意味する。文部科学省（文部科学省2006）も、「市町村教育委員会は、就学校を指定する場合に、就学すべき学校について、あらかじめ保護者の意見を聴取することができる（学校教育法施行規則第32条第1項）。この保護者の意見を踏まえて、市町村教育委員会が就学校を指定する場合を学校選択制という」と説明している。

　また、近年では学校選択制（公立学校選択制）という場合、「指定校変更基準の緩和」とは異なり、特に理由を問われることなく、子どもの就学にあたって規定の範囲内で全ての保護者が希望する学校への就学の申請を出せる制度を指す。表0-1は文部科学省（2006）が示している日本国内における主な学校選択制の形態を指している。

2. 学校選択制をめぐる国際的な動向

　しかし、上のような学校選択制の捉え方は、あくまで日本独自のものである。諸外国にも学校選択制はあるが、それらも基本的には、各国の元の就学制度からの緩和ないしは弾力化を意味するので、元の就学制度が何であったかなども含め、学校選択が意味するものは国・地域によって異なってくる。

表0-1. 文部科学省（2006）における主な学校選択制の形態

自由選択制	当該市町村内の全ての学校のうち、希望する学校に就学を認めるもの
ブロック選択制	当該市町村内をブロックに分け、そのブロック内の希望する学校に就学を認めるもの
隣接区域選択制	従来の通学区域は残したままで、隣接する区域内の希望する学校に就学を認めるもの
特認校制	従来の通学区域は残したままで、特定の学校について、通学区域に関係なく、当該市町村内のどこからでも就学を認めるもの
特定地域選択制	従来の通学区域は残したままで、特定の地域に居住する者について、学校選択を認めるもの

例えば、『学校選択制に関する研究ハンドブック』（Handbook of Research on School Choice 2nd Edition）におけるラッドとフィスク（Ladd & Fiske, 2020）の説明によれば、国によっては、学校選択制は、一つの国の内部での言語や宗教、エスニシティなどにおける社会の多元性に対応し、多様な学校の中から保護者が自らのアイデンティティや文化、価値に即した学校を選べるようにしていることもあり、実はこのタイプの学校選択制のほうが歴史が長い。また、以下で述べるように、マグネット・スクール（米国）のように人種差別解消をねらいとするものもあれば、教育制度に市場原理を導入して教育改善を図ろうとするものなど、学校選択制のねらいや方法は様々である。

　米国を例にして、概観してみたい。米国ではかつて、公立学校の教育については、学区の教育委員会が居住地により高校まで就学先を定める仕組みが一般的であったが、1970年代に人種差別解消を目指して登場したマグネット・スクールに代表されるように、徐々に、どの居住地からも通うことのできる特別な公立校の設置や、オルタナティブな学校の増加の流れの中で、就学制度の緩和が進んだ。公立学校の中での学校選択の形態も広がり、オープン・エンロールメント（学区内選択）、学区間選択、チャーター・スクールなどが主要な形態として挙げられる。また、一部の大都市では、低所得者の子どもに質の高い教育へのアクセスを広げるため、私立学校も含めて自由に就学先を選択できる教育バウチャー制度が取り入れられたケースもある。また、F・ヘスとC・フィンJrの編著書『格差社会アメリカの教育改革―市場モデルの学校選択は成功するか』において、コルヴィン（訳書2007）は、以上のような方法に加えて、保護者・子どもによる選択の形態として、ホーム・スクーリングやバーチャル・スクールも挙げている。以上のほか、コルヴィン

は、選択の制度とは呼べないものの、実は最も広範に用いられている「学校選択」とは、保護者が子どもの就学する先の学校の情報を調べて、その学校に通わせることを考慮し住宅を購入・賃貸することだと指摘している（p.38）。日本においても、近年の子育て世帯の住宅選びに関しては同様の傾向があるといえよう。

　米国では、学校選択制は、保護者・子どもに多様な教育の場へのアクセスを広げる手段として展開されたが、同時にそれは、教育改革の手段として捉えられている。例えば、2000年代の米国における「落ちこぼれをつくらない法」（ＮＣＬＢ法）では、州が定める学力テストで年次達成目標に到達しない状況が複数年あった場合、その学校の保護者に学校を選択（変更）できる権利を与えるという措置が設けられていた。これは、教育的な成果を上げている学校の質の高い教育へのアクセスを保護者に与えるという補償的措置であるが、同時に、成果を上げていない学校に対するペナルティーとの意味合いもある。

　米国や英国で、公教育の領域に市場原理を導入することが教育の改善につながるとの考え方が、特に保守勢力の間で強まったのは1980年代である。教育バウチャーを提唱した米国の経済学者M・フリードマン（『選択の自由』の著者）がそうした理論的支柱の一人であり、新自由主義の祖ともみなされている。フリードマン（訳書1975ほか）は、学校教育を閉塞に追い込んでいるのは官僚支配の下でできた教育関係者のネットワークと利害関心であり、それを打ち壊すためには、保護者に自由に学校を選べる権利を与え、教育提供者間に市場原理をもたらすことが必要と主張した。また、米国の教育研究者では、Ｊ・チャブとＴ・モーが、学校選択を拡大させることが学校を改革するための「万能薬」（panacea）であると主張し、その導入により、学校間の競争が促され、卓越した学業達成がもたらされると説明した。彼らの主張は、米国のレーガン政権以降の、バウチャー制度やチャーター・スクールなども含め、公教育における選択と競争の拡大を力強く後押しするものであった（ラヴィッチ訳書2013）。

　米国の場合、学校教育制度は州に任せられており学校選択制の構造も州や市によって異なるが、国の改革として大規模に学校選択制を導入した事例としては、1980年代の英国におけるサッチャー政権時代の教育改革がある。低迷していた英国経済を立て直し、国家の威信を回復するため、主に児童生徒

の基礎学力に関して教育水準を大幅に上げることが国家的な命題とされた。学校に関して言えば、地方教育局と呼ばれる、教育の地方自治を預かる行政組織が廃止され、より中央集権が強められる一方、予算運営も含め学校経営の自律性が拡大した。加えて、ナショナル・カリキュラムの導入や基礎学力の到達度を測る共通学力試験が実施されたほか、それまでの居住区に基づく就学制度が改められ、学校選択制が導入されるようになった。上の共通学力試験の学校ごとの結果は一般に公開され、保護者は新聞等で発表された試験結果における学力のランキング表（リーグテーブルと言われる）に注目するようになった。同時に、教育水準局（Ofsted）と呼ばれる学校の評価機関が設置され、学校を査察し、教育の質について評価を行うことも進められた。保護者は、先のリーグテーブルやOfstedの評価などに基づき、子どもの進学先を決めるようになっていった。また、自律的な学校経営が促進されたものの、学校予算は入学した生徒数に応じて配分される仕組みとなる。それゆえ、学力試験で結果がふるわず、リーグテーブルでのランキングが下がると、学校の評判も下がって入学者が減り、学校の予算も縮小する。このように、学校選択制に基づき、学校は生徒獲得のため競争し、かつ、テスト結果の向上に努めるという擬似市場主義的な体制が構築されたのである。

　このように、市場原理を導入し、競争や成果主義を軸に公的サービスの向上を図ろうとする政策手法は新自由主義とも呼ばれるものであり、こと教育分野においては、サッチャー政権の教育改革がその元祖と言えるだろう。こうした新自由主義は、経済界および民間企業の経営概念からの影響が大きく、その推進者は、市場原理の導入が、旧来の教育行政の手法を刷新し、学校教育の効率化と成果向上を進められると主張する。そうした考えのもとでは、個々の学校が教育サービスを提供する小さな「企業」「店」となって教育の消費者たち（保護者・子ども）に対応するという市場のような構図で捉えられている。この市場で成功するためには、学力テスト等で目に見える成果を上げ、質の高い教育を提供していることを証明し続ける必要があり、それは学校が果たすべきアカウンタビリティとして捉えられている。このように、学校選択制は、学校間に市場原理を働かせる新自由主義的な教育改革の方法の一部としても位置付けられてきたのである。

　前述の『学校選択制に関する研究ハンドブック（第2版）』において、新自由主義的な教育改革として学校選択制を取り入れている国の代表例としては、

英国と米国のほか、チリ、ニュージーランド、スウェーデンが挙げられている (Lad & Fiske, 2020, pp.89-92)。

　他方で、これらの国々、特に米国やニュージーランドの学校選択制を見ると、そのすべてが、新自由主義的な教育改革——すなわち、市場原理の導入による学校の教育改善の促進——を意図したものとも言えない側面が確かにある。それは、教育において「選択」を拡大させることが、貧困層など教育上の不利を背負う人々への教育へのアクセスを広げたり、あるいは、貧困層が多く不利な環境の中にある学校の教育改善を前進させるなどして、不平等の是正につながるとの考えである。前述のラッドとフィスク (2020) も、学校選択制が進められる方向性の一つに「社会経済的背景が厳しい集団をエンパワーないしは援助」という分類を設けている。ただ、そうした発想に基づく「選択」の拡大が不平等の是正に本当に効果を上げているかについては根拠が乏しいとされている[1]。

　また「社会経済的背景が厳しい集団をエンパワーないしは援助」という点でいえば、米国の一部の学校選択制や実験的に取り組まれたバウチャープログラムも、貧困層の子どもの教育の保障をねらいとしたものが少なからず見られる。ただ、この発想に基づく教育改革も、「上澄み掬い（クリームスキミング）」として知られる現象として、貧困層や人種的マイノリティの中でも情報を得てそれを活用できる人々とそうでない人々の双方が必ずあらわれることが問題だとされている。欧米の研究においても、学校選択制やバウチャー制度が、貧困層の子どもの学力向上などに効果を上げたかどうかについては長きにわたって論争が続いており、その成果は定かではない（例えば、ウィッティー（訳書2004））。

3. 学校選択制の効果に関する国際的な研究上の論争

　以上のように、学校選択制について、「選択の拡大」やそれに基づく「競争」が、学校教育の質的改善や全体的な教育水準の向上、あるいは不平等の是正に効果をもたらすという主張に対して、「選択」を擁護する側、反対する側の双方の研究者から様々な知見が出され、その論争は1980年代から現在まで続いている。近年の論争の一例をあげると、ジャバーら (Jabbar et al, 2022) による様々な学校選択プログラムに関する実証研究のメタ分析と体系的レビューは、学校選択制による学校間の競争的環境が、生徒の学力向上に小さいが

ポジティブな効果があるとしつつ、その影響は選択制の種類や生徒の背景に左右されると結論づけている。一方で、同様のメタ分析と体系的レビューを行ったジェンら（Jheng et al, 2022）は、ジャバーらの研究などが指摘する学校選択制の教育効果は、政策担当者が期待するような生徒の学力の「底上げ」（boost）からは程遠いごく僅かなものであると指摘している。むしろジェンらのメタ分析と体系的レビューは、以前の研究でも指摘されているように、経済的に裕福で高学歴の親が学校選択制を利用する傾向があること（すなわち、「上澄み掬い」の現象）を改めて確認し、その継続は、学校間の格差拡大と社会階層の分離につながると結論づけている。

　また、『学校選択制に関する研究ハンドブック（第1版)』の著者の一人ハイネマン（Hyneman, 2009）は、学校選択制の国際的な動向およびその研究のレビューに基づき、学校選択制による学校の教育改善の考え方とその効果に関する論争をまとめて次のように述べている。学校選択制の研究に関する総括的な見方と捉えてよいだろう。

　　　学校選択制をめぐる主張の多くは、学校教育の提供における公の独占状態があり、学校が非効率であることの一因は競争の欠如であるという前提に基づくものであった。選択制の擁護者は、もし家庭が消費者として位置付けられ、自分の子どもにとって望ましい教育を自由に選ぶ権利をもてたならば、公立学校もそれ以外の学校も生徒をひきつけるために自らの「供給側の反応」（supply response）を向上させるだろうと主張する。（中略）選択は、よりよい指導、より創造的なカリキュラム、成績に対するより大きな配慮、そして、結果に関するより大きな透明性にむけた、潜在的な刺激をもたらすと信じられた。つまり、競争は「すべての船をもちあげる潮流」を意味すると信じられたのである。(p.81)

　しかしながら、ベレンズとゾトーラ（Berends & Zotola, 2009）は、上のような主張を支える研究上のエビデンスが未だ乏しいことを指摘し、次のように結論づけている。

　　　学校選択制の理論的根拠は、自律性・革新・アカウンタビリティをもたらすことで、選択制の下での学校は、通常の公立学校と比べて、より

014

効果的に運営されるというものである。しかし、既存の研究からは、これが事実なのかは定かではない。長年、教育研究の政策担当者や教育者に対する有用性は、効果的な学校の特徴を把握することが、必ずしも、そうした学校を実際につくりだすことにつながるわけではないという事実によって対抗されてきた。さらに、政策的な観点からは、「選択制に基づく改革は、持続的な効果をもたらすと期待されるような具体的な措置ではない。選択制に基づく改革によって生み出される変化も選択の結果として一部あるだろうが、他の多くは、選択と偶然的に関係したものに過ぎず、将来の選択制に基づく取り組みによって再現可能かどうか明らかではない」（Hess & Loveless, 2005, p.97）。例えば、特定のカリキュラムとの結びつきやデータに焦点化した指導方策をもったある選択制の学校は非常に効果的になるだろうが、そうした特定の条件をもたない学校は（あるいは教師の各クラスの指導が完全に教師任せになっている学校は）全く効果的でないだろう。(p.49)

　以上を整理すると、既存の欧米の研究上の知見からは、学校選択制の導入がすべての学校の教育改善を保証するものではないと言える。ハイネマンの言葉を借りれば、競争が「すべての船をもちあげる潮流」になるのではないということである。学校選択制の「競争」が学校の指導上の変化ないしは改善への「刺激」になるケースもあるだろうが、多くの場合、教育上の効果が生じるのは、カリキュラムや指導方法等に関する取り組みや行政的な支援とマッチしたときであろうと考えられる。しかし、その場合にも、はたして「選択」「競争」の環境が、そうした効果や改善の必要条件であったかは確定が難しいことだと言える。
　一方で、教育効果や改善が生じるかどうか不明であるというだけではなく、学校選択制の導入が学校および公教育制度にもたらす弊害に関する研究上の知見も見ておく必要がある。例えば、ウィッティー（訳書2004）は、米国、英国、ニュージーランドなどの研究の知見を整理しながら、学校選択制やバウチャー制度による「選択」の拡大が、学校教育の不平等の是正ではなく、より一層の格差の拡大をもたらしているとの見方を支持している[2]。さらに、ウィッティーは、ニュージーランドに関するワイリーの研究知見をもとに、もともと低所得層や人種的マイノリティーが多い地域の学校では、抱えてい

る教育課題が多いことを指摘している。そのため、公開される学力テストのランキングでも下位にとどまりがちなため、学校選択制では生徒を他校に取られやすく、それによってより一層教育改善が難しくなる状況が指摘されている。つまり、「競争」といっても、学校が位置付く地域的背景やもともとの社会的・経済的背景等においてスタートラインに大きな違いがあり、学校の教育改善がそれに打ち勝って目に見える成果を上げることは容易ではないとウィッティーは指摘する。

また、ウィッティー（訳書2004）が指摘する他の弊害としては、学校選択制の導入によって保護者が「消費者」に位置づけられることで、保護者は学校の成果を公表された学力スコアやランキング、名声など表面的なレベルで理解するようになり、逆に、学校の置かれている状況や困難に対する取り組みを考慮することはなくなる（pp.77-78）。加えて、彼は、選択制の下では、学校同士が生徒獲得にむけ競争的な関係に置かれることで、本来、学校改善を支える上では他校との協力関係が必要となるのに、それが阻まれるという問題性も指摘している（p.79）。

4. 日本における学校選択制の政策上の流れ

次に、視点を再び日本に戻し、日本において学校選択制がどのように議論され、導入されるにいたったかについて考えたい。以下、日本における学校選択制に関する政策上の議論やその実施をめぐる自治体の動きを概観する。

（1）1980年代における「教育自由化論」の勃興

小島（2009）によれば、1953年の学校教育法施行令第8条において、子どもの通学上の過剰な負担などを理由とした就学指定校の変更が、すでに可能となっていた。しかし、これは極めて例外的な対応であり、通学区域の弾力化が議論され進むのは1980年代以降である。

1980年代に入ると、教育改革の方策の一つとして「通学区域制の廃止」を行い、「教育の自由化」を求める主張（教育の自由化論）が一部の論者の中から起こり、欧米の学校選択制導入の動きなどにも刺激を受け、学校選択制の導入が本格的に論じられるようになってくる。前述の小島（2009）によれば、この1980年代は、「規制緩和・民営化・市場化という構造改革路線が日本内政の基調となっていく時期」であり、「その一環として、既に弾力性・柔軟性を

もってきた就学校指定制度（学区制）についても、『市場による選択』という仕組みが導入されていった」という（pp.67-68）。

　特に、国政レベルで「教育の自由化」が本格的に議論されるようになったのは、1984年に始まる臨時教育審議会（臨教審）である。同審議会の中でも、一部の委員からは、既存の通学区域制を廃止して学校選択を自由にすることにより、「競争メカニズム」を取り入れることで教育を活性化しうるとの主張もなされた。嶺井（2012）や他の研究者も指摘しているように、臨教審における「教育の自由化論」の先導役となったのが、松下幸之助を中心とした「世界を考える京都座会」が臨教審の前に発表した『学校教育活性化のための七つの提言』（1984）である。この提言は、フリードマンの教育改革論の影響が強く見られ、日本において、市場原理の導入による学校教育の活性化という新自由主義的な教育論が初めて登場した機会と見ることができる。同提言の総論部分では、次のような改革案が示されている。

　　　二十一世紀の社会に適応し得る教育、それはあらゆる教育の場において、公正な競争原理が機能するものでなければなりません。超高度な技術、そして多様化された社会は、多様かつ優れた人材の輩出を要求するでしょう。そのためには、学ぶことに意欲のもてる学校をつくること、すなわち生徒同士の競争ばかりでなく、先生同士にも、よりよい教育をめざして、自由に競争できるような条件をつくり出し、よき教育が普及し、悪しき教育が淘汰されるようにすることが大切です。（中略）教育は、でき得る限り公的機関からの、束縛や指導を排除し、教育の独立を基本とした自由な状況のもとで行われることが望ましいと思います。とりわけ、教育制度は、さまざまな制限を可能な限り撤廃、もしくは緩和すべきでしょう。（世界を考える京都座会1984, pp.13-14）

　以上のように、教育に「自由な競争」を取り入れ、そのための規制の撤廃・緩和を進めるため、同提言では二番目の具体的提言として、「通学区域制限を大幅に緩和すること」が示されている。いわく、これまでの通学区域が、教育の機会均等、平等の視点から行政の義務として必要であったことを認めつつも、「現在あるすべての通学区域の制限を大幅に緩和し、子どもたちが行きたい学校で勉強できるよう、学校選択の自由を広げるべきである。」（p.18）

としている。また、多種多様な学校教育が自由に提供され、選ばれるようにするために、同提言では、「学校の設立も、自由の度合いを大幅に広げて、民間による学校を中心とした教育に逐次移行させていくべきでしょう。」(p.15)とも述べており、かれらの青写真はバウチャー制度、あるいは、さらに後に米国で広がるチャータースクール（公設民営学校）をも意味していた。

　ちなみに、この「座会」の一員であり、同提言の作成にも深く関わったと考えられるのが、2000年代に橋下徹氏（元大阪市長）のブレーンとして、教育を含め政策全般に大きな影響を与えたと考えられる堺屋太一氏である。上の提言をタイトルとして京都座会が刊行した本の中で、堺屋氏は「学校・教師間への競争原理の導入について――多様な社会に適応する教育改革を」という章を著している（堺屋1984）。その中では、日本の戦後の学校教育を、ナチス支配下のドイツの工業体制にたとえ（るというやや荒唐無稽な議論を展開し）、すべて政府からの計画によって支配され、画一的な「悪貨」の教育がはびこっていると主張し、良貨（良い教育）を生み出すには、教育の供給者（学校・教員）の間に自由競争をもたらすことが不可欠だと主張している。そして、この主張に基づき、既存の小・中学校、高校に設けられている学区制や通学区域の指定は「ただちに全廃する」こと、また、それにより、生徒が「どこでも好みの学校に行けるようにする」(p.139) ことを求めている。

　　そうすれば、よい学校には生徒が集まり、悪い学校の生徒は減る。自治
　　体は、毎年入学希望者数や入学者数に合わせて、希望者の多い学校に教
　　員・事務員を増やし、教室を増やす一方、生徒が減った学校は縮小、極
　　端な場合は廃校する。そうして不要になった学校の施設や土地は民間に
　　売却して教育財源に充当してもよいし、時には人気のある学校の分校に
　　してもよい。要するに「良い教育を拡大し、悪しき教育を縮小するわけ」
　　である。(p.139)

　高橋（2001）がまとめているところによれば、「座会」の提言したいわゆる「教育自由化論」については、文部省、臨教審第三部会、自由民主党、日教組などがそれぞれ反対の立場を表明した (p.94)。例えば、文部省は、学校教育は、憲法および教育基本法に従い、①教育の機会均等の確保、②教育水準の維持向上、③調和のとれた人間性の重視、④教育の公共性、継続性の確保な

どの基本原則に立って展開されており、自由化論は、これらの基本原則に立った学校教育の公共性、継続性、安定性を危うくすると主張した。また、臨教審第三部会も、「義務教育段階における自由化は必要がない」との立場をとり、その主な理由は、①公教育として一定の統一が必要である、②政治的中立、教育の水準を確保する必要がある、③子どもの社会的・経済的条件によって差別される可能性がある、④家庭の教育費の負担や教育行政経費の負担が増大する、⑤学校の選択が適正に行われるかどうか疑問がある、⑥知育偏重を助長し、受験競争も激化させる、というものであった（高橋2001, pp.94-95）。特に臨教審第三部会の批判が、「自由化」の一部としての学校選択制の問題点について1980年代当時の段階から細かく指摘していた点は注目に値する。

　以上の反対にみるように、臨教審答申が「学校選択の自由」を採用することはなかったが、教育の画一性・閉鎖性を打破するという全体的なトーンの中で第三次答申（1987年）は「通学区域の弾力化」を提言している。これを受けて、文部省も1987年、地域の実情や保護者の要望に応じた「調整区域の設定の拡大」「学校指定の変更・区域外就学の一層の弾力的運用」等について検討する必要があるとの通知を市町村教育委員会に出している。

（2）1990年代における政府の「規制改革」の動きと学校選択制の議論

　臨教審をめぐり、日本における学校選択制の嚆矢となる「教育自由化論」が「京都座会」という経済界の一シンクタンクから起こってきたように、学校選択制及びそれを通じての教育における「学校選択の拡大」「競争の導入」の国に対する要求は、基本的に経済界の領域から投げかけられ、一部の経済学者らもブレーンとしてその要求や政策提案に助力した。そのようにして「教育自由化論」により注入された「学校選択の拡大」「競争の導入」という教育改革のDNAは、2000年代後半まで20年以上にわたり勢力を強めていく。また、英国のサッチャー政権の新自由主義的な教育改革、米国の学校選択制やバウチャー制度、チャータースクールなどは、そうしたDNAに基づく改革議論を活発化させるものであった。

　その後、1990年代では、内閣のつくる行財政改革の委員会などが経済界からの改革の要望の受け皿となり、集約した改革案を文部省に投げかけ、文部省がその攻勢に抗いつつも、徐々に通学区制度の緩和を受容していくという流れが進んだ。1996年には規制緩和の推進を掲げる橋本龍太郎首相の下でつ

くられた行政改革委員会が「規制緩和の推進に関する意見（第二次）——創意で造る新たな日本」を発表し、市町村に対して「学校選択の弾力化の趣旨を徹底し…（中略）…学校選択の弾力化に向けて多様な工夫を行うよう、指導すべきである」[3]と提言した。そのほか、2000年の「教育改革国民会議報告－教育を変える17の提案」（森喜朗内閣）や2001年の「規制改革の推進に関する第一次答申」（小泉純一郎内閣）においても、通学区域に関する一層の弾力化や選択の拡大が推奨され、政府として積極的に「学校選択制」の導入を後押しするムードが強まった。

　また、時期が前後するが、新たな経済界のシンクタンクからの提言としては、1998年に社会経済生産性本部が、財界関係者や学識者（社会学者の橋爪大三郎ら）を招き作成した報告書『選択・責任・連帯の教育改革－学校の機能回復をめざして』を発表する（刊行年は1999年）。ここでは、先の「京都座会」の提案とは若干異なった見方で学校選択制の導入を主張している。以下、その一部を抜粋する。

　　公立小中学校の学区制が、学校教育を窒息させている。
　　学区制は、家庭（親・生徒）から、学校を選択する自由を奪っている。一方、学校にも生徒を選ぶ（入学を断ったり、退学させたりする）権限がない。互いに選んだわけではない教師と生徒が、仕方なく教室で対面する。このような出会いからは、教師と生徒の間、学校と家庭の間の信頼が育ちにくい。
　　学区の枠を取り払い、家庭（親・生徒）が自由に学校を選べるようにする。
　　この改革は、主に都市部で大きな効果を発揮するであろう。通学距離にいくつかの小学校、中学校がある区域では、親は当然、よりよい教育を求めて、学校を選択するだろう。学校の側でも、よりよい教育を行なって親の信頼に応えようと、いっそうの努力をする。これまでぬるま湯につかっていた公立学校の間に競争が働くようになる。こうして、家庭と学校、生徒と教師の間に、互いに選びあった（信頼しあった）関係を生み出すこと。これが、学区制廃止の意義である。（堤清二・橋爪大三郎編1999,p.10）

　また、このように学区制廃止の意義を主張しつつも、同報告書は、実際に選択制を導入しても、小・中学生のほとんどは自宅から近い学区制の時と同じ学校を選ぶに違いなく、選択制を利用するのは1〜2割に過ぎないと想定している（p.11）。ただ、実際に利用する率が低くても、この政策は次のような意義を有すると主張する。

　　しかしこの結果、教育の質が変化する。親は、ある学校を選択することで、その責任を自覚する。生徒には、その学校に来たくて来ているのだという自覚が生まれる。教育に不満なら、いじめが嫌なら、転校する自由もある。学校は宿命的な運命共同体から、互いに選びあった連帯の場に生まれ変わる。行政が与えた枠にすぎない学区の代わりに、学校に自由に通う生徒と親たちのネットワークができあがる。これが、学校を核とした地域社会（コミュニティ）再建の出発点となろう。（前掲書p.11）

　以上、引用が長くなったが、同報告書の論旨としては、学校の教育機関としての機能不全の主たる原因は、学校、生徒、家庭の間の「連帯の欠如」であり、そして、学校を機能不全から救い「連帯」を回復させる方策として打ち出されているのが、学区制を撤廃して、保護者・生徒が自由に学校選択できるようにすることである。これにより、学校という場は「互いに選びあった連帯の場に生まれ変わる」としている。また、別の項において同報告書は、校長の公募制や学校経営における裁量の拡大なども併せて提案している。学校選択制の推進にかかわる議論では、「競争」よりも「連帯」「信頼」に重きを置いている点で、前述の「京都座会」の主張とも一線を画するものといえるが、他方で、後述する黒崎勲の学校選択制の理論との間には一定の親和性がみられる。
　ともかく、1990年代後半には、通学区制度の撤廃と学校選択の自由拡大が、政財界の間で、教育の活性化ないしは機能回復の有力な処方箋の一つとして積極的に位置付けられ、政府全体の「行政改革」「規制緩和」という方向性や、グローバル競争への対応として教育の多様化・特色化をすすめるとのねらいの下で、学校選択制を全国にむけて押し出す動きが強まった。そして、これらの動きは、藤田（2014）も指摘するように、「中教審も含め教育界から出てきたものではなく」、政財界の意向を汲みながら、「教育以外の審議会、特に

内閣総理大臣の諮問機関である規制改革関連の委員会から繰り返し要請されたもの」であり、その点で「政治主導の改革」と言えるのである（p.68）。

　しかし、政財界で学校選択制の推進のムードが強まるなか、自治体サイドでは、学校選択制の導入に踏み出す動きはほとんど見られなかった。数少ない例外として、1996年に東京都足立区が「通学区域の弾力的運用」を大胆に進め、これは後に述べるように実質的な学校選択制の開始だと見なすことができる。そうした中、嶺井（2012）によれば、1999年7月に成立した「地方分権一括法」による自治体における就学事務の取り扱いの変更がターニングポイントとなり、東京都の特別区など、複数の自治体が学校選択制の導入に向けて動き出すようになる。また、上述の「教育改革国民会議報告」や「規制改革の推進に関する第一次答申」もそうした自治体の動きを国として是認し、後押しする役割を果たした。

　2000年に東京都品川区が学校選択制を開始したのを皮切りに、他の特別区もそれに倣い、学校選択制の導入に取り組むようになる。また、その動きは日野市など、東京都の特別区以外の自治体にまで拡大したほか、埼玉県を始め、全国の地方都市にも広がっていった。

　東京都特別区の学校選択制の先行事例については、あとで先行研究の中で取り上げるが、特に、品川区や荒川区、足立区のような学校選択制の事例に特徴的なことは、学校選択制を教育改善の一手法として位置付け、特色ある学校づくりや学力向上の推進とともにパッケージ化された改革案としてそれを導入したことである。山本（2015）がまとめているところによれば、2000年度〜2007年度までに、東京都23区中19区（また東京都の26市中9市）が学校選択制を導入したが、同時期に、14区が独自の学力テストを導入している。つまりは、学校選択制の導入という、保護者の選択行為を通してのアカウンタビリティや他校との競争関係の構築によって学校を改善へ促すという、英国の新自由主義的教育改革に類似した改革モデルが取り入れられたのである。同時に、このような改革の考え方は、学校間の「競争」を重視する点で、1980年代の「教育自由化論」の考え方とも親和的だと言える。

　特に、東京都において、学校選択制を通して教育水準を上げようとする改革モデルが生まれ発展してきた要因としては、進藤（2004）も指摘するように、1999年に始まる石原慎太郎都政下での新保守主義的教育政策が、都立高校における学区撤廃など選択の拡大を進めたことや、学力水準の向上を目標

に掲げたことなど、都としての教育政策の方針転換が大きいと考えられる。また、東京都自体も2000年代前半より小・中学生統対象の統一学力テストを実施しており（全国学力・学習状況調査の呼び水となったと考えられている）、保護者に対するアカウンタビリティを果たすとの名目で都内の自治体順位を公表するに至っている。結果として、都内の自治体は「学力水準を上げる」という都の政策の影響下におかれ、学校選択制も含め、都の政策の方向性にそった改革モデルをつくりあげていく動きが強まったと言えよう。加えて、山本（2015）が指摘するように、特に東京都でも改革で先導的な役割を果たしていた特別区（品川区、荒川区、杉並区、足立区など）は、小中一貫教育や小学校英語教育など先進的な取り組みを進める「教育特区」（教育における構造改革特区）に指定され、全国の教育改革をリードするモデル的役割を与えられ、注目を浴びることになった。

（3）2000年代における学校選択制のブームとその終焉

その後、2000年代の半ば以降、第三次小泉内閣から第一次安倍内閣にかけて、経済界および政府は、東京都に見られるような「選択と競争」に基づく教育改革モデルの普及拡大に一層力を注ぐようになる。経団連は、2004年、2005年、2006年と立て続けに学校教育の改革についての提言書を発表している。これらの提言では、英国など欧米の新自由主義的な教育制度がモデル視されており、特に、学校・教員が教育力を向上させることをねらいとして学校間の競争を高めることが強調されている。2006年の提言は「学校が教育の受け手から選ばれるよう切磋琢磨を促進すること」を目的に、学校選択制を全国的に導入すべきであると主張している。多様な教育運営主体の新規参入や、バウチャー制度を導入し、私立と公立の垣根をなくして保護者・子どもが教育の場を選ぶことも提言されているほか、以上のような改革を通して学校を「自己改革」へ動機づけるため、児童・生徒数に応じて予算配分をする仕組み（パーヘッド制）の導入にまで言及している。

また、同時期に内閣府の経済財政諮問会議が出した「骨太の方針2005」は、こうした経団連の意向を強く反映したものとなっている。同方針は「評価の充実、多様性の拡大、競争と選択の導入の観点をも重視して、今後の教育改革を進める」と述べ、学校選択制の全国的な普及促進と、全国的な学力調査の実施を提起している。これらの方針は、2006年に内閣府の規制改革・民間

開放推進会議が出した「規制改革・民間開放推進３カ年計画」および、安倍政権（第一次）が発足させた「教育再生会議」の第一次報告（2007年）にも継承されており、それらの報告・計画が同じ教育改革のイメージでつながっていることが確認される。

　特に、第一次安倍晋三内閣は、経済界の意向を汲み、学校選択制の実施を市町村に義務付け、学校選択制を一律に導入させることを、文科省に受け入れさせようと躍起になった。しかし、文科省は、学校選択制を導入するかどうかは、地域の実情に応じて自治体がそれぞれに判断すべきことであるとして全国一律導入に強く反対した。その結果、上のような学校選択制の一律導入は実現に至らなかった。また、その後、学校選択制と教育バウチャー（「教育再生会議」の第一次報告においても制度の研究を行うことが明記）については、第一次安倍内閣の後の福田内閣においても、教育再生会議の第三次報告において、両者を組み合わせた制度（学校選択制と児童生徒数を勘案した予算配分による学校改善システム）が提案されている。しかし、2009年に政権が民主党に移ったことで、風向きが急に変わったと言える。規制緩和路線が一旦終息し、教育再生会議も終了し、これにより学校選択制と教育バウチャーの推進をめざす政策論議もまた幕を下ろすことになる。

　一方で、この間の自治体の側に目をむけてみると、2000年の東京都品川区の学校選択制の導入を皮切りに、関東エリアを中心に自治体の学校選択制導入の動きが加速し、学校選択制のブームが生まれた。大規模自治体として政令市が学校選択制を導入するケースもあらわれ、2005年に岡山市と広島市が、2006年には、浜松市が全市的に学校選択制の実施に踏み切った。2006年の文科省の調査では（すなわち品川区の選択制導入から６年後）、小学校で学校選択制を実施した自治体が全体の4.4%、中学校では7.7%とかなりの増加が見られる。また、この調査の時点で、選択制を「検討中・今後検討」と回答した自治体は小学校、中学校ともに３割を超えていた。

　繰り返しになるが、こうした2000年代の学校選択制のブームの背景には、それを可能にする法整備のほか、「規制緩和」を看板に学校選択制の全国展開を積極的に後押しする政財界の働きかけがあった。以上の政財界からの要因に加え、廣田（2004a）は、この時期、自治体の側にも積極的に学校選択制の導入を検討あるいは実施しようとする３つの背景要因があったと指摘している（pp.150-151）。

第一の要因は、「地方行財政改革の推進に伴う統廃合圧力」である。廣田は、学校統廃合は、「それを正面から掲げた場合には、地元の強硬な反対にあって、なかなかスムースに行くことが少ない」が、選択によって自然に生徒数が偏り、減少校が出れば統廃合をしやすくなる」との考えがあると指摘する。実際、後述する品川区においても学校の統廃合による「小中一貫教育」の推進と学校選択制の導入がセットになっていることも、この要因を裏付けるものとして考えられよう。

第二の要因は、教育をめぐる地方政治圧力である。基本的に、学校選択制は、教育委員会よりも、首長・議会の方がその導入に積極的であり、学校教育の活性化や市民ニーズの重視など、首長選挙において公約の看板に掲げられやすい。また、廣田によれば、選択制の導入は、それによる新たな財政支出を伴うことが少なく（また、前述の統廃合は財政支出抑制の手段ともなり）、施策として「目立つ割には負担の少ない教育改革」（p.151）である。

第三の要因は、「私学との競争圧力」であり、これについて廣田は、主として東京都に顕著な要因であるとしている。多数の私立学校が存在する東京都では、少子化の進行も重なる中、入学者確保のため私学入学の難易度が下がり、公立学校離れが進む状況がある。こうした公立離れを防ぎ、公立学校に児童・生徒を取り戻すために、学力向上を中心とする施策が強化されるとともに、学校のアカウンタビリティを高めるためにも選択制の導入がより積極的になってきたと考えられる。学校選択制と自治体の学力テスト、学校の「特色づくり」などが組み合わされているのも、こうした事情に関連していると考えられる。

（4）自治体における学校選択制の見直しとその理由

このように、自治体の側にも学校選択制の導入を促す背景要因があり、学校選択制は一定の拡大は見せたが、早くも2000年代の後半にはそのブームも下火となった。文科省が2004年、2006年と2012年に実施した調査（表0-2を参照）によると、学校選択制を小学校で導入していた自治体の数は、2004年が95（調査対象自治体の3.7％）、2006年が74（4.4％）、2012年が88（5.7％）であり、中学校で導入していた自治体の数は、2004年が89（6.1％）、2006年が93（7.0％）、2012年が102（8.2％）であった。一方、小中学校ともに、新たに学校選択制の導入を検討している自治体の数は、2006年から2012年にかけて

大きく減少し、「導入検討なし」と回答した自治体の数は、2006年から2012年にかけて大幅に増加した。さらに、2012年の文科省の調査では選択肢に「廃止検討中」と「廃止済」が加えられ、小学校では順に12（0.8％）、8（0.5％）であり、中学校では順に9（0.7％）、6（0.5％）であった。このように、2000年代終盤以降は、多くの自治体で制度の導入が見送られたり、あるいは導入後に廃止を行うなど、学校選択制導入の動きは停滞したと言ってよい。

表0-2　全国における学校選択制の実施状況

校種	調査年	対象自治体数	導入済み	検討中・今後検討	導入しない	廃止検討中	廃止済み
小学校	2004年	2576	95 (3.7％)	150 (5.8％)	2199 (85.4％)	—	—
	2006年	1696	74 (4.4％)	569 (33.5％)	887 (52.3％)	—	—
	2012年	1547	88 (5.7％)	26 (1.7％)	1267 (81.9％)	12 (0.8％)	8 (0.5％)
中学校	2004年	1448	89 (6.1％)	138 (9.5％)	1149 (79.4％)	—	—
	2006年	1329	93 (7.0％)	482 (36.3％)	662 (49.8％)	—	—
	2012年	1250	102 (8.2％)	18 (1.4％)	1022 (81.8％)	9 (0.7％)	6 (0.5％)

※「導入済み」は「特認校制」「特定地域選択制」「その他」を除いた値。

　では、自治体が学校選択制の見直しや廃止に動いていったのはどうしてなのだろうか。いくつかの自治体の事例をピックアップしてみる。例えば群馬県前橋市は、各学校における特色づくりの推進や通学距離・安全を考慮した学校選びによって、市の学校教育全体の充実・向上を図るために学校選択制が導入された。しかし実際には、こうした目的による選択がなされていない状況が発生していた。この状況をまとめ、前橋市教育委員会が2008年に出した「学校選択制見直しの基本方針」では、学校選択制の課題として（1）地域自治会・子ども会育成会等、居住地域との関係の希薄化、（2）登下校の安全面の確保の困難化、（3）生徒数の偏りの発生、（4）学校選択制導入の目的から外れた状況の存在の4点が挙げられている。前橋市はその後、2011年度新入生から学校選択制を廃止することを決定した[4]。
　長崎市でも、例えば、坂の上に立地する中学校で生徒数が学校選択制導入

前の３分の１に減少するなど学校間の生徒数の格差が顕著なものとなり、部活動をはじめさまざまな学校運営や教育活動に支障をきたすとして、2012年度新入生から学校選択制を廃止している[5]。長崎市の事例は、保護者の選択の結果を受けて学校の運営や教育内容が改善されるといった当初の学校選択制の想定とは異なり、立地条件のような学校として対応不可能な要因で学校が選択され、生徒数に偏りが生じ、教育活動に支障が出ることを表すものである。

　また、東京都の特別区の事例では、杉並区も学校選択制の見直しに踏み切っている。杉並区は、子どもたちにとって魅力ある個性豊かな学校づくりによる区立学校全体の活性化、保護者の意向を尊重しつつ保護者の参画を得られる学校づくり、学校の情報を積極的に発信することによる開かれた学校づくりなどを目的に、2002年度から学校選択制に相当する「杉並区学校希望制度」を導入した。しかし、導入から８年後の2010年度には、新小・中学1年生の保護者、および次年度入学の保護者を対象に実施したアンケートの結果を基に、学校希望制度の見直しを行った（杉並区学校希望制度検討会2012）。杉並区学校希望制度検討会の報告書では、制度の課題の一つとして、保護者の意向と学校選択の状況について次のようにまとめている。

　　　学校を選ぶにあたっての情報源についての質問では、保護者同士や地域での口コミによる情報に強く依存している面が見られます。実際に、学校希望制度申請者数の経年変化を見ても、「学校が荒れている」といった風評が出ている学校、校舎改築による新校舎の学校などへの申請者数が大きく変化しているという結果が出ており、保護者や地域の噂、口コミ等による評価が大きく左右している現状が浮き彫りになっています。

　　　このように、学校により希望者数に大きな隔たりが生じると、学校規模の格差が拡大し、大規模校は教室不足が懸念され、小規模校では集団活動の実施が困難など、学校運営に支障が出てくる場合もあります (p.12)。

　そのほかにも同報告書では、各学校の教育活動が在籍児童の保護者からは一定の評価を得ている一方、就学前の児童の保護者になかなか伝わっていないことや、学校希望制度を活用した児童・生徒が居住地での行事に参加する機会が減少し、地域との関係が希薄化する傾向があること等を、課題として

挙げている。杉並区はその後、2016年度新入生からこの制度を廃止し、指定校変更制度の拡充へと舵を切った。

　また、東京都多摩市も2012年に学校選択制の廃止を決定したが、その理由については、今後、少子化や人口減少が進む地方エリアにおける学校選択制の問題点を考える上で参考になるのでこれについてもみておきたい。多摩市の「多摩市立学校の通学区域制度の見直しにあたっての指針」（2012年4月発表）によれば、小・中学校長に対するヒアリングからは、「教職員の意識改革、学校改善の取組みにつながった」「特色ある教育活動や学力向上への取組みを推進できた」など一定のプラス面の評価もある一方、「入学者数が減少して、学校運営に苦慮している学校がある」「通学圏域が広がり、緊急時などの児童生徒の安全確保の面での対応が困難になる」「教育活動を理由に選択しているとは必ずしも言えない状況にある」「地域の学校という公立学校の立場が不明確になった」とのマイナス面の評価も多くあがってきたという。この結果を総括して、多摩市教育委員会は「学校選択制にはプラスの面もありますが、それを上回るマイナス面があります」と述べ、特にそのマイナス面を以下の3点にまとめている。

　　①学校間の規模の格差、特に小規模校の更なる小規模校化を助長する
　　②緊急時など、学区外から通学する児童・生徒への安全確保に困難性がある
　　③地域と学校、地域と子どもたちとの密接な関係を構築しづらくなる

　これら3つの問題点の指摘は、少子化・人口減少が進む郊外・地方エリアの状況を考えると極めて重要である。例えば、学校選択制で、自治体の一部の学校に子どもが集中し、特に市町村の中心部から離れた地域の学校の小規模化が進めば、教育環境の格差が生じ、それを受けて、子育て世帯も市町村の中心エリアにしか居を構えなくなるおそれがある。

　また、嶺井（2012）も多摩市の見直しに関して指摘している点であるが、②の理由については、特に東日本大震災以降、防災上の観点からも、子どもの安全確保や日頃の生活圏における地域のつながりづくりがより重視されるようになってきている。これを理由に、今後さらに学校選択制を見直していく動きが強まると予想される。

　最後に、上の③の要因と関連するところであるが、近年、文部科学省は、コミュニティスクールや「地域学校協働活動」の推進などを通して、子どもの成長環境としての地域社会の役割をより重視するとともに、地域社会づくりの拠点としても学校の役割が大きいことを強調している。学校選択制は、それらの学校・子どもと地域社会の関係形成を進める取り組みに対してはマイナスの影響をもたらすと考えられている。

5．日本における学校選択制に関する先行研究

　以上、日本における学校選択制の展開やそれをめぐる政策上の論議などを概観した。続いて、日本における学校選択制の研究とその課題を概観する。順番としては、先に、学校選択制の理論的な研究を整理し、その後、学校選択制の導入事例に関する調査研究や量的分析など実証研究の知見を整理する。

（1）学校選択制に関する理論的な研究

　日本における学校選択制に関する理論的な研究では、黒崎勲（1994, 1996, 1997など）が保護者の学校選択の自由を保障することによって、教育が国家による管理から消費者（保護者）の手へと移動し、教育の多様化と満足度の高い自律的な教育システムになるとしている。黒崎は、日本の教育研究者の中では学校選択制の支持派の代表的な論者とされている。後述するように、黒崎の学校選択制の理論は、教育の民主的なコントロールや学校教育の多様性を重視し、学校間の競争が教育の向上を生むという市場原理モデルとは一線を画す、個性的なものである。また、もう一人、黒崎とは違った立場で、学校選択制を支持する教育研究者として大森不二雄の理論を取り上げたい。大森の学校選択制に関する主張は、ほとんど日本の教育研究界の中で知られていない。しかしながら、本書で事例として扱う大阪市の学校選択制の設計や導入に積極的に関わったこと、また、彼の理論が（日本の教育研究者の中では稀有であるが）英国の新自由主義的な教育改革を積極的に支持し、また、2000年代に日本の政財界が提案した「競争」や「アカウンタビリティ」を重視した学校選択制の提案とも重なりが大きいことなどの理由からレビューする。

　一方で、学校選択制の導入に批判的な立場の理論として藤田英典（1996, 1997, 2004）を取り上げる。藤田は、学校選択制の導入を支持する黒崎の理論などに反対し、学校選択制推進論者の想定しているような学校選択による

教育の改善がなされるとの保証はないと指摘し、むしろ保護者の恣意的な学校選択が行われることにより学校間の格差が広がると主張した。特に、日本において学校選択制が導入される直前期に、制度推進派の黒崎と反対派の藤田によって繰り広げられた論争は、「黒崎・藤田論争」として知られている。以下、この三者の学校選択制の理論を概観し、検討してみたい。

① 黒崎勲の学校選択制の理論

黒崎勲は1990年代に、米国における学校選択制に関する主張や実施事例を詳細に整理し、その上で、日本の学校教育の改善に適すると考えた学校選択制のモデルを提唱した研究者であり、日本における学校選択制の展開の理論的支柱となった。

米国の教育改革史における学校選択制の興隆とその成果に関する論争をレビューした黒崎（1994）は、前述のチャブとモーに代表される競争の導入が学校を改善に導く「万能薬」だとする市場原理的な学校選択制の捉え方の弊害を指摘している。市場原理的な学校選択制の推進論を批判しながらも、そうした推進論に含まれる旧来の学校運営体制——すなわち、行政および教員が学校教育の在り方を特権的に決められ支配できる体制——を改め、新たな学校づくりを進める仕組みとして学校選択制を導入するという方向性には賛成であり、米国の教育研究者（米国の研究界では全く知られていない）レイウィッド（Raywid）の学校選択制の考え方や、学校選択制を経由した学校づくりの成功事例（ニューヨーク市のイーストハーレムやブロンクスの学校）に基づき、黒崎自身がモデルとする学校選択制を提案している。黒崎によれば、彼が提案する学校選択制のモデルは、市場原理に基づくものとは明確に区別される「抑制と均衡（check and balance）」に基づくものである。

黒崎（1994）は、レイウィッドらの学校選択制に関する主張を引用し、保護者に選択権を与え就学先を選ばせることで、学校づくりの権限を教職員・行政・保護者・子どもの間で分有させ、権限の「抑制と均衡」をつくりだせるとしている。また、学校選択制は、学校づくりにむけた保護者の意欲を高めることで、学校と保護者の間で学校づくりを支えるパートナーシップを築く契機ともなる。加えて、黒崎は、学校教育制度は「市場」とは明確に異なるユニークな領域であることを強調するレイウィッドの主張を重視し、「学校選択の理念が市場原理による競争の効果を目指すものとしてではなく、教育

専門家による自由で多様な教育の活動を保障するための制度的条件として把握されていることに注目することが重要である。」(p.84) としている。そして、学校選択制を通して、多様な教育理念と活動が生み出され、またそれらが個々に評価され選ばれる環境をつくりだすことが、各学校の自主的・自律的な学校づくりを進めるための制度的環境となる。それは、米国の教育史で追求されてきた「唯一最良のシステム (one best system)」とは異なり、一元的な評価基準に陥らず、多様な特色ある学校づくりが推奨される環境を目指すものである。

　ニューヨーク市のイーストハーレムにおける学校選択制を媒介とした学校改革の成功についてふれながら、黒崎は自身の学校選択制の考えを次のように主張している。

　　　学校選択だけで学校改革が成功するのではない。(中略) 学校選択の理念は「特効薬」なのではない。それは、新しいタイプの教育活動を熱心に、献身的に行おうとする教職員の存在、そうした新しい試みを見守り、支持を与える親の理解、そしてなによりも地域の公立学校の意義を追求する教育委員会などの指導者の責任といったものが備わっているとき、はじめて学校改革のためのメカニズムとして機能する、学校改革の「触媒」にすぎない。しかし、そのような条件が揃ったとき、学校選択の理念は専門家教職員に改革のための指導性を発揮させる条件を与えるものとなる。また、学校選択制の理念は、専門家教職員が停滞した現状に甘んじ、学校が期待される努力を怠るとき、彼らに自らの活動の質の改善に取り組まざるをえないようにするという意味で、学校改革のエンジンとなるというのが、イーストハーレムの教訓であった。(黒崎,1994, p.167)

　以上のように黒崎は、教職員の専門的自由と親の学校参加の間に有機的な関係を構築し、自主的・自律的な学校づくり (学校改革) を機能させる「触媒」として学校選択制を捉えている。そして、それは学校づくりを前進させる一つの制度的要素に過ぎず、それを取り入れたからといって、自動的に選択制の下で学校の改善が進むというわけでもないと指摘している。実際に、上の引用にあるように、この「触媒」に加えて、学校改革を支える多様な条件が揃ったときにのみ、学校改革は前進すると考えられている。また、その

長期的なゴールは、一元的な評価基準による学校の教育水準向上ではなく、各校の多様な教育理念や活動がそれぞれに尊重される教育システムであると黒崎（1994）は言う。黒崎は、米国の学校選択制の成功事例から得た知見やそれに基づく学校選択制のモデルは日本でも検討の余地があるとしながらも、それを米国と異なる日本の教育にどのように応用するかについては、慎重に検討する必要があるとも補足している。

② 大森不二雄の学校選択制の理論

　もう一人、学校選択制を推進する側の理論として、大森不二雄（2000）の学校選択制に関する主張を取り上げよう。前述のように、大森をここで取り上げる理由の一つは、日本において、英国などに見られる市場原理的（新自由主義的）教育改革手法を積極的に肯定する立場から、学校選択制とそれに基づく教育改革論を唱えている稀有な論者であるからである。また、もう一つの理由は、大森は、本書で事例として取り上げる大阪市において、教育委員会の委員、後に委員長を務め、大阪市の学校選択制の設計に中心的に携わった一人であり、本書の大阪市の事例を分析するにあたってそのレビューが有用であると考えられるからである。

　大森は元々、文科省の官僚であったが、文科省を離れ、在英大使館や岐阜県教育委員会に在職中に、英国の教育改革や岐阜県の学校選択制についてふれる機会をもち、その経験をもとに、「学力水準の向上」を目指した教育改革の持論をその著書にまとめるに至っている（2000年著『「ゆとり教育」亡国論』）。黒崎が長年の著作物を通して自身の学校選択制の理想像を描き、結果としてその理論が複雑化したのに対して、大森の理論は本の一章にまとめられしごく簡潔である。

　大森は、諸外国の教育改革の流れを見渡し、「到来しつつある「知識社会」「知識経済」に対応して、国民と国家の未来を明るいものにするためには、人々の知識技能を今以上に高めてゆく必要がある」（p.119）との問題意識に基づき、日本の教育改革の目的を「学力水準の向上」と設定する。また、基本的に学校は子どもたちに「勉強をさせる場」であると認識し、この学校のねらいから遠ざかった「ゆとり教育」を強く批判している。この「学力水準の向上」という目的を担保する制度改革において中心理念を成すのが「選択の自由」と「アカウンタビリティ」であり、学校選択制（学校選択の自由化）

はこの二つの実現にかなった制度である。次の引用部に、学校選択に関する大森の考えが概ねまとめられている。

> 「選択の自由」の中核となるのは、学校選択の自由の拡大であると考えています。学ぶ側の選択の自由は、教える側に「競争原理」をもたらします。競争原理は、よく強者の論理とか弱肉強食とかいわれますが、その本質は、サービスを提供する側（この場合は教える側である学校）がサービスを受ける側（この場合は学ぶ側である子どもや保護者）に選択されるよう、それぞれ自らのサービスの魅力を高めるべく努力し、互いに切磋琢磨することによって、サービスを提供する側の人々の姿勢を前向きにし、創意工夫を生み出し、全体としてのサービスの質を上げることにあります。子どもや保護者による選択をめぐる競争のなかで学校の「自己責任」が問われ、学校や教師に良い意味での緊張感を伴う創造的で前向きな組織風土が生まれるのです。そうした前向きの風土自体が子どもたちに肯定的影響を与えます。また、子どもたち自身や親が学校や学習内容を自分で選んで主体的に学んでいるとうい自己選択の感覚は、子どもや親の「自己責任」の意識にもつながります。学ぶ側の選択の自由は、教える側の競争原理と両者の自己責任をもたらし、全体として前向きな学校風土の形成につながるのです。(pp.127-128)

　大森の主張においては、教える側は競争原理の中に置かれ、かつ、教える側、学ぶ側のそれぞれが「自己責任」を意識し教育活動に取り組むことで「前向きの学校風土」が醸成されるとする。特に教える側（教員）にとっては、この風土が、授業や指導計画、学校運営などの創意工夫に熱意をもって取り組むことを支えるという。そのような教員の取り組みが、児童生徒の向上心と学力を上げると大森は考える。
　また、こうした変化が起きるために不可欠な前提条件として大森は二つを挙げている。一つは、「自律的な学校運営」である。旧来の学校の教育体制において、現場の裁量が小さいことが創意工夫の意欲を削いできたと捉え、各学校が予算・人事など組織管理面を含む学校運営全般において自己の資源を有効に使う裁量を拡大することが必要だとしている。また、二つ目は「アカウンタビリティ」であり、教育の質および成果について受益者（保護者・子

ども）に対して説明する責任を負い、かつ受益者に評価される仕組みを築くことである。大森は、アカウンタビリティのない自律的学校運営は現場まかせの危険なものになるとしている。このアカウンタビリティを構築するため、大森は、(学力水準の向上が目的であることから)保護者・子どもに対して各学校の学力データを含む「教育成果に関する情報提供」を行うこと、そして、その情報に基づいて学校選択を自由に行えるようにすることの二つの制度改革が必要だと指摘している。

　また、こうした学校選択の自由をもたらすことは、教育制度の中に「競争原理」「市場原理」を導入することになるが、大森はそれらを上の改革の構想に照らして積極的に肯定している。すなわち、学校選択制によって生まれる「学校間の競争」は、「学校の魅力を高めるために質の高い教育を目指す切磋琢磨によって教育水準を向上させ、教育サービスの受益者である子どもや親の利益になることを目指すもの」(p.134) としている。また、そうした競争原理が「サービスの提供者である教える側にもやりがいを与えるもの」(p.134)だと大森は捉えている。

　大森は上のような改革の図式を描くにあたって、英国のサッチャー政権における教育改革の手法を参考にしていると述べている。また、日本においても、自身が岐阜県に在職中に見た、学校選択制を積極的に進める同県の教育改革から、上のような教育改革案が実現可能だとの認識を強く持ったと主張している。

③ 藤田英典による学校選択制に対する批判

　藤田英典 (2003, 2005) は、学校選択制（およびそれに類する疑似市場的な教育制度）について、それを擁護する理論や学校選択制が実施された際に公立学校制度に生ずる影響について批判的な立場から主張を展開してきた。学校選択制を批判する研究者は他にもいるが、教育社会学や海外の教育研究の知見に依拠する藤田の主張は、今日に至るまで最も理論的な整合性が高いものだと筆者は考えている。以下、藤田 (2005) に基づき、彼の学校選択制に関する理論を整理したい。

　藤田はまず、日本において学校選択制の導入を後押ししている4つの背景ないしは理由を挙げている (p.56)。第一は、「新自由主義的な価値基準」であり、選択という価値を絶対視し、学校選択の自由を含めて選択の自由の拡

大を社会的善であるとする考えや、それに応えようとする政策担当者の見方
である。
　第二は、「学校改善の触媒として」であり、学校選択制が学校の教育改善を
促すという考えである。ちなみに「学校改善の触媒」という言葉自体は、黒
崎の説明に由来すると考えられるが、ここでは黒崎の理論を指していると言
うよりも、学校選択制の導入による、学校が保護者から選ばれ、またそこに
競争が発生するという環境が、学校を自主的に教育改善に向かわせるという
考え方一般を指している。直接的には、大森の理論はその対象になると考え
られるし、また、例えば、品川区の学校選択制における若月教育長の考え方
もこの中に含まれよう。また、黒崎の理論も部分的にはその中に入っている。
藤田は、この考えには、次の二つの主張が含まれていると見なしている（前
掲頁）。

①公立学校は自己改革に消極的だが、選択制にして競争原理を導入すれ
　ば、各学校・教師も本気で学校改革に取り組まざるをえなくなり、学
　校の改善、特色ある学校づくりが促進される。
②保護者・子どもが自ら学校を選ぶことによって、学校への親近感（信
　頼）や積極的な構え（連帯）が醸成され、生き生きとした学校づくり
　が可能になる。

　このような学校選択制の導入により学校の教育改善が促されるとの考え方
に対する藤田の批判については、後で詳しく述べる。
　第三は、「学校統廃合の便法」としてであり、少子化に伴い学校統廃合が政
策的な課題として浮上する中、「行政主導による統廃合に伴う困難や軋轢を回
避するために市場原理に委ねて問題の解決を図ろうとするもの」（前掲頁）で
ある。藤田は、もし、こうした意図があって学校選択制が手段として用いら
れるとすれば、それは、「学校の適正配置」という要件をみたしながら統廃合
を進めていくという行政の基本的な責任を放棄しており、民主主義の基本を
踏みにじるものだと強く批判している。
　第四は、「現行通学区域の非合理性に起因する不満の解消策として」であり、
現行の通学区域割において、隣接学区の他の学校のほうが近いことや、保育
園・幼稚園で一緒だった友達と同じ学校に通わせたいといった保護者側の不

満やニーズを指す。ただ、これについて、藤田は通学区域制の弾力的運用である程度対応可能であり、学校選択制という教育システム全体の改革で対応する必要があるのか疑問を呈している。

　以上のような背景的動機・理由がいわば混合した形で自治体は学校選択制を導入することが多いだろうが、では、その際に保護者はどのような基準で子どもが就学する学校を選ぶのであろうか。藤田（2005）は、学校選択制が実施された場合、保護者が重視するであろう主要な選択の基準として、「①特色性の基準」「②安全性の基準」「③序列性の基準」を挙げている。以下、この３つについて藤田の説明を要約して述べる。①特色性の基準は、学校が持つ教育の特色に注目するものであり、保護者の「特定の好みの学校に行かせたいという願い」を表すものである。②安全性の基準は、字義通り、学校環境の安全性を意味すると考えられ、例えば「荒れている学校やいじめが頻発している学校や教師の体罰が横行している学校」（p.64）に対する保護者の不安に対応したものである。そうした不安は児童生徒の保護者として当然のものかもしれないが、藤田は、この基準が強まれば、特定の学校を忌避ないしは劣位化するまなざしを生み、学校の序列化の基盤にもなると指摘する。最後に、③序列性の基準は、保護者の「いい学校に行かせたいという願い」を表すものであり、学校の教員や雰囲気、学力や進学実績などさまざまな評価観点で、他校と比べて「よいかどうか」「好ましいかどうか」を序列的に捉えるものである。

　これら３つに加え、藤田は、副次的な基準として、「④近距離の学校」「⑤学校の規模」「⑥友達と一緒に行ける学校」の３点も考慮されるだろうと補足している。

　藤田は、学校選択制におけるこれらの選択基準に潜在する問題点を指摘する。まず、①特色性の基準についてだが、そもそも公立学校の特色性には限界があることを指摘している。「特色ある学校づくり」の推進は、しばしば、自治体が学校選択制を導入する際の目標の一つに掲げられる。藤田は、学校がその運営やカリキュラム、教育活動で一定の＜特色＞を出すことは不可能ではないとしながらも、「小中学校段階の教育で、多元的な選択基準になりうるような多様なタイプの＜特色＞を出すことはほとんど不可能に近い」（p.69）と指摘している。その理由は、「現代社会における小中学校の教育は、共通基礎教育を基本としているからであり、上級学校への準備教育として位置づい

ているから」であり、保護者もそのような一般的な認識に立ち、そこから逸脱した教育を好んで選ぶというわけではないのである。このような特色性に関する指摘は、学校選択制によって多様な特色ある学校づくりをめざす黒崎の理論を否定するものでもある。

それでは、小中学校段階の教育に対する一般的な保護者の関心はどこにあるかといえば、藤田が（米国および英国の教育改革に関する研究知見をふまえて）言うには、「学校運営・教育実践の特殊性にあるというよりも、学校の安全性や学力・学業態度の形成を中心にした準備教育としての有効性にある」（p.73）。つまり、実際の学校選択制においては、①特色性の基準は、多くの保護者にあまり注目されず、むしろ、重視されるのは②の安全性の基準と③の序列性の基準だということである。

藤田が特に問題視するのは③の序列性の基準であり、この基準が強まることで学校選択制を経由して学校間の序列化・格差化が進むと指摘している[6]。藤田によれば、学校が公開された学校の成績等の情報に基づき選択できるようにすることは、「学校の序列・格差に関する意識・まなざしを醸成し、その意識・まなざしに基づく選択行動を拡大し、学校の序列・格差を現実化し、それがさらに意識・まなざしを増幅する」（p.76）という悪循環のプロセスを生み出す。特に、もともと学校が選択制以前からもっている社会階層による地域差（文化資本や経済資本、社会関係資本など）が選択制において顕在化することになれば、教育機会の学校間格差をより拡大させることになりかねない。また、「学校の立地環境が相対的に好ましくない」「学校が荒れている」といったことが負の表象として捉えられ、上のような序列化の悪循環の中に組み込まれていくと、学校選択制によって「社会的差別を顕在化」（p.80）させるおそれもあると藤田は指摘する。

上のような序列化・格差化のプロセスとあわせて考えなければならないのは、学校選択の利用拡大が、各学校の生徒集団の変質を生むことだと藤田は言う。藤田の言葉でいえば、それは、「生徒集団の学校内部における均質化と学校外部に対する差異化」（p.92）である。選択は、それぞれの学校に同じ選好をもった保護者・子どもを集めていく可能性があり、それが進むことで「学校は、生徒集団の属性という点で、現在のように地域内の多様性を反映した学校とは違った、均質性の高いものになっていく可能性がある。」（p.92）この均質化は、他の学校に対する差異化を意味し、学校間の格差を強めるも

のである。

　以上にまとめてきたような主張に基づき、藤田は、「学校選択制が学校改善を促進する」という学校選択制の推進論者の見方に対してそれを否定する論を展開する。

　例えば、1990年代末に社会経済生産性本部が出した報告書『選択・責任・連帯の教育改革』においても、学校改善を促進する方策として学校選択制の導入が主張されている。すでに見たように、同書では、選択制が、保護者・子どもと学校（教師）を相互に選びあう関係としてつなぎ、これにより関係者間の「信頼」「連帯」を回復する。そのようにして、保護者・子どもは教育への参加が主体的なものになり、学校もそれに応えようとすることで教育改善への意欲と努力が生まれる。また、学校間の関係で見てみると、競争のメカニズムが作動し、学校同士が切磋琢磨することで、学校の改善が促されると捉えられている。

　藤田はこの議論の現状認識と問題設定（教育の荒廃が子ども・親の学校に対する信頼の欠如、および競争的環境の欠如にある）に異議を唱えている（pp.89-90）。それに加え、選択と競争の原理を入れれば、自動的に上のような「信頼」「連帯」が醸成され、かつ教員の学校改善への改善努力が増すという考えは、根拠が乏しく机上の空論に留まるとの見方を示している。学校選択制により学校づくりに向かう保護者や子ども、教員のモティベーションが高まるというケースもありえないわけではないが、全ての学校でそうなるという保証はない（pp.92-93）。むしろ上で藤田が指摘しているように、選択制下にある学校群が序列化・格差化のプロセスに置かれるとすれば、選ばれる学校のほうは、そうした信頼やモティベーションが増すかもしないが、選ばれず劣位に位置づけられてしまう学校は、学校が受けるスティグマにより、「その成員の構えやアイデンティティにネガティブな影響を及ぼす可能性がある」（p.91）。結果として、全体の改善が進むというよりは、よい学校とそうでない学校への格差を広げてしまうおそれがあることを藤田は指摘する。

　他方で、藤田は、市場原理的な学校選択制とは異なる選択制の理念を創りあげ、それに沿った制度設計と学校改善を提案する黒崎に対しても、批判を向けている。保護者とパートナーシップを構築し、各学校の自主的・自律的な学校づくりを進めるための「触媒」として学校選択制を捉える黒崎の主張に関して、保護者の学校参加を重視する視点などについては藤田も耳を傾け

る必要があると述べている。しかし、藤田は、そのように学校の自主性・自律性を重視し、学校間の多様性を重視した学校選択制であることを理念として明示できたとしても、市場的競争のメカニズムの作動を抑止することになるという保証はなく、現行の教育構造の中での保護者の選択は、学校の序列化・格差化をもたらす可能性が大きいと指摘している（p.88）。

（2）学校選択制の導入事例に関する政策評価的な研究

本節では、大阪市の学校選択制の実施状況について研究していくうえで、参考になると考えられる他の自治体の学校選択制の事例について先行研究に基づき概観していく。以下、その事例のまとめ方であるが、最初に、日本国内における学校選択制の先駆けであり、先行研究も豊富である東京都品川区の事例をとりあげる。第二に、品川区以外の自治体の学校選択制の事例（東京都の他の区も含む）をみていく。

① 東京都品川区の事例

東京都品川区は、一部の小規模な導入事例をのぞくと、都心部にありかつ相当な人口規模をもつ自治体における学校選択制の事例である。また、学校教育の改革をめざした教育評価や小中一貫教育なども加えた総合的な教育改革の中で行われた点も重要であり、この点において、本書がとりあげる大阪市の学校選択制の事例とも類似点が大きいと考えられる。この改革による学校への影響については、現在にいたるまで政策分析の研究が数多くあるが、以下では、その知見を整理していきたい。

品川区の学校選択制（2000年度より実施）は、区長が中心となり計画し1999年8月に策定された「品川の教育改革『プラン21』」の柱として盛り込まれたものである。また、同年に区教育委員会の教育長に就任した若月秀夫氏が学校選択制を含め、「プラン21」を強力に推進する役割を果たした。「プラン21」の内容について、山本（2004a）は、「基本的に各学校が、校長のスクールリーダーとしての組織マネジメントとアカウンタビリティの発揮」のもとに、「経営論的発想」に立った「それぞれの児童・生徒や地域の実態、特性を生かして「特色ある学校づくり」を行ない、「通学区域の弾力化」を通じて保護者がそれを選択するというもの」（p.40）とその特徴をまとめている。「通学区域の弾力化」の取り組みが学校選択制であり、1999年9月に「ブロッ

ク選択制」による学校選択制の案が突然マスコミ報道されると、その具体案について市民や教職員に説明が行われないまま、すぐに教育委員会にてその導入が決定されており、極めてトップダウン的な導入であった（山本, 前掲頁）。本書第1章において、大阪市の学校選択制の導入過程が「熟議」や「フォーラム」など市民の意見聴取の場を設けつつも決して民主的な意思決定過程ではなかったことを指摘しているが、品川区の導入過程の方がさらに非民主的であったと言える。

　若月教育長はその編著書『学校大改革・品川の挑戦』（2008）において、学校選択制の導入の意図が「学校の体質的改善」にあったとして、次のように説明している。

　　時代はすでに確固たる経営論に支えられたスクールリーダー、常に切磋琢磨し成果を基盤に置いた、自律的学校経営の実現に向けて動きはじめています。好むと好まざるとにかかわらず、結果的に「そうせざるを得ない状況」を学校の中に意図的につくり出すこと、「そうせざるを得ない状況」に学校や教員を追い込んでいく「組織体としての力学」を発生させることがどうしても不可欠となるのです。本区ではこうした考えを基に、従来からの学校経営に加えて、経営論的発想がどうしても必要不可欠となってくる施策が大切であると考え、平成12年度より「学校選択制」を柱にした「品川の教育改革『プラン21』」をスタートさせ、学校教育に新たな一歩を記しました。（若月編2008, p.43）

　以上のように「成果を基盤に置いた、自律的学校経営」にむけての発想をスクールリーダーたちに浸透させ、具体化させる方策の一つとして学校選択制が位置付けられている。そして、学校選択制だけでそれがなし得ると考えておらず、選択制に加えて、「外部評価者制度」、「学力定着度調査」などの施策を連動させて「特色ある学校づくり」を進めるとされている（前掲書p.44）。

　加えて、学校選択制による入学者の増減は、児童生徒や保護者の学校に対する評価を反映するものとして捉えられ、その分析を通して学校の課題を「顕在化」させるものであると若月教育長は述べている。そして、入学者の減少は、学校の努力とは別の要因が働いている可能性があるとしながらも、入学者が減少し続けている学校に対しても「重点支援校」の指定を行い、教育

委員会と学校がともに課題を分析して、改善を支援するとしている。特に「重点支援校」の支援（人事上の強化や予算上の配慮など）を行っている点などを指し、この学校選択制は、市場原理（競争原理）による学校の淘汰を意図したものではないことを若月教育長は強調している。ただ、以下に示すように、「よりよい教育を提供するための競争」（＝切磋琢磨）は学校の義務・使命であるとも指摘している。

　　品川区の学校選択制は市場原理による学校の淘汰を目指しているものではないのです。競争というと目の色を変えて批判する向きもありますが、子どもたちのためによりよい教育を提供するための競争は当然のことでありますし、そのための切磋琢磨は学校の義務・使命でもあるのです。言い換えれば、子どもが少なくなったからといって学校を無くしてしまうといった、ゼロ・トレランスのようなものを私たちは学校や教員に要求していません。また仮に子どもの数がゼロになったからといって、校長や教員の公務員としての身分が失われるわけでもないのです。その意味でも市場経済の競争原理ではないのです。（前掲書,p.33）

　若月教育長は、学力定着度調査や外部評価者制度と連動しながら、学校選択制が教員の意識改革を進め、区全体の学校教育の「質」を改善するきっかけとして大きな効果をもたらしていると主張している（若月2008, p.44）。また、児童生徒・保護者が学校の特色ある教育活動を見て積極的に学校選択制を活用しようとする傾向が生まれてきたことも大きな成果であると指摘している。教育長だけではなく、教育委員会事務局で「プラン21」推進の中心的な役割を果たしていた和氣正典氏（小中一貫教育担当課長）も、学校選択制が品川区の「学校を変えた」とその成果を強調している（和氣2009）。和氣氏によれば、学校選択制を利用する児童生徒・保護者が増えたことで、「閉鎖的で硬直的であった学校が開かれたことは確かであり、学校経営や教育活動を変革していく動機づけになっていることも事実である」（pp.188-189）と指摘し、学校選択制が「学校を変革していくエンジンの役割を果たしている」と主張している。競争させれば学校は変わるという単純な発想でのシステムではないと再確認した上で、学校選択制を導入した当初の「全ての学校のレベルアップ」という目的が達成されつつあるとの認識を示している（p.188）。

　一方で、学校選択制の導入について批判的な立場をとる研究者の側からは、学校選択制の導入による学校や児童・生徒、地域に対する弊害がいくつか指摘されている。例えば、佐貫（2010）は、品川区の学校選択制の導入から10年間の同制度の利用データを詳細に分析している。その分析の結果、品川区の学校選択制が小・中学校にもたらすいくつかの構造的変容を指摘している。

　まず、学校選択制の導入の結果、「選ばれる学校」と「選ばれない学校」との区別が明確化し、その違いが継続・拡大するような力学が生じていることである。また、「選ばれない学校」が「選ばれる学校」に転換するケースは少なく、転出入のパターンが固定化している。結果として、「選ばれない学校」が、統廃合の対象に追い込まれる事態が引き起こされているという。

　次に、児童・生徒の選択制を用いた移動が激しく、児童・生徒が「地元の学校」に通う割合が大幅に減少していることが挙げられている。この傾向は、「選ばれない学校」のほうでより顕著である。こうした「地元離れ」は児童・生徒にとって、自分が居住する地域と学校の関係が分離していくことを意味しており、子どもの地域社会における人間関係の希薄化や、身近な地域について学ぶ機会の減少につながっている。また、地域住民の側からも地元の学校を応援していく動機を失わせていくことが懸念される。

　さらに、従来からある私立学校への転出に加え、学校選択制による児童・生徒の転出入が増え、学校に入学者数の変動が大きいことが学校運営に大きな負担を及ぼしていることが指摘されている。新学期直前まで学校の児童・生徒数やそれに応じた教職員数が決まらないことや、学級数が年度ごとに異なることがあり、学校の安定した教育活動が難しくなる状況があるという。

　続いて、品川区の学校選択制はどの程度利用されたのか。また、どのような基準で選択がなされたのだろうか。廣田（2004b）は、同区の学校選択制導入後初期（2001年度〜2003年度）の分析を行っている。その分析によれば、従来の学区による指定校以外を選択したと推定される児童（ブロック選択制および指定校変更制度利用者の合計）は、2000年度は区内公立小学校進学者のうち18.8％であったが、その後、2001年度に22.4％、2002年度に30.3％、2003年度に33.0と増加し、年を追うごとに制度が浸透していく状況が確認される。

　また、廣田（2004b）が、入学者の「集中度指数」を用いた分析で明らかにしたところによれば、初年度の段階で、入学者が当初の校区の予定の半数近

くにとどまった学校もあれば、それが約2倍になった学校もあり、学校間で大きな差が発生した。

表0-3. 廣田（2004b）が指摘する品川区の「集中校」「減少校」の特徴

集中校の特徴	減少校の特徴
①進学イメージをもった威信・安定校 ②相対的大規模校 ③施設がより新しく充実した学校 ④通学距離のより短い学校・通学路の　安全な学校（小学校） ⑤多様な部活動のある学校（中学校）	①小規模校及び相対的小規模校 ②いわゆる「荒れ」の噂が立った学校

　表0-3は、廣田（2004b）が学校関係者への聞き取りなどから明らかにした「集中校」と「減少校」の特徴を筆者が整理したものである。「集中校」の特徴には、区内で「伝統校」「進学校」とのイメージが強く、落ち着いた雰囲気をもつことが挙げられる。また、②や③のように相対的に学校の規模が大きく、かつ、学校施設が新しく充実した学校であることも特徴である。また、小学校の場合には、自宅から近くにあり、通学の距離が短く、安全であることも選ばれる一つの理由となっているほか、中学校では部活動が豊富にあることが特徴となっている。他方で、「減少校」の特徴としては、以前から、学校規模が相対的に小さい学校は忌避されがちであり、小規模校の大半で児童生徒が流出する傾向が確認された。廣田の聞き取りによれば、「単学級の学校はクラス替えが無く、人間関係が固定的であり社会性が育たない」「一度、いじめにあうと逃げることができない」などの不安の声が聞かれたという（p.56）。そのほか、「荒れ」の噂をもとに入学者が大きく減少するケースもみられ、これも「減少校」の特徴の一つに挙げられている。

　以上の分析をもとに、廣田は保護者の選択行動に与える要因として4点を挙げている。第一に、「学力・進学圧力」であり、もともと区内で国・私立校受験を志向する保護者層が一定の割合でおり、その層が、より高い学力や進学への有利さによって特定の学校を選ぶ傾向があると考えられる。第二は、「小規模化忌避・統廃合圧力」であり、子どもの人間関係が狭くなることへの懸念や将来的な統廃合のリスクを回避する意識が働いて、小規模校を忌避する傾向があると指摘されている。第三は、「荒れ」の回避である。「減少校」

の特徴にも挙げられたように、「荒れの噂」は大きな移動を生み、特に、「子どもの友達関係・親つながり」による選択もあることから、そうした噂があった場合に、ある学校を回避する動きが加速化する傾向があるという。他方で、前述のように特定の伝統校に支持が集まるのは、教育内容というよりもむしろ「安定」しているという認識が強いからであると廣田は指摘する。第四が「立地条件・施設条件」であり、学校の教育内容の質よりも、「より直截に見える施設条件や規模、立地等による影響が大きく見られる」という[7]。

最後に、2009年に刊行された『検証 教育改革：品川区の学校選択制・学校評価・学力定着度調査・小中一貫教育・市民科』は、主に首都圏の教育研究者が協働して品川区の教育改革について評価検証を行った著作（小川正人編2009）だが、同書に含まれる貴重なデータとして、学校選択制に関する教員のアンケート調査の結果がある。その結果によれば、「保護者の学校や教育に対する関心が非常に高まってきた」という項目（教員アンケート）では、管理職では「とてもそう思う」が3.1%、「そう思う」が54.6%という回答パーセンテージになっており、教諭ではそれぞれ5.4%、45.9%となっている（p.53）。また、学校選択制によって「地元地域・学区の住民の学校に対する関心が高まり、学校の活動への支援・協力を得やすくなった」については、管理職では「とてもそう思う」が5.2%、「そう思う」が57.7%となっている一方、教諭ではそれぞれ1.0%、25.1%で、最も多いのが「どちらともいえない」（60.3%）となっている（pp.55-56）。また、他の興味深い知見としては、学校の多忙化に対する教員の認識がある。「学校選択制や小中一貫教育の導入により、教職員は公務分掌や研究・研修等の仕事量が増え、大変多忙化している」という項目について、管理職では「とてもそう思う」が15.6%、「そう思う」が45.8%であるのに対して、教諭ではそれぞれ40.8%、39.8%となっており、職位によるギャップが大きい回答結果となっている（p.24）。

② 東京都足立区の事例

前項では、品川区の学校選択制についてみたが、東京都の他の区の実施事例や東京都以外の事例についての先行研究についても見ていきたい。先行研究の知見で、特に注目したいのが、学校選択制の実施により、どのような基準で学校が選ばれるのか、選択制実施の結果として、児童生徒数が集中する学校、減少する学校の要因は何かということである。

　久冨は、黒沢惟昭らとの共著書『学校選択の自由をどう考えるか』（2000）において、足立区において1996年から取り組まれた「通学区域の弾力化」の取り組みに注目し、区内の公立学校の児童生徒数の増減を分析している。久冨（2000）によれば、この「通学区域の大幅弾力化」は、「指定校変更・区域外就学」について22項目にのぼる幅広い承認基準が設定され、保護者がいずれかの理由を付与して希望申請を出せば、区内のどの学校にでも「指定校変更」でき、ほぼ自由選択制と変わらない内容であった。

　久冨は、この「通学区域の弾力化」の導入による児童生徒数の動態を明らかにするため、学校ごとの「充足度」「集中度」を算出し、児童生徒が集中している学校と減少している学校の分類を試みた。また、各学区の教育関係者への聞き取りから、そうした「集中」や「減少」が生じた背景要因を指摘している。表0-4は、久冨が1998年度の児童生徒数の動態をまとめたものである。

表0-4. 「集中」校と「減少」校とに見られる特徴（小・中学校別）

	中学校	小学校
「集中」校	○ 伝統的に「評判」校（3校） ○ 建物の魅力（1校） ○ 相対的に大規模（3校）	○ 「集中」中学校と校区の重なり（4校） ○ 新しい豪華校舎（2校）
「減少」校	○ 「集中」校に隣接（4校） ○ 「荒れてる」など悪評（4校） ○ 相対的に小規模（4校）	○ 「減少」中学校との校区の重なり（4校） ○ 「集中」小学校に隣接（7校） ○ 相対的に小規模（8校） ○ 「廃校」の噂（2校）

出展：久冨（2000）に掲載の表（p.107）を抜粋。

　表0-4に示されるように、区内の「伝統的な評判校」や統廃合によって新設された「新しい豪華校舎」の学校などが児童生徒を集めていることが指摘されている。また、「集中」校の要因として「相対的な大規模校」が、「減少」校の要因として「相対的な小規模校」がそれぞれ指摘されていることから、小規模校から児童生徒が離れ「大規模校」へと流れていく傾向が見られた。久冨の指摘によれば、児童生徒数については「もともとの区の校区割りにそのような児童生徒数の不均衡が存在していた」（p.108）が、上のような選択による児童生徒数の流れから考える限り、そうした不均衡を是正するよりも、強める働きがあると言う。また、表には示されていないが、上のような「集

中」校は、区内の私鉄路線に沿って、区内の中央部に数珠繋ぎに並んでいる。

　また、小学校については、その小学校から児童生徒が上がる中学校の「集中」や「減少」の傾向にも動態が左右される状況がみられたという。また、「減少」校の特徴として小・中学校に共通して指摘されているのは「集中」校に隣接していることであり、つまり「集中」校に児童生徒数が奪われていることで「減少」が生じているということである。また、学校が「荒れている」など悪評の影響も指摘されている。

　久冨が説明しているように、もともと足立区では区内外での越境通学の風土が強く存在していたとともに、それまでの都市開発の結果に伴ういびつな校区の割り振りや変更による地域間の「隠された反目や差別意識」などもあったという。足立区による学校選択の制度は、そうした「古い差別感情までも掘り起こし蘇らせながら、上下関係のほとんどなかった（あるいは意識されていなかった）近隣公立小学校間に上下関係を創出した」（p.107）と久冨は指摘している。

　足立区は2002年から本格的に学校選択制を導入しているが、同区の実施状況については、小針・鎌田（2010）の論文において一部触れられている。その知見によれば、保護者から選択される要因として、「学校の歴史や伝統」「保護者の教育方針に応える教育環境・設備」「学校規模」などが挙げられているが、それに加えて、「学校の学力」もまた選択の要因として大きいと考えられるような分析結果も提示されている。

③ 東京都荒川区の事例

　次に、荒川区の学校選択制の事例について、山本（2004b）に基づきみてみたい。荒川区では、1990年代末に大規模な学校統廃合の計画（適正配置計画）が浮上していたが、地域から大きな反対運動が起こり、行政と住民の間に激しい対立が生じていたという。そうした中、2000年代初めに選挙を経て選ばれた新区長は、この対立の膠着を打開する施策として「学校選択の自由化と特色ある学校づくり」を打ち出した。2002年度から中学校区で、2003年度から小学校区で学校自由選択制が導入されることになり、小中学校とも全区内の学校が希望校として選択可能になり、希望者が学校の受け入れ可能児童・生徒数を超える場合には公開抽選が行われるようになった。

　この学校選択制は、子ども・保護者に「選ばれる」ことにより各学校が

「切磋琢磨」し教育をレベルアップさせること、そして、各校が特色を創り出していくことが目標とされている。また、「レベルアップ」にむけ、学校選択制の導入と並行して、学力向上や英語教育の推進も叫ばれ、特に学力向上については、学校の達成目標の設定や評価を行うため区の統一学力テストが実施されるようになった。加えて、その学力テストの結果（目標達成率）は、区の教育に関する説明責任を果たすとのねらいから、区のホームページに学校別に公開され、学校現場に大きな衝撃を与えた。当時の教育委員会の担当者は、公開されたデータが、保護者が学校を選ぶ際の判断材料の一つになるとの見方を示している[8]。

　山本（2004b）によれば、学校選択制の導入により区内の小中学校の入学者数に大きな変動が生み出された。山本が2004年度の学校選択制の入学希望者の状況を「希望集中度指数」という指標を用いて分析した結果、希望者が集中する学校とそれが極端に少ない学校の双方が発生している。山本の分析によれば、希望者が集中している学校の一つの特徴は、施設条件が良いことであり、統廃合により新設され、広いオープンスペースがあったり、プールや体育館などの施設、パソコン環境が整っている小・中学校には、受け入れ可能人数を大幅に超える入学希望者が集まったという。一方で、多くの学校では、特に施設環境の改善などは行われておらず、山本は当時インタビューで教員から出てきた「選択を行なうならば、学校の施設・設備が同じでなければならないのではないか。そうでなければ、施設・設備の悪い学校には質の高い教員を配置するなど考えるべきだ。」（p.100）という声を取り上げている。

　加えて、学校の適正配置計画で、統廃合の対象として挙げられていた一部の小規模校は、将来的に学校がなくなるのではないかとの保護者側からの懸念から、不人気となり、著しく入学希望者が減ったという。実際、荒川区の日暮里地区に位置するある小学校は、学校選択制導入の初年度、新入生がゼロになるという事態も生じた。

　また、山本(2004b)は、当時実施された区のアンケート結果（2003年度）の内容を紹介しているが、それによれば、従来の学区域内の小学校を選択しなかった理由で最も多かったのは、「児童・クラス数が少ない（24.1%）」であった。また、中学校では「学校の評判や印象がよくない」が最も多く（21.7%）、「児童・クラス数が少ない（19.4%）」、「希望する部活動がない（14.4%）」、「小学校の友人が行かない（13.9%）」がそれに続いている。中学校の「学校

の評判・印象」を除けば、小規模校に関わる事項が上位を占めていることを山本は指摘している。

④ 小括──東京都の学校選択制における事例研究のまとめ

東京都における学校選択制に関する先行研究の知見を整理してみたい。

まず、重要だと考えられるのが、学校選択制の利用実態に見える保護者の選択の基準である。学校選択制が実施された区の事例研究では、選ばれる学校と選ばれない学校がそれぞれに生じていた。選択制により入学希望者が特に多い「集中校」とそれが少なく児童生徒数が減っている「減少校」のそれぞれの特徴も聞き取り等によって明らかにされており、これは主要な保護者の選択の基準を示すものといえる。

複数の区で「集中校」と「減少校」を分け隔てていた主要な要因は「学校の規模」である。元々大規模校であったところは人気校になり、小規模校であったところは不人気校になりがちであった。その次に、大きな要因は、これは減少校を特徴づける要因であるが「荒れの評判」である。また、「名門校・伝統校」という評判が強い学校、学校の統廃合により新設されたり、設備が改善された学校なども人気が高くなっていた。最後に、「部活動が多い」ことが中学校では「集中校」の大きな要因となっている。

以上のうち、また減少校の特徴としての「荒れの評判」は、藤田の分類でいえば「安全性の基準」に含まれるであろう。また、「名門校・伝統校」という評判などは、他校に比べて秀でているとの印象から藤田の分類では「序列性の基準」にあてはまるだろう。しかし、意外にも、先行研究において共通する要因となっていた「学校規模」は、藤田（2005）が指摘した3つの主要な選択基準ではなく、彼が副次的に追加した要因の一つに過ぎないものである。ただ、先行研究の知見において「学校規模」が保護者の選択の基準になっている原因を探ってみると、小規模校ではなく大規模校が保護者により選ばれる理由としては、学校統廃合のリスクがないことや、単学級ではなく、何か児童生徒間でトラブルがあってもクラス替えがあることなどが挙げられている。このように保護者の観方から考えると、選択の基準としての「学校規模」は、藤田のいう「安全性」の基準としても捉えられる。一方で、久冨の分析において、「伝統校」が好まれる理由においても、落ち着いていて、荒れる心配が少ないという印象が強いことも一因であるとされており、これも

部分的に「安全性」として括れる可能性がある。このように、学校選択制において「学校規模」が保護者の選択基準として重視され、規模が大きい学校が好まれる傾向は、欧米の学校選択制の先行研究では見られず、日本特有の傾向ではないかと考えられる。

　また、「部活動」が中学校では共通して要因の大きなものとなっている点も注目に値する。学校規模が大きいほど部活動の種類も増えるので、保護者・生徒にとっては、両者は相乗的な魅力というように映ると考えられる。

　そのほか、本章で取り上げた学校選択制の事例研究の知見では、学校の教育内容の特色が選択基準として重視されている状況は確認されていない。嶺井（2007）が指摘したように、保護者の選択基準と学校の特色づくりとの乖離が大きいことが共通していえる。

　加えて、先行研究から浮かび上がった東京都の学校選択制に関わる地域的背景も重要であると思われる。先行研究、とりわけ久冨の足立区の分析において指摘されている点であるが、そもそも、東京都23区においては、学校選択制以前に、越境通学者や指定外区域通学者の割合が多かったと考えられる。特に、就学区域である校区やあるいは区をまたいで、公立校の中でも名門校・進学校とされる学校に子どもを通学させる越境通学については、1960年代〜1970年代にはそれを取り締まる措置が東京都全体であったものの無くすことはできず、多くの区で相当数の越境通学者がいたと考えられる。この点は、次章で述べるように、1960年代からの行政・学校・地域の連帯した取り組みで越境通学を根絶させた大阪府・市と比べ、学校選択制以前の地域的背景として大きく異なる点である。私学に通う児童生徒、越境通学や指定外区域通学の生徒の割合が多かったことは、それぞれの区で、何か目的があれば、居住地域の公立学校以外を選びたいという、学校選択に対する潜在的欲求を高めることにつながり、逆に、子どもを地域の公立学校に通わせるべきだという集団的な規範は相対的に弱かったと言えよう。加えて、学校選択制以前から、公立学校の中でも「名門校」に入学させたいという思いをもつ保護者が多かったということは、藤田の挙げる「序列性」の意識がある程度根付いていたことを表している。

　続いて、学校改革の手法として学校選択制がどのように位置付けられているのかについても整理してみたい。上の学校選択制の事例研究においては、品川区の学校改革がその典型例であると言えるが、教育改革プランとして、

小・中学校の一斉学力テストが導入され、また、その結果が学校別に公開されるようになった。こうしたテスト結果を学校の課題分析と改善に生かしていくという、品川区でいうところの「成果を基盤に置いた自律的学校経営」が進められていった。また、テスト結果は保護者に対しても公開され、学校選択における判断材料の一つとして位置付けられている。むろん英国などのように児童生徒数によって学校予算が決まるような措置にはなっておらず、この政策手法は市場原理的（新自由主義的）ではないとも主張されている。ただ、これらの取り組みは、日本国内における学校改革の取り組みとしては、最も欧米の新自由主義的な教育改革に近いものであることは確かである。加えて、学力テストという一元的評価指標を学校選択における判断材料に置いている時点で、学校づくりの多様性を奨励するという黒崎が描いた学校選択制のモデルとも相当にかけ離れた制度設計であると言える。

（3）自治体の学校選択制の実施状況に関する総括的な研究

　以上、東京都の個々の特別区における学校選択制の事例研究をとりあげたが、そうした知見を総括した論文から、学校選択制の実施から何が生じたかについての知見を整理してみたい。

　まず、嶺井正也らの研究（2007, 2010, 2012）は、東京都を含め、東京都の杉並区や江戸川区、東京都以外の自治体の学校選択制実施の動向も細かに分析している。

　嶺井・中川（2007）では、杉並区や江戸川区、それに品川区などの学校選択制の実施状況の分析から、それらの区において「選ばれる学校と選ばれない学校」が固定化する傾向について指摘している。そして、選ばれる基準としてプラスに働く学校の特徴として、「施設・設備のよさ」「伝統校」「立地のよさ」「規模の大きさ」「（在籍児童に）私立中受験生が多い」（小学校）、「部活動が多い」（中学校）などが挙げられている（pp.128-129）。そして、逆にマイナスに働くのは「荒れているという風評」「施設・設備がよくないこと」「小規模校」となっている。これらの知見は、ここまで品川区、足立区、荒川区の学校選択制の事例において「集中校」「減少校」の特徴として指摘されてきたものとほぼ重なっている。また、嶺井・中川（2007）による貴重な知見としては、杉並区や江戸川区において、就学援助率が高い中学校ほど、学力テストの平均点が低い状況があり、かつ、学校選択制による生徒の「流出」

が多いことが示されている点である（就学援助率が低い学校では、逆の傾向が見られる）(pp.129-130)。もしこの傾向が続けば、嶺井（2007）も指摘するように学校選択制を通して学力格差が拡大する可能性がある。

　さらに、嶺井（2012）によれば、児童生徒数の減少が続く「選ばれない学校」の状態から選択者数がプラスに転じる学校の事例は、「小中一貫校への衣替え」や、杉並区立和田中学校（藤原和博氏が民間人校長として勤め、その独自の学校改革がメディアの注目を浴びる）のような例外的ケースにとどまっており、ほとんどの学校はそうした変化に至らないという。

　加えて、嶺井（2012）は、上に挙げたような選択基準としてのプラスの要因もマイナスの要因もともに、「特色ある学校づくり」として言われる教育課程に基づく教育活動の独自性とは関わりのない要素である点を指摘している。嶺井自身は「特色ある学校づくりと子ども・保護者の選択基準とのミスマッチ」という言葉で表現しているが、これまでの日本の学校選択制の導入事例における特徴として、そうした教育内容の特色で選択されるケースが少なく、それ以外の要因で主に選ばれていることを主張している。加えて、近年では選択基準として学校の「学力」が浮上してきているが、「学力の高さ」＝「特色」とは呼べず、「学力の背景には保護者や地域の社会経済的状況があることはいまや常識となっている」(p.32) と指摘している。

　選択の基準としての「学力」の浮上という嶺井の指摘を裏付けるのが、小針・鎌田（2010）の分析である。小針・鎌田は「東京都内で学校選択制の実施後の状況から言えるのは、学校間の入学率に大きな格差があり、それが学力格差と直結している傾向が確認できる」(p.21) と指摘している。例えば、かれらは足立区が公開している学力テストの結果と学校選択制における小学校の応募人数との相関を分析し、その応募により「受け入れ定員」を上回っているいわゆる「人気校」の多くが学力テストの平均正答率が80％以上の小学校であることを示している。この知見に基づき、小針・鎌田は、学校選択制の導入により「学校の序列化と競争を引き起こす可能性がある」(p.21) としている。加えて、そのように東京都の多くの区の学校選択制で、保護者の判断材料の一つとして学力テストのデータを公表することは、学校間の序列化を強めるとともに、平均学力が低い学校に対する「入学忌避感情」を作り出すおそれもあること、また、学力以外の教育環境や教育実践など学校の個性にまで保護者が十分に目が届かない問題もあることを指摘している。加え

て、2007年に足立区で発生した事例に見られるように、学校が入学者を獲得するため、学力テスト対策を過度に行ったり、自分の学校をよく見せようと不正を働いてしまうリスクもあると主張している。

　また、経済学者の高木（2004）は、C・ティボーの「足による投票」という理論にふれながら、学校選択制による入学者の増減がもたらすデメリットを批判的に論じている。特に、学校選択制が子どもと地域社会の関係を弱めるとの指摘はあるが、地域社会が長期的にどういう不利益を被るかを考察している点で重要である。高木は、墨田区の学校選択制の状況（小学校）にふれながら、地域における伝統校など入学者数が多い学校がある一方、小規模校を中心に大幅に在籍児童数を減らしている学校が生じていることを問題視している。こうした学校選択制による子どもの「集中と過少化」の促進は、特に、減少校においては、児童の教育環境にも影響を与えるのに加え、「学区の子ども」が減ることで地域社会の衰退にもつながりかねないと指摘している（pp.38-39）。高木によれば、旧来、学区が固定されていたことで、地域住民が学区内の子どもを対象にした行事を企画しやすく、「将来の町の担い手である子供と大人の関係」が密になっていた。しかし、学校選択制の導入は、この関係を崩し、地域における世代間のつながりを弱めると主張している。

（4）学校選択制の効果等に関する実証研究——量的研究を中心に

　学校選択制の導入の理由は様々であるが、多くの場合、学校が子ども・保護者から選ばれる状況をつくり、また、他校と「切磋琢磨」(＝競争)する環境に置くことで、学校の特色づくりが進み、また、学力向上などの点も含め、教育が向上するという政策理論が前提となっている。ともかく、学校選択制の導入により教育の質に効果があるというのが、学校選択制を擁護する側の主張である。

　欧米、特に米国では、学校選択制の教育効果について論争があり、学力テストの結果などのデータが公開されていることや、実証的な検証を伴った政策実験として学校選択制が導入されるケースも多くあったため、学校選択制の効果に関する研究は豊富に存在する。それらの米国の学校選択制およびその効果に関する実証研究については、その一端をウィスコンシン州ミルウォーキー市の学校選択制を扱った成松（2010）の著書から知ることができる。

　そのように豊富な研究知見がある中、欧米の学校選択制（チャータースク

ールやバウチャープログラムも含む）の研究において長年指摘されてきた学校選択制の問題は、「クリーム・スキミング」（上澄み掬い）である。これは、学校選択の権利が平等に保護者に与えられたとしても、それを利用するのは、子どもへのよりよい教育の提供に関心をもつ高学歴や上流階層の親であることが多く、そうした親やその子どもの他校の流出により、一部の学校（とりわけ貧困層や人種的マイノリティが多く居住する地域の学校）の生徒・保護者層が低学歴・低階層の人々ばかりになるということである。その結果、こうした学校は教育課題を多く抱えるため教育改善が難しくなる一方、流出先の学校は教育的な成果を上げやすくなる。

　日本では、これまで学校選択制の効果や影響を分析しうる公開データが限られていたことや、そもそも、教育政策を実証的に評価・分析する研究が少なかったこともあり、学校選択制の効果や影響について実証的な研究は限られている。以下、数は少ないものの、学校選択制の効果や影響について扱った実証研究について、特に本書の問題意識と関連の深いものを中心にその知見を整理する。

　まず、学校選択制導入による教育効果を検討したものに中村（2009）がある[9]。中村は、東京都が実施している学力テストの結果（4年分のパネルデータ）をもとに、学校選択制を導入した自治体（区・市町村）とそれ以外の自治体の間に、他の教育に関する変数の影響を統制した後にも統計学的に有意な学力差が見られるかどうかを推定する分析を行った。その結果、学校選択制の導入により、僅かな平均正答率上昇の影響が数値としてあらわれたものの、この値は統計的に有意ではないと主張している。学校選択制の導入以外では、生徒1人当たり教師数のような変数は統計的に有意な効果をもつことが確認された。この結果から、中村（2009）は、「学校選択制は地域内の学力に対しては正ではあるが統計的に有意な影響は持たず、さらにその効果は平均正答率の変化や都内順位の上昇にわずかしか貢献していない」（p.72）、「学校選択制による競争拡大が教育活動の生産性の改善を促し、学力を向上させるという行政側の意見が妥当しない」（p.72）と結論付けている。

　また、学校選択制の子どもへの教育効果を検討したものではないが、親の選択行動や学校活動への参加を量的に分析した研究に橋野（2003）がある。橋野は、学校選択制導入後の東京都品川区において公立小学校40校中11校の保護者に配布された質問紙調査の分析を行った。分析の結果としては、保護

者の学校選択の基準として、保護者が大規模校を志向する傾向が強いことを確認している。そして、その選択は、他の保護者と独立して意思決定するというのではなく、「他の家庭が○○小学校（中学校）を選ぶ（選ばない）ならば自分もそうしよう」というように「周囲動向の予期が影響する相互依存的な意思決定である」（p.362）としている。この知見をふまえたとき、仮にこの選択行動パターンが続くならば、「学校選択制の導入時点での学校間の規模の差という初期条件が学校選択制の帰結を大きく左右する」（p.362）と言え、例えば、小規模校は児童生徒数が減少を続けるため「特色ある学校づくり」に必要な安定的な基盤を欠くことになると指摘している。

　加えて、橋野（2003）は、学校選択制の利用後の保護者の学校に対する意識も分析しており、選択制の利用を経てより規模の大きい学校を選んだ保護者は、入学後の学校行事への参加意識が消極的であることも指摘している。学校選択制の導入は、保護者の学校への関心を高め、教育への参加を促すという学校選択制を擁護する理論とは矛盾する知見である。

　その後、年代があくが、橋野と同じく、品川区の学校選択制の利用について行われた保護者アンケートのデータを再分析した山下（2021）は、新たな知見を導き出している。山下の分析結果では、学校選択制において選択希望申請が多い（人気のある）学校ほど、学校外教育費支出に積極的で、教育熱心な保護者の子どもが多い傾向が確認され、これは学校選択制によるクリーム・スキミングを支持する結果であるとしている。また、小学校の場合には、学校選択制を行った保護者の方が、行っていない保護者と比較して、保護者の責任が増したと捉える傾向があるが、中学校ではこの傾向は確認されていない。一方で、そうした保護者の意識の違いと行事参加の関係は明らかにはなっていない。

　さらに、山下（2021）の品川区の教員対象の質問紙調査の分析からは、学校選択制において選択希望申請が多い（人気が高い）学校に所属していることが、教師間、教員と保護者、教員と地域住民の関係的信頼のいずれにおいてもマイナスの影響を及ぼしており「関係的信頼」の醸成が難しいことが指摘されている。また、品川区を対象に、学校選択制と教員の職務満足度の関係を分析した結果からは、希望申請割合の低い（人気が低い）学校に所属していることは、教員の職務満足度にマイナスの影響を及ぼしていた。しかし、他方で、希望申請の割合が高い学校においても、教員の職務満足度が低くな

る傾向があることも指摘されている。以上の結果は、学校間に競争的な環境
をつくり、教員の意識改革を促す方法としての学校選択制の効果に疑問を投
げかけるものである。

6. 本書の問題意識
（1）大阪市の学校選択制の特異性
　ここまで、わが国における学校選択制の政策的背景や先行研究の知見を整
理してきた。
　本書では、大阪市の学校選択制を事例として分析していくが、以上のよう
に、学校選択制をめぐるこれまでの政策の流れや研究知見の中に位置付けた
とき、あらためて2014年に導入となった大阪市の学校選択制の特異性が浮か
び上がってくる。
　特異性の一つは、全国の政令市で2番目の人口となる大阪市の学校選択制
が、学校選択制の全国的な「ブーム」がほぼ終息したのちに突如として浮上
してきたことである。それは、東京都の特別区など先行する実施例が出尽く
し、導入後に見直しや廃止を行う自治体もあらわれ、学校選択制の功罪（と
りわけ、負の側面）についての見方が定まってきた中での敢えての導入だっ
たと言える。学校選択制の先行事例をみれば、先行研究に指摘されるような、
保護者の学校選択の基準と「特色ある学校づくり」の乖離や、特に、学校規
模の格差を生じさせやすいなど、実施上の問題点が見られるが、そうした問
題点にまさるメリットがあると期待して（あるいは、そうした問題点を無視
して）敢えて導入されたのが大阪の学校選択制の導入であったと言える。
　もう一つの特異性も「敢えて」の一つの要素である。大阪市における学校
選択制の他の特異性は、大阪市の地域的背景や行政の取り組みとして「越境
入学の防止」という学校選択制の考え方とは相反する流れを歴史的にもって
きたことである（高田2016）。これは、次章で詳しく述べるように、「越境」
とは「地域差別」であるとの考え方に基づく行政や学校の徹底した取り組み
であり、公立小中学校においては実際に越境入学者がいなくなった。こうし
た取り組みの成果として、学校選択制の導入以前の地域や保護者に根付いて
いる公教育に対する意識、いわば教育風土として、居住地域で定められた地
域の公立校への入学が当然のこととして位置付いていた。同様の取り組みは、
例えば、東京都にも存在したが、東京都の場合には越境入学者を完全になく

すことができず、結果として、指定区域外就学や学校選択制を求める保護者層を多く存在させることになっていた。私立学校に進学する子どもの割合の違いももちろんあるが、小中学校について「選ぶ」という意識が一般にないこと、その状態を支持し「地域差別」を防止する教育行政上の方針が歴史的に位置付けられていたことが大阪市の特徴である。また、大阪府・市においては、子どもたちの成長を支えるために学校と地域の連携の重要性が強調され、特に2000年代以降は、大阪市は大阪府の進める「教育コミュニティづくり」の考え方に基づき、地域全体で子どもを育てる取り組みの推進に力が入れられてきた。また、小学校区を単位に「はぐくみネット」という学校を核とした学校・家庭・地域の協働の推進組織も置かれている。

　以上のような取り組みは、高田（2016）がいうような大阪における公立学校の教育における「地元志向」「地域重視」を根付かせるものであったが、そうした取り組みの歴史や背景にある住民の教育意識を踏み越えて導入した点が、大阪市の学校選択制導入の別の特異性なのである。

（2）本書の問題意識
①「変化の理論」としての「切磋琢磨」の理論

　このような特異性をもつ大阪市の学校選択制であるが、それが学校教育にどのような影響を与えているのか、学校選択制の実施状況やその影響を、データをもとに検証していくことが、本書の大きなねらいである。

　このねらいにそって進めていけば、本書は、大阪市の学校選択制の事例研究という位置付けになるところだが、もう一つこの事例研究を通して考えてみたい理論的な課題がある。特に焦点を当てたいのが、大阪市の学校選択制の導入においてもそれを後押しする役割をした、「保護者が学校を選べるようにすることで、学校は「選ばれる」ための努力をし、また学校間の競争が生じることで学校教育が改善される」という政策理論である。本書では、この政策理論を「学校選択制の切磋琢磨の理論」（以下、場合によっては「切磋琢磨」の理論と略称する）と呼ぶことにする。再度定義すると、学校選択制の「切磋琢磨」の理論とは、学校選択制の導入により、学校が保護者から選ばれることを通して学校間に競争が発生するという制度的環境がつくられ、それが学校を教育改善に導くという（擬似）市場主義的な政策理論を指す。学校選択制を支持する政策理論には、前述の黒崎と大森の理論にも違いがあるよ

うにバリエーションがあるのは事実だが、ここではM・フリードマン以降、「選択」「競争」の導入が学校教育を向上させるという学校選択制を擁護する中心的な理論を意味している。

　議論を前に進めると、この学校選択制の「切磋琢磨」の理論は「変化の理論」（theory of change）の一つである。「変化の理論」は、米国における政策評価研究の文脈で出てきた概念であり、教育に限らず大小のさまざまな公共政策や改革案の分析および立案に用いられている。「変化の理論」は筆者の一人）（濱元）が、米国の教育学大学院に在籍中に教育政策に関する授業の中で学んだ概念であるが、以下の学校選択制の分析にとって有用と考えられるので説明しておく。

　「変化の理論」とは、何らかの変化（つまり、目標とする成果）をねらいとする政策や改革案が依拠する理論的な仮説ないしは説明図式である。コノリーとセイモア（Connolly & Seymour, 2015）の定義によれば、「変化の理論とは、望ましい変化とその変化を生みだすであろうアクションとの間の関係に関する予測的な仮定（predicative assumption）」（p.2）であり、これは端的に言えば、「もし、Xをするならば、Yが起こるだろうと予測される、それは、こういう理由である。」（p.2）という形をとる。基本的には、すべての公共政策や改革案は、それ自体の必要性や目標、取り組みの内容を説明するにあたり、それぞれの「変化の理論」を持っている。しかし、コノリーとセイモアによれば、しばしば、政策担当者は、直面する問題の認識から解決する方法（政策や改革案）の選択へと直接的に進み、なぜその方略が期待する変化の実現につながるのか十分に検討や説明ができていない。つまり、「変化の理論」が暗黙の前提として置かれたままで、その政策や改革案が実施に移されることが多いのである。その結果、コノリーとセイモアは、「変化の理論」が十分に明示化されないままでいる場合に陥る「落とし穴」として、「変化の理論」が現実やエビデンスに根ざしたものなっていないこと、他の可能な説明図式を検討できていないこと、限られた視野に依拠していること、特定の方策に対する感情的な傾倒（入れ込み）に基づいていることなどを挙げている。「変化の理論」にこのような弱点があった場合、実施された政策や改革案は、計画段階で想定していなかった現実の諸要因に妨げられ、期待した変化をもたらすことが難しくなる。それゆえ、政策や改革案が問題解決などに効果をあげるためには、「変化の理論」を暗黙にせず、多様な観点からその理論の細部を

検討し、明示化することである。

　「変化の理論」を学校選択制において考えてみるということが、本書の主たる分析上の枠組みである。欧米や日本における学校選択制の擁護者の「変化の理論」を考えてみたとき、まず注目したいのは、その擁護者がフリードマン（訳書1975ほか）に代表される経済学者であったり、経済界やその意向を受けた政治家が中心となってきたことである。かれらは、あくまで経済学的な観点から「学校選択の拡大」が公教育の領域に（疑似）市場的な環境をつくり、その競争やアカウンタビリティの仕組みが学校を教育改善へと導くと認識していた。つまり、「変化の理論」を経済学的に捉え、そこでは暗黙の前提として、市場における企業、消費者のメタファーで、学校と保護者・児童・生徒を捉えていたのである。この暗黙の前提に、すでにいくつかの問題が潜在していると考えられるが、最も大きな問題は、かれらが学校教育の専門家ではなく、現実の学校教育の状況に詳しくないことである。そのため、教育改善の直接的な担い手である学校や教員の置かれている社会的文脈や、その文脈の中でかれらが学校選択制という制度をどのように認知するか、どのようなメッセージを受け取るかという点に無頓着である。

　ともかく、ここでは、フリードマンにルーツをもち、日本でも学校選択制を正当化する政策的・学術的な言説に含まれる「変化の理論」を学校選択制の「切磋琢磨」の理論と呼ぶことにする。つまり、それは、学校選択制による保護者の学校選択の機会提供やそれによって築かれる学校間の競争（すなわち、擬似市場的な環境）が学校の教育改善を動機づけるという考え方である。これを「切磋琢磨」の理論と命名したのは、本章でレビューした、日本における学校選択制の政策的な流れにもあるように、「切磋琢磨」が、学校選択制をめぐる政策的言説の中で頻出するキーワードであり、競争が教育の向上を生むとの基本的なメッセージを反映していると考えられたからである。

　「切磋琢磨」は、本書で扱う大阪市の学校選択制の導入にあたっても、大阪維新の会のマニフェストの中で用いられたキーワードであり、かつ、同政党ではこのキーワードが選択制に限らず、多様な政策案の中で用いられている。しかし、そもそも「切磋琢磨」とは何を意味するのだろうか。「切磋琢磨」という言葉を辞書で調べてみると、おおむね「友人どうし励まし合い競い合って向上すること」といった意味が記されている[(10)]。すなわち「切磋琢磨」とは、複数の主体がお互いに何らかの目標にむけて競争するような環境におか

れ、その競争を通してそれぞれの資質や成果が向上することを指していると考えられる。「切磋琢磨」というと、競い合うなかで高め合うというポジティブなイメージがもたれやすい。ただ、反面で、それは向上するための個々の自助努力に期待する言葉でもあり、また、語られない側面として、向上できなかったものの没落や競争の場からの退出（排除）が暗に意味されている。例えば、橋下徹氏は、一部の大都市のタクシー業界は行政による台数調整がなされており、それがゆえに、業者間が競争して「切磋琢磨」することがないため「サービスが悪い」との指摘をある著書で行っている（橋下・三浦, 2019）。ただ、この指摘の中には、自助努力でサービスをよくすることができない業者は自然に淘汰され市場から退場すべきだとの考えも含まれている。そのように見ていくと、「切磋琢磨」とは単に市場原理の言い替えであるともみることができる。

　ともかく、大阪市の学校選択制は「学校の切磋琢磨をもたらし教育サービスを向上させる」という橋下徹元市長の触れ込みで市民に周知されてきた。また、教育委員会において、同市の学校選択制を主導してきた大森不二雄（2000）も、学校選択制が構築する学校間の競争が、「切磋琢磨によって教育水準を向上させ、教育サービスの受益者である子どもや親の利益になることを目指すもの」だと主張し、かつ教員に「やりがいを与える」ものだと説明している。また、歴史的にふりかえってみても、日本の学校選択制をめぐる政策や研究の言説を紐解いてみると、学校選択制が「切磋琢磨」をもたらすとの考え方が随所に見られる。例えば、学校選択制の代表的事例である品川区の事例においても、学校選択制の意義を正当化する政策的な言説に含まれており、若月元教育長は「よりよい教育を提供するための競争」としての「切磋琢磨」は学校の義務・使命でもあると主張している。他方で、経団連が2006年に発表した『義務教育改革についての提言』においても「学校が教育の受け手から選ばれるよう切磋琢磨を促進すること」を目的に「学校選択制の全国的導入」が訴えられ、第一次安倍内閣における「教育バウチャー」の全国一律導入の提案へとつながっていった。

　このように、学校選択制によって、学校間の競争的環境を築き、それによって学校教育の向上がもたらされるという「切磋琢磨」の理論は、若干のニュアンスの相違はあるものの、学校選択制を正当化する政策担当者や研究者の言説に含まれていた。また、それは「変化の理論」として、学校選択制の

導入やその後にこの制度を維持するために力を発揮してきた。

　ただ「変化の理論」として「学校選択制の切磋琢磨の理論」を読み解き、本章で整理したような学校選択制の実態に関する研究知見と対照してみると、この理論の正当性は大きく揺らぐ。

　学校選択制の推進論者で多少ニュアンスの違いはあるが、改めて「切磋琢磨の理論」のエッセンスを抜き出してみると、次のようになるだろう。学校選択制によって、保護者が学校を「選ぶ」ことを経て子どもを就学させることで、学校に対する関心や学校教育への参加意欲が高まり、教員との信頼（ないしは連帯感）が増す。また、教員は、「選ばれる」状況にあること、また、生徒獲得のために他の学校と競争関係にあることを意識して、教育の改善（特色ある学校づくりや「学力」などの指標における教育水準の向上）へと動機づけられ、結果的に、教育の改善を果たす。

　以上が、「変化の理論」としての「切磋琢磨」の理論の主要な説明図式である。特に、学校の教育改善を前進させる主体である教員にとっては、「保護者から選ばれること」、かつ「選ばれること」で他校と「競争関係にあること」を受けとめ、それに応答しようとすることが教育改善への動機付けとなると考えられる。より細かくいえば、「保護者の選択」を保護者の学校教育に対するニーズや評価のメッセージとして変換して捉え、それへの応答が学校の教育改善を方向づけ、動機づけると考えられる。

　この説明図式が机上の空論に終わらず、学校選択制において「選ばれること」「競争関係にあること」が教育改善への動機付けとして機能する上で要となるのは、保護者の「選択の基準」である。端的にいえば、保護者の「選択の基準」が、「学校側がその努力によって改善しうる学校の教育の内容」に合致すれば、学校側はそれに合った改善のための自助努力を行うことができ、うまくいけば、その面での成果をあげることができよう。

②「切磋琢磨」の理論について想定される問題点

　ただ、ここで重要なのは、「学校側がその努力によって改善しうる」とあるように、「選択の基準」となっていることが、教職員がその職務や教育活動でカバーできる範疇におさまっていることが重要である。例えば、学校がすでに置かれている地理上の位置や地域的背景などは、学校の努力で変えられるものではない。あるいは、保護者が、同じ幼稚園や保育園出身の他の子ども

たちと一緒に同じ小学校へ通わせたいという思いが主たる「選択の基準」であったとすれば、学校がその自助努力で対応することはできない。

　以上のように考えてみると、学校選択制において「切磋琢磨」の理論が機能し、学校の教育改善を動機づけとなるためには、保護者の「選択の基準」が「切磋琢磨」による学校づくりの要望とある程度合致していることが必要である。この点は、学校選択制の政策環境を市場原理で捉えず、それを学校づくりの「触媒」として捉える黒崎のモデルにおいてもあてはまる。逆にいえば、保護者の「選択の基準」が、学校の教職員にとって、その学校づくりの取り組みによって応答不可能なものであったり、それに応答することが公教育の一部としての学校の責任の範囲から外れているとすれば、学校選択制は学校の教育改善を促す手段として適切ではないと考えられる。

　保護者の「選択の基準」が学校の教育改善の射程に合致しうるのかどうか、これが、「切磋琢磨」の理論の正否のポイントである。ただ、本章で整理し、また嶺井も指摘しているように、「選択の基準」と学校の教育内容や実践の方向性とのミスマッチが生じてきた。すなわち、学校の自助努力では対応できない要素（「学校の規模」「自宅からの近さ」「伝統校」など）が「選択の基準」の中心になってきた。一方で、「学校の荒れ」や中学校の「部活動」のような学校の教育内容に含まれるような要因も挙げられている。その中で、「学校の荒れ」は学校の教員の取り組みによって改善しうる領域だと言える。他方で、「部活動」は学校の教育活動全体の中ではオプション的なものであり、たとえ保護者の「選択の基準」でそこが重視されたとしても、選ばれるためにオプションの「部活動」の充実に力を入れるというのは学校全体の運営上正しいといえるのか、難しいところである。

　さらに、「切磋琢磨」の理論について、調査以前に考えられる問題点として、次の二点を指摘することができる。

　第一は、個々の学校が、保護者の学校選択の結果（入学者数の増減）から受け取るメッセージの「曖昧さ」である。学校選択制において、学校側は、「保護者の選択」の結果（入学者数の増減）を、保護者の学校教育に対するニーズや期待のメッセージに変換して捉え、それを教育改善に生かしていくと考えられている。しかし、保護者がなぜ自分の学校を選んだのか、あるいは選ばなかったのかは、学校別にアンケートを取るわけではないので、学校側としては直接的に知ることができない。学校側としては、学校の現状分析や、

時折、保護者や地域から漏れ聞こえてくる声から「選ばれた/選ばれなかった」理由を類推するしかなく、教育改善にむけた意思決定の情報源としては極めて曖昧である。

　第二は、視点を個々の学校というミクロレベルから、学校選択制を実施する対象地域（自治体）の「学校群」というメゾレベルへと移した時に見える、競争的環境のフェアネス（公平性）の問題である。そもそも、「機会均等」が大前提となる日本の義務教育レベルの公立学校の間に、相互の差別化を促すような競争的環境をもたらすこと自体が今なお一定の問題を含んでいる。ともかく、学校選択制が教育法上認められているので、それはよしとして、少なくとも、学校選択制という制度とそれが構築する競争的環境から、どの学校も平等に教育改善への動機付けを得られるのでなければ、その制度・環境はフェア（公平）とは言えないだろう。例えば、学校選択制を導入した後、A校は児童生徒を獲得するためにほとんど新たな自助努力の必要がないのに対して、他方でB校にはA校の何倍もの自助努力をする必要が生じるとすれば、学校側が制度から得るモチベーションやプレッシャーには不公平が発生し、決してフェアとは言えない。長崎市の例を用いると、ある学校が「坂の上」という不利な地理上の環境にあるため、入学者が集まりにくい状況が生じたとすれば、その学校が入学者を獲得するためには、「坂の下」の学校よりもはるかに大きな教育改善の自助努力をする必要が生じる。この場合、「坂の上」の学校とその他の学校の間には、同じ自治体内の学校であるにも関わらず、学校選択制から受ける教育改善にむけたモチベーションないしはプレッシャーに不公平があるということを意味する。また、先行研究が示すところでは、保護者の「選択基準」においては、学校選択制が始まってからの学校の教育活動というよりも、始まった時点での学校がもつさまざまな初期条件（学校の規模、伝統、地理的条件）が大きな位置を占める。つまり、一見、平等な競争であるかのように見えるものの、スタートラインで各校がもつ条件（しかも、学校の自助努力で対応できないものが多い）によって、制度から受けるモチベーション/プレッシャーが違うとすれば、「切磋琢磨」の理論は、公教育の政策理論としては大きな問題があると言ってよいだろう。

　加えて、さらに視点を広げて、大阪市のように大規模な自治体の学校選択制を考えてみると、近年、都心回帰と呼ばれる現象によって、大都市内部でも子育て世帯が集中的に流入するエリアと、流出するエリアの二極化が進ん

でいる。こうした二極化は、一つの自治体の中に、大規模校が多いエリアと、小規模校が多いエリアの双方を生み出すことになるが、特に、前者のエリアでは学校ごとに児童生徒数の過密が生じ、学校選択制による外部からの「受け入れ枠」が少なくなるため学校選択制が機能しにくくなる。実際、東京都の一部では、このような都心回帰による学校選択制そのものの機能不全から、学校選択制を見直している区が出てきているとの報道もある[11]。ともかく、都心回帰のような地域的背景や人口動態の変化により、学校選択制が活発に機能するエリアとそうでないエリアが一つの自治体内で生まれるとすれば、上に述べた、学校が学校選択制から受けるモチベーション/プレッシャーに格差が生じることを意味し、そのこと自体、すべての学校の教育改善を後押しする制度としてはフェアとは言えない。

③本書における研究上の問い

以上のように、学校選択制の「切磋琢磨」の理論は、自治体の学校を公平に教育改善へと動機付けるメカニズムとしては問題が多く、現実的には、この理論通りにならないことが多いとの仮説を立てた。そこで、本書では、2010年代に大規模な学校選択制の実施例として登場した大阪市の学校選択制について、その実施状況やその結果に関する分析をもとに、「切磋琢磨」の理論の検証という課題を設定したい。

特に、学校選択制の「切磋琢磨」の理論を検証するにあたり、その検証軸となるいくつかの研究上の問いを設定する。

①大阪市の学校選択制はどのような仕組みになっているか。
②学校選択制はどのように利用されているか。
　（保護者の学校選択の基準/選択行動の区による違い／地域的背景による違い）
③学校選択制はどのような成果をもたらしているか。
④学校選択制は学校にどのような影響を与えているか。

これらの研究上の問いについてデータに基づき明らかにすることで、大阪市の学校選択制について設定されたねらいやその背景にある「切磋琢磨」の理論を現実に照らして検討していきたいが、具体的にどのような分析を、次

章以降で展開していくかを簡単に説明しておく。

　①は、大阪市の学校選択制の制度設計に関するものであり、保護者がどのようなプロセスで学校を選択するように制度設計されているか、その制度設計の区による違いを明らかにする。また、制度設計の理解には、その制度の導入以前の就学制度の方針や制度設計が決定されるまでのプロセスも重要であると考えられるので、これらの点も明らかにする。

　続いて、②は、学校選択制の利用状況を明らかにするものである。まず、保護者の「選択の基準」を明らかにするべく、大阪市が毎年新入生保護者を対象にとっているアンケート調査の結果について分析を行い、また、時系列の変化があるかどうかも明らかにする。加えて、大阪市24区における地域的背景の違いが学校選択制の利用にどのような影響を与えているかも統計的に明らかにする。加えて、質的な調査として、いくつかの区でのフィールドワークを通して、実際に保護者や学校関係者に聞き取りを行ったデータなどを総合的に分析して、保護者の学校選択行動をミクロなレベルで検討する。

　③は、「切磋琢磨」の理論の正当性を評価する上で重要なポイントであるが、学校選択制の導入により、学力向上や「特色ある学校づくり」などの成果が見られるかどうかである。大阪市が公開している学力テストのデータや教育関係者のアンケート等のデータをもとに検証を行う。

　④は、学校選択制の導入が学校の運営や教育活動等に与える影響を検討するものである。もし、「切磋琢磨」による成果があったとしても、それを上回る負の影響が学校に生じていたとすれば、学校選択制や「切磋琢磨」の理論そのものに問題があったと考えられる。これについては、公開されているデータやフィールドワークから得たデータなどをもとに検討していく。

　以上のように、大阪市における学校選択制の実施状況と学校選択制の「切磋琢磨」の理論について、実証的な検討を行うこととする。なお、調査方法や扱うデータについては各章でそのつど説明する。また、終章では、改めて、上の４つの問いに照らして、本書全体の知見を整理した上で考察を行うこととしたい。

引用文献

Berends, M., Zottola, G.C. (2009). Social Perspectives on School Choice. In Handbook of Research on School Choice, 1st Editon (pp. 35-53). Routledge.

Conolly, M.R., Seymour, E. (2015) "Why Theories of Change Matter" WCER

Working Paper No. 2015-2. Wisconsin Center for Education Research.

フリードマン, M.（訳書1975）熊谷尚夫・西山千明・白井孝昌訳『資本主義と自由』マグロウヒル出版

藤田英典（1996）「教育の市場性／非市場性:「公立中高一貫校」「学校選択の自由」問題を中心に」『教育学年報』5, pp.55-95.

藤田英典（1997）「「教育における市場主義」批判:黒崎氏の反論に答えて」『教育学年報』6, pp.409-455.

藤田英典（2003）「疑似市場的な教育制度構想の特徴と問題点」『教育社会学研究』72, pp.73-94.

藤田英典（2005）『市民社会と教育―新時代の教育改革・私論』世織書房

藤田英典（2014）『安倍「教育改革」はなぜ問題か』岩波書店

橋下徹・三浦瑠麗（2019）『政治を選ぶ力』文春新書

橋野晶寛（2004）「公立学校選択制の計量分析」『東京大学大学院教育学研究科紀要』43, pp.355-364.

コルヴィン, R.L.（訳書2007）「公立学校選択―概論」F・M・ヘス＆C・E・フィン Jr.（編著）後洋一訳『格差社会アメリカの教育改革―市場モデルの学校選択は成功するか』明石書店, pp.25-65.

Hess, F. M., & Loveless, T.(2005). How school choice affects student achievement. In Getting choice right: Ensuring equity and efficiency in education policy, (pp.85-100), Brookings Institution Press.

廣田健（2004a）「学校選択の現状と課題」堀尾輝久・小島喜孝編『地域における新自由主義教育改革―学校選択、学力テスト、教育特区』エイデル研究所, pp.145-157.

廣田健（2004b）「学校選択制の制度設計と選択行動の分析」堀尾輝久・小島喜孝編『地域における新自由主義教育改革―学校選択、学力テスト、教育特区』エイデル研究所, pp.51-63.

Hyneman,S.P. (2009). International Perspectives on School Choice. In Handbook of Research on School Choice, 1st Editon (pp. 79-96). Routledge.

今野喜清・新井郁男・児島邦宏編（2014）『学校教育辞典（第3版)』教育出版

Jabbar, H., Fong, C. J., Germain, E., Li, D., Sanchez, J., Sun, W. L., & Devall, M. (2022). The competitive effects of school choice on student achievement: A systematic review. Educational Policy, 36 (2), pp.247-281.

Jheng, Y. J., Lin, C. W., Chang, J. C. C., & Liao, Y. K. (2022). Who is able to choose? A meta-analysis and systematic review of the effects of family socioeconomic status on school choice. International Journal of Educational Research, 112, No.101943.

小針誠・鎌田真理絵（2010）「公立小学校の学校選択制に関する一考察―東京都の事例を中心に―」『現代社会フォーラム』6, pp.15-27.

小島喜孝（2009）「日本における学校選択制の諸問題」『近畿大学生物理工学部紀要』24, pp.65-75.

久冨善之（2009）「日本型学校選択制はどうはじまっているか―東京・足立区三年間の「大幅弾力化」に関する調査から考える」池上洋通・久冨善之・黒沢惟昭編『学校選択の自由かをどう考えるか』大月書店

黒崎勲（1994）『学校選択と学校参加―アメリカ教育改革の実験に学ぶ』東京大学出版会

黒崎勲（1996）「市場のなかの教育／教育のなかの市場」,『教育学年報』5, pp.25-54.

黒崎勲（1997）「学校選択＝複合的概念:藤田論文に接して再考すること」,『教育学年報』6, pp.377-408.

Ladd, H. F., & Fiske, E. B. (2020). International Perspectives on School Choice. In Handbook of Research on School Choice: 2nd Edition(pp. 87-100). Routledge.

嶺井正也・中川登志男（2007）「学校選択とヴァウチャー――教育格差と公立小・中学校の行方」八月書館, pp.107-132.

嶺井正也編（2010）「転換点にきた学校選択制」八月書館

嶺井正也（2012）「転換点にある学校選択制の行方と課題」『市政研究』176, pp.26-35.

文部科学省（2006a）「学校選択制等について」（文部科学省HP）（https://www.mext.go.jp/a_menu/shotou/gakko-sentaku/index.htm）

文部科学省（2006b）「小・中学校における学校選択制の実施状況について（平成18年 5 月11日現在)」（文部科学省HP　http://www.mext.go.jp/a_menu/shotou/gakko-sentaku/08062504.htm）

文部科学省（2012）「小・中学校における学校選択制の実施状況について（平成24年11月 1 日現在)」（文部科学省HP　https://www.mext.go.jp/a_menu/education/detail/_icsFiles/afieldfile /2013/09/18/1288472_01.pdf）

中村亮介(2009)「学校選択性が学力に与える影響の実証分析: 東京都学力パネルデータを用いて」『エコノミア』 6 (2), pp.57-74.

成松美枝（2010）『米国都市学区における学校選択制の発展と限界―ウィスコンシン州ミルウォーキー市学区を事例に』渓水社

大森不二雄（2000）『「ゆとり教育」亡国論―現役文部官僚が直言　学力向上の教育改革を！』PHP研究所

小川正人編（2009）『検証教育改革―品川区の学校選択制・学校評価・学力定着度調査・小中一貫教育・市民科』教育出版

ラヴィッチ, D.（訳書2013）本図愛美訳『偉大なるアメリカ公立学校の死と生―テストと学校選択がいかに教育をだめにしてきたのか』協同出版

堺屋太一（1984）「学校・教師間への競争原理の導入について―多様な社会に適応する教育改革を」世界を考える京都座会編（1984）『学校教育活性化のための七つの提言』PHP研究所, pp.93-154.

佐貫浩（2010）『品川の学校で何が起こっているのか 学校選択制・小中一貫校・教育改革フロンティアの実像』花伝社

世界を考える京都座会編（1984）『学校教育活性化のための七つの提言』

PHP研究所

進藤兵（2004）「東京都の新自由主義的教育改革とその背景」堀尾輝久・小島喜孝編『地域における新自由主義教育改革―学校選択、学力テスト、教育特区』エイデル研究所, pp.9-30.

杉並区学校希望制度検討会（2012）「杉並区学校希望制度検討会報告書」（https://www.city.suginami.tokyo.jp/_res/projects/default_project/_page_/001/012/945/public_siryo_h2402_1.pdf）

高木新太郎（2004）「特別区における学校選択制の影響の一例」『学術の動向』9 (11), pp.33-39.

高田一宏（2016）「大阪市の学校選択制―揺らぐ公共性、広がる格差―」『教育文化学年報』（大阪大学大学院人間科学研究科教育文化学研究室）11,pp.12-21.

高橋靖直（2001）「学校教育の機能と性格」高橋靖直編『学校制度と社会』pp.77-99.

多摩市教育委員会（2012）「多摩市立学校の通学区域制度の見直しにあたっての指針」（https://www.city.tama.lg.jp/cmsfiles/contents/0000003/3407/2_honnbunn.pdf）

堤清二・橋爪大三郎編（1999）『選択・責任・連帯の教育改革』岩波書店

和氣正典（2009）「品川区の教育のこれから」小川正人編『検証教育改革―品川区の学校選択制・学校評価・学力定着度調査・小中一貫教育・市民科』教育出版

ウィッティー, J.（訳書2004）堀尾輝久・久冨善之訳『教育改革の社会学―市場、公教育、シティズンシップ』東京大学出版会

若月秀夫編（2008）『学校大改革・品川の挑戦―学校選択制・小中一貫教育などをどう実現したか』

山本由美（2004a）「品川区「教育改革」の全体像と問題点」堀尾輝久・小島喜孝編『地域における新自由主義教育改革―学校選択、学力テスト、教育特区』エイデル研究所, pp.39-50.

山本由美（2004b）「荒川区「教育改革」の現状と問題点：学校選択、「学力テスト」、教育特区」堀尾輝久・小島喜孝編『地域における新自由主義教育改革―学校選択、学力テスト、教育特区』エイデル研究所, pp.39-50.

山本由美（2015）『教育改革はアメリカの失敗を追いかける―学力テスト、小中一貫、学校統廃合の全体像』花伝社

山下絢（2021）『学校選択制の政策評価:教育における選択と競争の魅惑』勁草書房

注
（1）例えば、Lad & Fiske（2020）によれば、ニュージーランドでは、学校選択制を導入し、より競争的な環境の下で、学校の予算も含め、自律的な経営を促すことが、教育改善へのインセンティブを強め、経済的背景が厳しい児童生徒に対する取り組みが前進すると捉えられていた。しか

し、そうした競争と自律的経営の政策環境を作っただけでは、経済的背景が厳しい児童生徒を下支えすることはできず、ほどなく、政策担当者らは、個々の学校の改善に対する幅広い支援の必要性に気づいたと説明している。

（2）例えば、ウィッティー（訳書2004）が、他の研究を引用しつつ指摘するには、米国では、もともと居住地域において、社会的・人種的な居住の分離があり、学校に来る児童・生徒の構成もその分離を反映したものになっていたが、学校選択制の導入は、社会的・人種的に混じりあい統合がみられる地域の学校にも選択が広がることで、上の分離がさらに広がるだろうと指摘している。

（3）この答申の該当部分は、文部科学省ホームページの「通学区域制度の弾力的運用について（通知）」にて抄録として記載されている。
（https://www.mext.go.jp/a_menu/shotou/gakko-sentaku/06041014/008/003.htm）

（4）前橋市の学校選択制の廃止に至るまでの過程については、嶺井編（2010）に詳しい。

（5）朝日新聞記事「学校選択制 撤回の街」（2011年12月23日夕刊）より。

（6）例えば、英国の教育改革の状況について、藤田（2005）は、学校に関する多様な情報が発信されているにもかかわらず、保護者が公開されている学校の学力データや安全性、名声などに基づき、学校が評価において序列化・格差化が進んでいる実態を指摘する。

（7）以上の要因に加えて、廣田（2004）は、間接的にではあるが、学校選択制による移動を加速化する要因として、「友達関係・親つながり」も挙げられており、選択に関わる情報を保護者が共有したり、また、中学校では友人同士で話し合ったりして、グループで指定校を変える動きもあるという。

（8）ベネッセ教育総合研究所発行『View21（小学版）』（2003年10月号）
（https://berd.benesse.jp/berd/center/open/syo/view21/2003/10/s031002_4.html）における荒川区教育委員会の三町章指導室長のインタビュー記事に基づく。

（9）中村（2009）がレビューしているように、中村（2009）より前にも、学力データを扱った分析は経済学の領域でいくつか存在しているが、学校選択制導入以外の変数の影響を統計的に統制していないなど問題が指摘されている。

（10）『デジタル大辞泉』（2020年8月更新版）における「切磋琢磨」の項目の説明による。

（11）毎日新聞オンライン記事「見直し進む東京23区の学校選択制：この20年で起きた変化とは」（2021年12月4日）
（https://mainichi.jp/articles/20211202/k00/00m/040/041000c）

第1章　大阪市の地域的背景と学校選択制の導入過程
——いかにして全区に導入されたか

1．はじめに

　本書の研究上の問いの第一は、大阪市の学校選択制の仕組みはどのように
なっているか、であった。この第1章と第2章が主にこの問いに答える内容
となる。学校選択制の仕組みを理解するにあたっては、その制度が導入され
る以前の大阪市の地域的背景や学校教育の概要を知ることが重要であると思
われる。特に大阪市においては、後述するように、1960年代以降の教育行政
が「越境通学の防止」に取り組み、実際に越境通学者が皆無に近い状況にま
で進められた。こうしたことも選択制導入以前の教育風土として重要ではな
いかと考えられる。

　加えて、本章では、大阪市における学校選択制の政策形成過程をかなり細
かく振り返ってみる。政策形成過程について検討するのにはいくつか理由が
ある。第一に、政策形成に関わる首長や教育行政、地域の間のやりとりが、
制度の目的や仕組みを形づくり、結果として、どのような仕組みとして学校
や保護者にもたらされるかを決めると考えられるからである。また、そうし
た政策形成の言説において、本書が検討しようとする「切磋琢磨」の理論が
どのように浮上しているか、また、制度設計とどのように結びついているか
も見ていきたいところである。筆者が見る限り、大阪市の学校選択制は、橋
下徹氏の市長選の公約としてまず登場し、氏が当選後は、彼の強権的な政治
手腕により、トップダウン的な形で実現された。ただ、その間には、「熟議」
の学識者や行政、市民の代表者を集めて、制度設計のあり方を話し合う機会
も設けられており、東京都の品川区や荒川区のような学校選択制の先行事例
（序章を参照）にみられるほどの「断行」とも呼べない側面もある。結果的に
は、反対する市民の声は無視された全区での実施となったが、まがりなりに
も住民参加のステップが置かれたことには、政策形成上、それなりのインパ
クトがあったのではないかとも考えられる。こうした点にも留意しながら、
政策形成の過程についても整理してみたい。

２．大阪市の歴史的変遷と地域的背景

（１）大阪市の歴史的変遷の概要

　明治以降、大阪市は、日本の中核的な商工業都市としての発展を見せた。紡績業において「東洋のマンチェスター」とも呼ばれるほどの隆盛をきわめたほか、機械や造船、車両の製造などの重工業も発展した。また、経済・産業の発展に伴い、市街地の拡張も進められていき、戦前には一時的に東京市を上回る人口規模となった。西日本を中心に多くの労働者が集まったほか、戦前には、朝鮮半島からの移住者が増加し、猪飼野など独自のコミュニティを形成する地域もあらわれた。

　太平洋戦争により、空襲で市の中心部がほぼ消失し、経済的な基盤も失われたものの、大阪市は戦後復興の中で再び、阪神工業地帯の拠点として経済的な繁栄をみることになる。特に1960年代、人口がピークになった時期には、居住者が市の中心部から周辺部や郊外などへ移動していく「ドーナツ化」がみられる。加えて、西淀川区や此花区の工業地帯を中心に公害が発生し、生活環境も悪化し、他府県や市外のニュータウン地域への移住が増加した。その後、重化学工業への依存を続けた大阪市は、新たな産業の開発にのりおくれ、1970年代の大阪万博の後には、その経済的プレゼンスは衰退の一途をたどることになる。バブル期以降、経済的な衰退がより強まるとともに、急速な少子高齢化の進行、貧困率の高さなどが市の大きな課題となっている。

　2010年代に橋下徹市長の就任以後、大阪維新の会が市運営の主導権を握ってからは、観光資源の積極的な開発と情報発信により外国人観光客は急増傾向となり、そのインバウンド消費が市の経済を支えるようになってきた。また、大阪市北区の大阪駅周辺の整備再編を軸に「スマートシティ」の構築にも力を入れているほか、本書が執筆されている2022年現在では、大阪市は新たな万博の準備とIR（カジノを含む統合型リゾート）の建設に力を注いでいる。

　このように様々な形で開発が進みながらも、社会経済的な側面で見ると、大阪市は貧困のレベルが高い自治体でもある。例えば、大阪市の生活保護率（2020年３月時点）は4.95％（日本全体では1.64％）であり、これは、全国の政令市で最も高い値となっている[1]。大阪市は、特に生活保護率が高い理由として、生活保護に深く関係する「失業率」「離婚率」「高齢者の割合」がいずれも全国平均より高いことを挙げている[2]。また、「全国最大の日雇い労

働者のまち（西成区のあいりん地域)」を抱えることから、失業して職を求める人々が流入するも、長引く不況の中で安定した職を得ることができず、生活保護受給者となるケースが多いことも指摘されている。

　他方で、大阪市は、在日韓国・朝鮮人の集住地域をもつなど、外国籍を含め外国にルーツのある市民の割合も多い自治体である。大阪市で在留外国人が全人口に占めるパーセンテージは2020年9月時点で5.17%（14万人）となっており、この値も政令市の中では最も高い値である。

（2）大阪市のエリア別の地域的背景と人口動態

　大阪市は、同市の行政上の区分によれば、図1-1に示すように、都心部地域、北東部地域、東部地域、西部臨海部地域、南部地域の5つの地域に分けられ、それぞれ異なった就業構造および社会経済的背景を持っている。特に、就業構造で言えば、都心部地域に事務従事者・販売従事者が多い一方、他の地域、特に、西部臨海部地域や南部地域は生産工程・労務従事者、いわゆるブルーカラー層が多い地域となっている（鰺坂ほか2011）。

　大阪市全体の人口は1960年代半ばより減少傾向が続くとともに、少子高齢化が進行していた。しかし、2000年前後から、日本の他の大都市と同様に、人々の居住ニーズやライフスタイルの変容に伴い、後述するように「都心回帰」の動きが起きている。これにより、かつて「ドーナツ化」により、居住世帯が少なかった都心中心部に移り住む人々が増加した。特に、近年は市の中心部で、マンション建設のラッシュが起こり、子育て世帯の流入が広がっている。徳田・妻木（2019）によれば、交通利便性の高い都心6区（北区、中央区、福島

図1-1　大阪市の地域分類

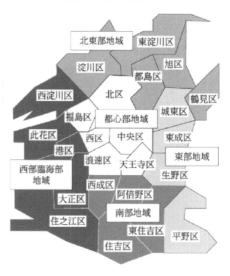

※大阪市経済戦略局発行『大阪の経済』（2018年度版）の資料をもとに著者作画。

区、西区、天王寺区、浪速区）では、急増する高層マンションに子どものいる核家族世帯が多く転入し、2005年以降に15歳未満人口が増加傾向にある（pp.104-105）。

　このように都心部の人口が増加傾向にある一方、都心部の周縁に位置する多くの区ではなおも人口減少が続いている。特に、西部臨海部地域、南部地域の区では、鰺坂ら（2011）も指摘するように交通や居住環境の面での不利が大きく関わり、一貫して人口および児童生徒数が減少している。また、鰺坂（2015）が指摘するように、大都市における都心回帰の動きは、職業的・経済的な階層分化の動きと連動したものである。つまり、実際、大阪市における都心回帰の動きでは、住宅価格がますます上昇傾向にある都心部に経済的に余裕のある上・中流の子育て世帯が多く流入する状況となっている。他方で、人口減少が進む他区では、低所得層の占める割合が高く、「都心回帰」を通して市の区間での経済格差の拡大もまた懸念される。

３．大阪市の教育の概要と歴史的背景
（１）大阪市の学校教育の概要と地域的背景

表1-1. 1983年度と2020年度の大阪市の市立学校数と児童生徒数（5月1日時点）

	1983年度		2020年度	
	学校数	児童生徒数	学校数	児童生徒数
小学校	303	214,481	289	114,537
中学校	130	113,856	128	50,941
合計	433	328,337	417	165,478

　大阪市の学校教育の概要について見ていく。表1-1に示すように、2020年度では、大阪市は417校の市立小中学校を有し、約16万5千人の児童生徒が通っている。市立小中学校の数についていえば、市の住宅開発に合わせ1980年代まで増加が続き、表1-1に示す1983年度にピークとなった。他方で、大阪市の児童生徒数についていえば、1960年代半ばから減少が続いており、学校数がピークとなった1983年度と2020年度を比較すると、その間に児童生徒数はほぼ半減している。児童生徒数が大きく減ったのに対して、統廃合はそれほど行ってはおらず（上の期間の間に学校数は約4%（16校）減少）、その結果、全体として小規模校の占める割合が増加傾向にある[3]。また、近年、前

述の都心回帰の動きにより、児童生徒数が急激に増加する都心部の一部エリアもあり、そうしたエリアでは、学校の校庭に校舎を新設するなどして対応している。

　また、前述のように、大阪市は貧困世帯の割合が大きいが、その状況は子どもを抱える家庭にも及んでおり、市立学校において就学援助を受けている児童・生徒の率（2016年度では25.7%[4]）も全国の政令市で最も高いレベルにある。子どもの貧困対策として、市は2018年に「大阪市子どもの貧困対策推進計画」を発表し、「子どもや青少年の学びの支援の充実」「生活基盤の確立支援の充実」など四つの方針を柱として対策事業を進めている[5]。

　そのほか、在留外国人の割合が高く、その教育を保障し、独自の文化やアイデンティティを尊重する観点から、大阪市教育委員会は「在日韓国・朝鮮人問題に関する指導の指針」（1988年）や「在日外国人教育基本方針」（2001年）などを策定し、多文化共生を進める教育を重視している。

（2）学校選択制導入以前の大阪市の教育の歴史的背景

　以下、学校選択制が導入される以前の、特に通学区に関わる歴史的な流れとして、1960年代末からの同和教育と「越境入学防止」の取り組み、そして2000年代からの教育コミュニティづくり施策の二つについてふれておく。

① 同和教育の歴史および「越境を許さない」教育行政

　大阪市の教育の背景を考える上で、また、学校選択制の導入をめぐる背景を考えるにあたって特に重要と思われるのが、大阪市の人権・同和教育の運動およびそれと深く関わる市における長年の「差別越境入学反対」の取り組みである。

　現在、人権・同和教育と呼ばれる教育は戦後の部落解放教育をもとに発展したものである。特に大阪では1970年以降、「解放教育」と呼ばれることが多かったが、ここでは一般的な名称として、同和教育という呼称を用いる。

　大阪における同和教育の発展過程については、桂（1999）や、中尾（2000）に詳しい。これらの文献によれば、大阪の同和教育運動の出発点は、1950年代後半に被差別部落の児童生徒の就学保障をめざした「義務教育無償闘争」である。当時、被差別部落の子どもたちの長欠・不就学が深刻な問題としてあり、その背景には被差別部落の家庭の貧困と共に、子どもたちを「給食費

未納者」として公然と非難するような学校・教員側の差別的な態度も問題の
背景にあった。義務教育無償闘争では、部落の大人と子どもたちが、排除的
な学校教育と教育行政を糾弾し、また、かれらの権利保障を重視する教員も
連帯し、最終的に教科書や給食費等の無償を実現させた（桂1999, p.5）。

　このような運動は、西日本の各地で同時期に起こっていた被差別部落の運
動と連帯するものであったが、憲法の定める「生存権」、「教育を受ける権利」
を具体的権利として実現した点で画期的であったと言える。これらの運動は、
被差別部落の子どもたちの就学状況の改善に貢献した。また、この運動が、
差別の解消をねらいとする同和教育のカリキュラムづくりにもつながり、後
には、部落差別だけではなく、障害者や在日コリアンの教育保障や差別解消
の取り組みなどにも幅を広げていった。

　「義務教育無償闘争」に続き、1969年の同和対策特別措置法の制定に前後し
て起こったのが「差別越境入学反対」の住民運動である。当時の大阪府内の
諸地域には、被差別部落や在日コリアンの多く居住する地域が自分の居住す
る地域にあった場合、居住地域の校区の公立学校を避けて、高校受験に有利
と思われる別の学校へ通う「越境入学」が多数発生しており、また、行政上
もそれが看過される実態があった。また、府県をまたがって「越境」するケー
スも少なからずあった。例えば、中尾（2000）の記述によれば、「大阪市立
F中学校は典型的な"越境受け入れ校"で、68年度の全校生徒2489人のうち、
越境生は1143人（45.9%）に達していた。ところが、校区に被差別部落のある
Y中学校の場合、本来なら1139人の生徒が在籍しているはずなのに、418人
（36.7%）が越境していて、在籍生徒は721人となっている（p.78）」。中尾によ
れば、他校区への「越境入学」の多い地域には、①被差別部落が校区にある
地域、②在日コリアンが多く居住する地域、③スラムや公害の多発地域など
の特徴があり、「複雑な社会問題や差別意識を内包している」地域が忌避され
る対象となっていた。

　被差別部落の親やそれに連帯する教員は、越境入学の違法性と差別性を指
摘し、それを禁止する取り組みを行政に粘り強く要求した。これを受け、大
阪市教育委員会（大阪府も同様）は1968年に「越境入学防止対策基本方針」
を出し、これに基づき、行政が責任をもって越境入学を徹底してなくすこと
を決めた。この基本方針では、その冒頭において、越境入学の問題性が次の
ように指摘されている[6]。

　越境入学は、教育の機会均等ならびに人間尊重という教育本来の目標をゆがめる重大な問題であり、児童生徒の社会性など人間形成を進めるうえで生活指導上問題を生じている。

　このような教育のゆがみの中で部落に対する差別も培われるのである。事実また校下に部落を含む学校からの越境が多いことが認められた。その他通学等の面においても弊害が現れており、また行政的に見ても越境は違法な行為であることはいうまでもない。

　教育委員会は、教育の正常化を図り、人間尊重の民主教育を進めるため、この際越境入学を徹底的に防止することとし、次の対策を実施する。(p.10)

この方針に基づき、市は学校と連携して、越境入学の解消にむけた取り組みを進めることになる。大阪市教育委員会も「適正就学委員会」を設置し、越境入学の解消の取り組みの進捗をモニタリングし、その防止を継続させる体制を作った。加えて、越境入学を促していた一つの要因に、被差別部落を校区に有する学校の教育環境が劣悪であったことが問題となり、教育環境の改善が進められた。さらに、「越境入学」という行為の背景にあると考えられる被差別部落に対する差別意識を解消するための実質的な教育活動が改めて重視されるようになり、大阪府・市が制定した同和教育基本方針にある「すべての学校・園で同和教育を推進する」という課題を教育現場で実現する方策が進められた。

　加えて、政策上で特に重要と思われるのは、上のような「越境入学を防止すること」——言い方を変えれば、子どもが居住地によって定められた通学区域の学校に皆が通うことを重視すること——が大阪市教育委員会の教育方針の柱の一つに位置付けられ、それが市の責任だとする考え方がその後も堅持された点である。以下は、昭和44年に当時の教育長名で市の教育関係者に対して出された通達「越境入学防止について」の抜粋[7]である。

　日本国憲法、教育基本法に明らかなように、教育本来の目的には、基本的人権の尊重があり、人間尊重の民主教育を行なうことがうたわれています。このことは、大阪市の教育の基本方針の第1に掲げられていることでもあります。人間が人間として尊ばれ、手をとりあって幸福な世

の中をつくる…これが民主主義の鉄則です。すべての親すべての子の願いは同じであり、教育の機会は均等であるべきです。

　越境入学は、この皆の想いを踏みにじり、他人をはねのけても、わが子だけをよくしたいという誤った親心のあらわれです。これは明らかに、他人の願いや権利を認めず、人間として尊重するどころか軽視しており、人間を差別することを子どもたちに教えることになってはいないでしょうか。（中略）

　ともどもに手をつなぎ、地域や学校を改善してゆく努力に背を向け、差別意識を温存助長する越境入学をまず教育の場から完全に締めだすことが、もっとも大事なことなのです。（pp.4-p.5）

　このように民主的な教育を重視する立場から、越境入学の防止の重要性が説かれている。さらに、次の箇所では、「越境入学」される側の視点に立ち、地域や学校を比較することの問題性もまた指摘されている。

　越境問題は、出ていかれる地域の学校や住民たち、また大多数の親や子どもたちの立場に立って考えるとよくわかるとおもいます。あちらの学校や地域の方がよいから…との比較は、地元への侮辱であり、地元住民に対し、いわれのない差別感、疎外感等を与えているのではないでしょうか。

　教育熱心ということは、知識偏重の教育、テストの点をよくすることではない筈です。教育のほんとうの目的は、その子どもの人格をつくりあげることなのです。（pp.5-6）

　ここではそもそも学校・地域を比較し、良い教育を求めて「出ていく」ことが持っている差別性が指摘されている。また、その背景要因の一つとして、「テストの点をよくすること」と例示されているように知識偏重の教育観もまた批判されている。

　以上のように見ていくと、「越境入学の防止」という方針が、特定の地域や学校に対する差別をなくすということだけではなく、旧来の教育のあり方を問い直し、「ともどもに手をつなぎ、地域や学校を改善していく努力」を中心においた民主教育の創造を掲げる取り組みであったということができる。

表1-2. 大阪市における越境通学者の年度別推移 (1968年度〜1993年度)

年度	市立小学校			市立中学校		
	在籍者数	越境通学者		在籍者数	越境通学者	
		人数	%		人数	%
1968年度	242,042	19.585	8.09	112,022	13,172	11.76
1969年度	243,953	11,906	4.88	105,950	6,888	6.50
1970年度	245,924	6,178	2.51	101,872	2,325	2.28
1971年度	245,857	2,454	1.00	102,270	20	0.02
1972年度	240,297	819	0.33	103,552	12	0.01
1973年度	240,486	381	0.16	104,959	56	0.05
1974年度	240,248	122	0.05	103,586	54	0.05
1975年度	240,131	74	0.03	106,537	38	0.04
1976年度	240,510	35	0.01	108,518	23	0.02
1977年度	238,510	31	0.01	111,395	22	0.02
1978年度	238,270	22	0.01	111,896	15	0.01
1983年度	214,405	13	0.01	112,873	17	0.02
1988年度	163,656	8	0.005	99,280	28	0.03
1993年度	144,080	19	0.01	70,141	17	0.02

※『平成6年度越境入学について』(大阪市教育委員会) のデータより筆者作成。

　このように越境入学防止にむけて、教育行政、学校、地域が協力して取り組んだ結果、表1-2が示すように、1970年代半ばには大阪市において越境入学者はほとんど見られなくなった。こうした大阪市の越境入学防止は、藤田(2005) の言葉を借りれば、公立学校間の「序列性」に対するまなざしを徹底的に排除するものであったと言える。例えば、東京都においても、越境入学防止の取り組みはあったが、それを徹底し、皆無にすることはできなかったと言える。この点は、選択制導入以前の教育に関する地域的背景として大きな違いであると考えられる。

② 大阪市における教育コミュニティづくりの施策

　人権・同和教育においては、多様な背景的課題をもつ子どもの学習や進路を支えるために学校と地域との連携が重視された。また、特に大阪市では、貧困家庭にある子どもの支援、家庭外での擁護が必要な子どものケースへの

対応など、学校や地域の諸機関が連携する組織づくりにおいて、先進的な取り組みも着手されてきた。

こうした学校と地域の連携をさらに広げていくべく、大阪府・市では、2000年前後から、0歳から15歳までの子どもの育ちを地域全体で育てる環境を学校園と家庭・地域が協働してつくりあげていこうとする「教育コミュニティづくり」が施策として打ち立てられており、この取り組み自体は現在でも続いている。また、大阪市では、この教育コミュニティづくりを進めるための組織として、2002年度より、小学校区単位で小学校区教育協議会、通称「はぐくみネット」という組織を配置し、学校と地域の連携・協働の調整や情報発信などを担っている(8)。また、この連絡調整を担う地域人材が必要であるため、大阪市は、はぐくみネットコーディネーターという役割をつくり、その養成や研修も行っている。大阪府でも同様の連携組織や人的配置が取り組まれており、これは、文部科学省の学校支援地域本部事業や「地域とともにある学校づくり」の先駆けであるといえよう。加えて、大阪市では、大人の生涯学習の拠点を小学校内に設ける生涯学習ルーム事業も行っている。同事業は、大人の生涯学習と子どもの学習を橋渡しするという、いわゆる「学社融合」のユニークな実践であり、上の教育コミュニティづくりに資するものであると考えられている(9)。

これらの取り組みは、むろん校区ごとに取り組みの温度差はあるが、都市的なライフスタイルの浸透により衰退してきた地域の教育力を回復し、子どもや家庭を地域につないでいこうとするものであった。2008年に発表された「大阪市教育改革プログラム 重点行動プラン2008−2011」(10) においても、「社会総がかりの教育」が一つのテーマであり、学校や地域の諸団体、NPO、企業などが連携・協働して、子どもの「ええとこ」(よいところ)を伸ばそうというスローガンで計画が組まれている。この中でも、「教育コミュニティづくり」は重要な柱の一つに位置付けられていた。

こうした大阪市の「教育コミュニティづくり」の施策は、「校区」を、子ども・家庭を支えるコミュニティの単位として明確に意識し、学校と地域の連携体制を構築していこうとする実践であった。そのため、子どもと地域の関係を希薄化させるおそれのある学校選択制は教育行政の側からは敬遠されていたことは間違いない。

（3）小括

以上、学校選択制以前の背景として大阪市の教育の特色を見てきた。特に、「越境入学防止」の取り組み、そして、教育コミュニティづくりの取り組みなど、子どもと地域のつながりを重視する施策を進めてきたことは大きい。それらの取り組みが特色として広く一般市民に知られてきたかといえば微妙なところだと言えるが、高田（2019）は、そうした大阪市の教育の流れが、学校選択制が全国的にブームになった2000年代においても、大阪府・市が明確に距離をとってきた理由であると主張している。

　　　二〇〇〇年代に首都圏や県庁所在地で小・中学校の学校選択制が広まったときも、大阪に選択制を導入する自治体は現れなかった。「越境」の問題性が教育関係者の間で広く認識されていたことに加え、二〇〇〇年頃から地域と学校の連携・協働を促す施策や運動が展開されていたからである。（高田2019, p.132）

高田は、大阪市の学校選択制の導入を「唯一といってもいい例外」と述べているが、この導入により、同市では、「事実上の越境就学は、学校選択制の導入によって法令違反ではなくなった」としている。ともかく、大阪市のこれまでの教育の流れにおいては、矛盾する施策として学校選択制があったことに改めて注目しておきたい。

4. 大阪市における学校選択制の導入過程

（1）はじめに

さて、大阪市の学校選択制の導入をふりかえると、その実施には、大きく3つの立ちはだかる壁があったのではと考えられる。

第一は、学校選択制の実施規模の大きさである。大阪市は全国の政令市で2番目の人口を誇る大都市であり、学校選択制は、全区でほぼ一斉に導入された。政令市での学校選択制の導入事例は他にもあるが、全24区を抱える大阪市の学校選択制は、その実施規模から考えると全国で最大のものだと言える。

第二は、自治体による学校選択制のブームが2000年代であり、大阪市の導入はそのブームが終息してからと、時期的に遅れたことである。これにより、

すでに先行する自治体の事例で、学校選択制導入の功罪がある程度明らかになり、また、見直しを行う自治体もあらわれるなど否定的なエビデンスもある中で、導入を検討しなければならなかった。

　第三は、前項でも述べたように、大阪市が「越境入学防止」の取り組みを行い、定められた校区での就学を重視する取り組みをしてきたことである。その背景には、部落差別の解消にむけて地域と行政がともに取り組んできた歴史があり、そうした流れを考えても、地域や教育関係者からの大きな反対が予想されたと考えられる。また、「はぐくみネット」など校区を基盤にした学校と地域の連携を進めてきたことも無視できない。

　こうした3つの壁（課題）がある中で、結果的に、全区での学校選択制導入が達成されたことは、橋下徹市長の政治手腕によるところが大きかったと考えられる。橋下氏による大阪市の学校選択制の導入は、石原慎太郎都知事が東京都で見せたような「首長主導改革」(11) の典型例である。加えて、彼が主催した地域政党である「大阪維新の会」が大阪市会で第1党となり議会運営を有利に進められる状況があったこと、また、彼の政策に対する期待感が市民の中に強くあったことも大きいと考えられる。

　以下では、大阪市において、学校選択制がいかにして導入されていったかについて、大阪市の政策文書や市議会の議事録、新聞報道等をもとに検討していきたい。

（2）橋下氏の選挙公約と当初の構想

　橋下氏は、2011年の大阪市長選における「大阪維新の会」のマニフェスト(12) において、「硬直化した教育委員会制度の刷新」が喫緊の課題であるとした上で、市の学校教育の現状を次のように問題視した。

> 　現在の大阪市の学校教育は、校長の権限が弱く、学校をマネジメントすることが困難な状況にあります。また、児童、生徒、保護者が学校を選ぶことができず、学校間の競争がないため、教育サービス提供の切磋琢磨がない状況です。(p.7)

　こうした状況を打破するため、マニフェストでは「学校運営協議会の設置」、「市長と教育委員会の協議による目標設定」、「校長の公募によるマネジメント

能力の高い人材の確保」、「教員の人事評価制度の改革」、「全国学力テストの
学校ごとの結果公開」等の改革案が掲げられている。これらとともに改革案
の一つに挙げられていたのが、小学校区における「隣接選択制」、中学校区に
おける「ブロック選択制」という「学校選択制」の導入である。また、橋下
氏は、市長選に際して、大阪市各地で街頭タウンミーティングや「区民会議」
を開き、そこでは、教育改革として「学校選択制の導入」、「中学校給食の導
入」の二つをメインの話題として掲げて演説した。2011年11月の上旬には、
橋下徹氏は、当時現職候補であった平松邦夫氏との討論会（新聞四社が主催）
に臨み、学校選択制の導入についてもふれている (13)。平松氏は、それまで市
が進めてきた小中学校を地域の拠点にした「社会総がかりの子育て」の重要
性をアピールし、学校ごとのテスト結果の公表やそれに基づく学校選択を促
すことは学校間の格差を生み出すことになると、学校選択制を批判した。こ
れに対して、橋下氏は「学校間の格差は見えないだけで現実にある。学校選
択制こそが格差を生まない唯一の手段。学校を地域で固定しているから格差
が固定した。」と反論している。

　結果として、2011年11月末の市長選挙は橋下氏の勝利に終わり、氏の市長
就任が決定した。選挙の後、早くも12月に、橋下氏は教育委員会のメンバー
と会合を持ち、教育改革について協議した。そこで橋下氏は、市長選でマニ
フェストに掲げていた「学校選択制」を早急に導入するよう市教委に要求し
た。この際、「民意」が学校選択制を支持する証拠として示したのが、自身の
当選の事実に加えて、「区民会議」による市民の様子であった。橋下氏によれ
ば、選挙戦中に各区で開いた区民会議（大阪維新の会主催）の場で学校選択
制の必要性を参加者に訴え、各区民会議の終わりに挙手によりそれに対する
来場者の賛否を尋ねたところ、「8〜9割が賛成を表明した」という (14)。無論、
維新の会主催の集会のため、来場者の多くが橋下氏の支持者だったと考えら
れるが、この来場者の学校選択制に対する「賛意」が市民全体の民意である
かのように拡大解釈され説明に用いられた。

　この市教委との打ち合わせにおける橋下氏の学校選択制実施の要求に対し
て、市教委側は「特定の学校に人気が集中する」、「学校と地域の関係が薄れ
る」と、その実施に消極的な態度を示した。橋下市長と市教委の間には当初
ビジョンにおいて大きな溝があったが、学校選択制をマニフェストに掲げて
当選したという事実は重く受けとめられ、最終的には、学校選択制の実施に

ついて、区民や教育関係者の意見集約の場をもちつつ、前向きに検討していく方向へと議論が進んでいった。

（3）学校選択制と学校統廃合を結びつける発言

　しかし、市長就任当初の橋下氏の「学校選択制」の持論において、市教委側だけでなく、一般市民にも大きな波紋を投げかけたのは、「学校統廃合の促進」と「学校選択制」を結びつけようとする考え方が橋下氏の見解の中に含まれていたことである。橋下氏は、各学年が1〜2クラスの小規模の小学校が市全体の3割近くを占めている状況を問題視し、学校の統廃合を早急に進めるよう永井哲郎教育長（当時）に要求した。教育長が「学校統廃合は地域の理解なしに無理に進められない」と返答すると、これに対して橋下氏は、学校選択制をその方策として持ち出し、「保護者の選別にさらして自然に統廃合を促す手法として学校選択制がある」[15]と主張した。また、これより後の市教委との協議においても、「子供たちのため、統廃合は喫緊の課題なのに、住民の合意がどうこうと言っていたら何も進まない。学校選択制で選別にさらし、統廃合を促すしかない」[16]と同様の発言を繰り返している。

　このような学校選択制と学校統廃合とを結びつける市長の発言は、多くの市民および教職員組合などの反対運動を招くこととなった。橋下氏自身も、おそらく、この反響の大きさを受け、上のような発言が学校選択制の政策議論を後退させるおそれがあると警戒してか、それ以後同様の発言はメディアに対しても議会においても避けている。

　ただ、それ以後、学校選択制と学校統廃合を結びつける発言をしなくなったとはいえ、少なくとも市長就任直後の橋下氏には、学校選択制を「保護者の選別」に基づく「学校統廃合」の一手段であるとの見方はあったと考えてよいだろう。「選択の拡大」による「切磋琢磨」や「競争における敗者の退場」は、橋下氏の中心的な政策理論の一つである。また、市民の選択に照らして、ニーズの少ない公的サービスを縮小し、公的支出のムダの削減へとつなげることは、橋下氏の基本的な政治方針であり、大阪維新の会の中心的な政治理念でもある。実際、橋下氏は、大阪府知事在任中に、大阪府公立高校入試における学区撤廃、そして、三年間定員割れを起こした公立高校を統廃合の対象とするという仕組みを築いており、統廃合対象となる公立高校が増えていった（濱元2018）。

　実際、橋下氏は学校選択制による「保護者の選別」を機能させるためには、保護者の学校選択の幅は可能な限り広げられるべきだと考えており、既存の校区の撤廃も視野に入れたいと市議会において主張している⁽¹⁷⁾。

　また、橋下氏は、上の市長就任後、行政外部から市特別顧問を多数招いたが、その中には、規制緩和や民営化による行政改革や教育改革に支持的な上山信一氏（慶應義塾大学教授）、堺屋太一氏（作家、もと経済企画庁長官）が入っている。また、後には、教育委員長を務めることになる、新自由主義的な教育改革を擁護する大森不二雄氏（東北大学教授・当時）もこの特別顧問に就任することになる。特に、こうした橋下氏のブレーンの一人である堺屋太一氏は、前章でも指摘したように、1980年代から通学区域や学区制を撤廃して子どもやその保護者が自由に学校を選択できるようにする「教育自由化論」を展開してきた人物である。堺屋太一氏は、橋下徹氏の大阪府知事への立候補を支援し、その後、大阪維新の会のブレーンとなり、彼の考え方は維新の会の教育政策にかなりの影響を与えてきたと考えられる。そして、実際に、堺屋氏のそうした議論の影響を受けてか、橋下氏も保護者が自由に公立学校を選べるよう、選択の幅を最大限に広げるべきだと考えていること、また、前述のように、市長就任後の初期の市議会答弁でも、既存の校区の撤廃も視野に入れたいと述べている。

（4）教育行政基本条例・学校活性化条例等の可決

　橋下氏は、上記の就任直後の市教委との協議後、2012年に入るとすぐに教育委員らとの意見交換会を設定し、学校選択制も含めた様々な制度改革の素案づくりに入った。初期の協議で橋下氏と教育委員会の間に溝があったものの、2012年の初めには早くも教育制度改革の面で共同歩調を取り始めたように見える。

　他方で、学校選択制の導入を組み入れた教育改革の条例案が橋下氏と大阪維新の会の議員らを中心に取りまとめられる。橋下氏の市長就任から約2ヶ月となる2012年の3月27日、教育行政基本条例および学校活性化条例の条例案が大阪市会本会議に提出された。まず「教育行政基本条例」は、市の教育振興基本計画の策定を市長と教育委員会が協議して行うことを定め、市長の意向が学校教育の施策に強く反映される仕組みを形づくるものである⁽¹⁸⁾。また、これを契機に、教育委員会の委員も橋下氏と教育観を共有できる人物が

参入し、市長の教育行政に対するコントロールが強まった。

　こうした教育行政のコントロール体制の基礎の上に、市長の競争主義・成果主義的教育改革の各論を構成するのが「学校活性化条例」であり、校長の公募制、校長の予算や人事等における裁量の強化、学校協議会の設置などが盛り込まれている。これらの制度変更は、学校の「自律性」を拡大し、後に実施される学校選択制を軸にした競争的な教育システムの中で各学校の「経営」（マネジメント）を機能させるものである。端的にいえば、これらは橋下氏や大阪維新の会のもつ学校改革の「切磋琢磨」の理論を実現するための制度改革である。

　これら2条例に加えて、学校選択制の実現に特に重要な役割をはたすと考えられるのが「職員基本条例」の可決による「公募区長」の導入である。後述するように、学校選択制の導入過程において、市長の意向を各区で実現させるための調整を行い、各区での最終的な実施主体となったのが公募区長であった。

　以上の条例は、教育行政基本条例、職員基本条例が5月に、学校活性化条例が7月にというように、大変速いペースで議会において可決されていった。このようなスピーディーな審議が可能だった背景には、市議会における大阪維新の会と公明党の連立関係があった。この時期、大阪維新の会は市議会の第1党ではあったが、議会の過半数には届いていない状況があった。そこで、日本の国政で公明党が自民党と与党を構成するように、公明党と大阪維新の会で連立がくまれ、その結果、上の2条例についても議会の過半数を確保し、強行に採決できる状況があった。このように見ていくと、大阪市が学校選択制を含め、いわゆる、新自由主義的な教育政策を展開できたのは、橋下氏と大阪維新の会だけの力ではなく、同時に、公明党の助力に依るところが大きかったといえる。端的にいえば、公明党が大阪維新の会の教育改革案に反対していれば、上のような一連の教育改革は大阪市に生じなかったのである。

（5）学校選択制をめぐる市議会での答弁とロジックの変化

　大阪府知事の時代も含め、橋下氏の政治においては、提案する政策の考え方やその説明のロジックが、その政策の導入や実施の局面に合わせて変化するということがしばしば見られる[19]。こうしたロジックの変化は、学校選択制の制度設計に関する考えについても確認された。前述のように市長就任当

084

初は、「学校選択制を学校統廃合を進める手段として用いればよい」という見方を示したが、その発言に対する市民らの強い反発があったのちには、同様の発言は避けている。また、学校選択制が議会で議論されはじめた初期の段階では、橋下氏は次のように述べている⁽²⁰⁾。

> 橋下市長：僕が考えてる学校選択制の趣旨なんですけども、地域の範囲というものをもうちょっと広げてもいいんじゃないですか。何も今の小学校区単位という、行政がつくった校区というものに縛られなくて、もうちょっと広げて地域というのを見てもいいじゃないですか。何で小学校区単位だけでそれを見るんですか。（平成24年2・3月定例会常任委員会（文教経済）2012年3月22日）

これは、既存の校区の撤廃も視野に入れ、保護者の選択の幅を拡大する考え方である。しかし、市長選挙のマニフェストを振り返ると、小学校区では「隣接選択制」、中学校区では「ブロック選択制」と、既存の校区をベースにし、かつ選択の幅に一定の制約をもたせた選択制を提案していたので（大阪維新の会2011）、マニフェストでの提案とも矛盾する考えである。しかし、既存の校区を撤廃して選択の自由を広げるとの橋下氏の考えは、また一転し、学校活性化条例が可決された後の市議会では、その変化を自ら答弁の中で述べている。改めた理由は、2012年6月より大阪市教育委員に着任した大森不二雄氏にそれを諌められたからであるとして次のように述べている。

> 橋下市長：…僕の本心は、校区なんていうことはもう設けずに、自分のみずから住んでいるところの近い学校であろうがどうであろうが、みんな平等条件で選びたい学校をまず選択して（中略）…というふうに僕は思っていたので、その趣旨の発言をしていたんですが、この学校選択制について学術的にも研究してきた、<u>ある意味専門家である今の大阪市の教育委員である大森委員が、やっぱりそれはちょっとだめでしょうと</u>。やはり、校区というものは残した上で、当該校区には通学する、ある意味一種の保障を与えないと、これはうまくいきませんよということをアドバイスいただきまして、<u>今、大森委員が学校選択制のあるべき制度をつくってくれています</u>。（平成23年度決算特別委員会・2012年10月23日）

　このように、旧来の校区を残すという「保障」を保護者にもたらした上で学校選択制を設計するべきだという大森氏の助言により、校区を撤廃するという考えを改めたのだと説明している。また、この答弁の引用部分で興味深いのは、学校選択制の制度設計は教育委員会や「熟議」、各区の区長がそれぞれの役割を果たして担うと考えられるのに対して、市長が教育委員の一人にすぎない大森不二雄氏に制度設計を一任しているといったニュアンスで語っている点である。ちなみに大森氏の学校選択制の理論については、序章で整理しているが、学校選択の「切磋琢磨の理論」について代表的な論者であると言ってよいだろう。上記の答弁は次のように続く。

　　　今、全国の自治体でやってる学校選択制というのは、どうも大森委員からすると全然なっていないということですので、（中略）新しい学校選択制を、今、制度構築してもらってるみたいですから、これは<u>教育委員会会議でしっかり決めてもらいたい</u>と思いますが、ただ、校区というものは前提にした上で、そこへ通学することは、ある種の保障を与えるということも聞いております。（平成23年度決算特別委員会・2012年10月23日）

　ここでは、大森氏の意見を重視しつつ、教育委員会で制度設計を行っていくという旨が述べられているが、「熟議」や「学校教育フォーラム」といった市民の意見も交える話し合いの場や、実際に選択制の導入の是非や実施の方法を考える「区」の存在は無視されているように見える。
　学校選択制の考え方や説明するロジックの変化に話を戻すと、もう一つ後で見られる市長のロジックの大きな変化は、学校選択制の導入により児童生徒数の変化が生じることや、それによる教育格差の拡大をどのように捉えるかについてである。初期の橋下氏は、「保護者の選別にさらして自然に統廃合を促す手法として学校選択制がある」という言葉にも表れているように、選択制によって学校間に児童生徒数の変化が生じることは当然であり、むしろその変化に学校統廃合を促す要因として期待する面があったと言える。つまり、学校選択制による「切磋琢磨」とそれによる学校の「自然淘汰」が橋下氏の中心的な考え方を反映したものと言える。市議会でも、当然、「学校統廃合を進めるための学校選択制」という市長の当初の考え方に対する異論が生

じた。2012年10月の議会では、ある議員から、選ばれる学校と選ばれない学校の格差が広がり、「統廃合を進めるための学校選択制になるのではないのか」という質問がなされた。これに対して、橋下氏は答弁で次のように答えている。

　　橋下市長：選択制について格差が広がる、格差が広がると言うんですけども、(中略) …行く学校を固定化されるから、行く学校の生徒の学力状態だったり、先生の状態によってどんどん格差が出てくるんですけども。学校選択制というものを認めていけば、これは格差というものは基本的には縮まります。そこはしっかりと勉強していただきたいと思っています。(平成24年第3回定例会・2012年10月17日)

　橋下氏の言い分を解釈すれば、「行く学校の固定化」により、特定の背景の生徒が学校に集まることによって「格差が出てくる」のであり、固定化されず自由に選べるようになれば「格差が縮まる」というものである。ただ、「そこはしっかりと勉強していただきたい」と質問者に返答しているが、そうした格差縮小がどのようなメカニズムで生じるのか、非常に曖昧である。「格差縮小」という考え方自体、そもそも自身の政策理論と異なる考え方のため、後で紹介する大森氏の教育委員会議での主張の受け売りにとどまっているのではないかとも考えられる。
　この橋下氏の答弁を受けて、また、他の議員が、学校選択制により、テストの成績の悪い学校や「人気がない」とレッテルを貼られる学校の生徒数減少が続くと統廃合対象となってしまうのではないか、という質問を行ったが、それに対しては、次のように答えている。

　　　学校選択制や学力テストの学校別の公表、これに関しての懸念は、今議員が御指摘をされたことが主要な懸念だと思うんです。
　　　ただ、そこに抜けているのは、学校が努力をしながら、また学校だけで解決できないものに関しては、公がまたいろんな形で支援をしながら、その学校がよくなるという、そこが抜けていると思うんです。
　　　選択をされない学校がそのままどんどん衰退していくじゃないかというのは、だからそうならないように、じゃ、課題は何なのか、どのよう

<u>な支援をやらなければいけないのか、そこを考えながら、選ばれなかっ</u>
<u>た学校については積極的にサポートをして、学校をよくしていくという</u>
<u>ことが僕は重要だと思っています。</u>（平成24年第3回定例会・2012年10月
17日）

　もともとの質問が、学校選択制の結果としての「格差の拡大や統廃合の加
速」の懸念に関するものであったが、それが生じる可能性の有無については
答えず、論点がずらされ、「選択されない学校への支援」という方向で回答が
なされている。ただ、注目したい点としては、「選択されない学校」は行政と
して放置するのではなく、改善にむけての積極的支援を行い、「格差拡大」が
しないように対応するという姿勢が述べられている点である。また、この答
弁に続く部分で橋下氏は、具体的に「選択されない学校」の課題を行政が細
かく分析した上で、「人員支援」「生徒指導や学力向上の面での支援や事業」
「校長の経営戦略予算」などを活用して支援していくことを明言している。
　以上をまとめると、橋下氏が当初提示していた「学校統廃合を視野に入れ
た学校選択制」というロジックは一度鞘に収められた。そして、学校選択制
が格差の拡大や特定校の児童生徒数減少につながるという指摘に対しては、
むしろ、学校選択制が「格差を縮める」ものであるというロジックを提示し、
また、「選ばれない学校」に対しても学校改善にむけた公的な支援を行うとい
う姿勢を示した。一方で、以上の答弁のように、学校選択制のポジティブな
効果や格差縮小の方法を説明することで、学校選択制をより受け入れられや
すい制度としてアピールしたとも考えられる。

（6）大森不二雄氏の学校選択制の理論の導入

　ちなみに、こうした橋下氏の「格差を縮める」学校選択制という答弁[21]は、
教育委員に着任した前述の大森不二雄氏の影響が大きいと考えられる。大森
氏は、氏がかつて研究していた英国の教育改革をモデルにして、学校選択制
の仕組みやその影響について、教育委員会内で持論を展開していた。例えば、
上記の橋下氏の答弁（2012年10月）に先立つ2012年9月末の教育委員協議会
では、自ら学校選択制に関する国内外の研究知見等をまとめた資料「学校選
択制」（大森2012）に基づき報告と提言を行った。大森氏は、米国や英国の学
校選択制の事例を出し、特に英国の事例からは、「総じて、改革批判者が声高

に指摘してきた生徒間の不平等や学校間の序列・格差が拡大するとの見解は、実証されていない。」との報告を行っている。

　このような知見もふまえ、大森氏は、学校選択制をなぜ導入するべきであるかの理由を説明し、そして、学校選択制と学力テスト結果の公開や、自律的な学校経営と組み合わせて教育改善を進めるべきであることを主張している。以下、大森（2012）の学識者としての学校選択制に関する論点整理には、学校選択制のメリットを並べ、負の側面を取り上げていないなど様々な問題点があるが (22)、その後進められる学校選択制のデザインを方向づける主張と考えられるので、以下、氏の論点の骨子のみをまとめる。

　第一に、学校選択制導入にあたっては、「国内外の知見から、保護者は、学校選択の機会を得れば、選択する意志を持っているし、選択した学校に入学できれば、満足度は概して高く、学校に対するコミットメントも高まる傾向にある。学校選択を教育改善の手段とみなすのみならず、選択の自由の拡大をそれ自体価値ある政策目的としても位置付けるべきである。」（p.11）としている。

　また、学校選択制を通じて、学力向上等の教育改善を果たすためには、他の諸施策と組み合わせた改革パッケージが必要としている（前掲頁）。その改革パッケージの内容については、「英国・米国等の事例から明らかな通り、選択のための情報（学力テストの結果を含む学校の業績指標など）、校長による学校経営（含：人事・予算）の裁量、学校が児童生徒数の確保に努力するよう仕向けるインセンティブ（児童生徒数に応じた各校への予算配分など）など、一連の諸施策と組み合わせることによって、学校が児童生徒・保護者のニーズに感応し、創意工夫を生かして活性化する、改革パッケージとして機能させなければならない。」（前掲頁）とまとめている。

　加えて、大森氏は「地域＝通学区域」と捉え学校選択制が地域の一体感の醸成を妨げるという意見に対して、「義務教育機関である小中学校は、一義的に子どもたちの教育のためにあるのであって、地域の一体感を維持するためにあるのではない」との主張もしている（p.11）。

　こうした提案により、学校選択制の導入を支持した上で、学校選択制の「制度設計のモデル」として、既存の校区を維持した上で、保護者が居住する区の中で子どもの就学先を選ぶ手順について大森氏自身の持論を提案している。

　以上の大森氏の見解は、前述の2012年10月の橋下氏の答弁内容との一致点
が多く、特に橋下氏の学校選択制によって「格差を縮める」、また「選ばれな
い学校の支援」といった答弁内容の下敷きになったと考えられる。これによ
り、「統廃合を進めるための学校選択制」という批判が集中した自身の見解に
対して、それを明確に撤回することはせず、学校選択制は格差拡大につなが
らず、むしろ格差を縮小できるとの主張へと転じることができたのである。
このロジックの転換は、批判をかわすための苦肉の策のようにも見えるが、
ただ、後々、学校選択制が導入された後の学校に対する行政の対応を見る限
り、それなりに意義のある変化であったとも言える。
　大森氏の論点の課題は、本書の第3章で検討することだが、大阪市で学校
選択制を実施した場合に、その利用に影響を及ぼすと考えられる、各区の多
様な地域的背景について全く検討されておらず、導入された学校選択制が各
区で一律に機能しうるかのような想定で議論が展開されている点である。

（7）「民意を汲みとる」場の設定

　ここまで述べてきたように、条例の可決や、教育委員会での制度設計の議
論などが行われたが、それでもなお、学校選択制の実施が法的に定められた
わけではなかった。「学校活性化条例」に話を戻すと、本条例の第16条におい
て、「教育委員会が保護者の学校選択の手続きについて、今後検討の上、公表
する」と記述されている。つまりこの段階では、学校選択制を採用するかど
うかは行政的には未定の状態であった。このような未定の状態を学校選択制
へと方向づけていったのは、橋下氏が「公約」を盾として強引かつ周到に進
めさせた、市教委を介しての様々な政治的決定や行政のコントロールであっ
た。では、そうした橋下氏や教育委員会の主導する政策形成の過程において、
「民意」はどのように扱われたのだろうか。
　学校選択制について、有識者や教育関係者、一般市民からの意見を汲み取
る場として開かれたのが「熟議」や「学校教育フォーラム」である。これら
の場は、少なくとも「学校活性化条例」が可決され「就学制度の変更」が正
式に決まってから開かれてもよいはずであった。しかし、学校選択制の早急
な実現にむけ準備期間を短縮するねらいがあったためか、様々な条例が審議
される過程と並行して開催されることとなった。
　「熟議」や「学校教育フォーラム」は、橋下市長の2011年12月の就任直後に

開かれた大阪市政の幹部を集めての「戦略会議」において、既にその実施が議題に上っている[23]。それらの意見の汲み取りの場が提案された経緯としては、就任直後の橋下氏が「学校選択制」の導入を市教委に要求したのに対して、前述のように市教委側が「特定の学校への人気集中」や「学校と地域の関係の希薄化」などの理由で学校選択制の実施に消極的な態度を示したことがきっかけである。選挙前の区民会議の場で圧倒的に学校選択制への賛意が多かったとする橋下氏は、この市教委の態度に対して、「保護者の感覚とずれている」と批判し、区民向けの集会で市教委が「民意をしっかりと認識するべきだ」と主張した[24]。これを受けて、市教委は「学校教育フォーラム」（区民会議）と、有識者や市民代表が議論しあう「熟議」の2つを開催することを提案した。この提案に対して橋下氏は、学校教育フォーラムの各区での開催には前向きであったが、他方、「熟議」についてはその開催を了承しつつも、その意義については否定的な態度を示した。以下は、「戦略会議」の議事録での橋下氏のコメントである。

> 橋下市長：熟議はやってもらったらいいが、その前に、各区で千人単位で集まってもらった保護者の感覚はどうなのか。圧倒的な多数の保護者の声がどうなのかというところを探る作業が教育行政に欠けているのではないかという思いがずっとある。もっと多くのマスの声を聞くプロセスを考えてもらいたい。熟議となると、専門家が入ってきて結局専門家の議論になる。熟議はせいぜい40～50名位なので、全然保護者の感覚を捉えていない。マスの声を聞いた方向性のなかで制度設計をしていくときには熟議は有効だが、マスの意見を聞くのには向いていない。[25]

ここでは、橋下氏が選挙戦中に感じたような（市民の）「マスの声」にまず耳を傾けることが最優先であり、「専門家の議論」の場としての「熟議」は特に重要ではないとの思いが述べられている。いかにも、市民の目線を重視した政治家の姿勢として捉えられる発言である。しかし、この主張には、大阪市民の大多数が学校選択制を支持しているだろうという氏自身の思い込みと、有識者中心で選択制への批判に傾く可能性もある「熟議」に対する強い警戒心を見て取ることができる。

（8）「熟議」における討議—その「否定」と「利用」

　「熟議」では、大阪市の教育委員や、学識者、現役の区長や学校長、社会教育関係者や、保護者・地域の代表（公募委員）が集まり、2012年4月より半年間、計13回にわたり会合が持たれ、特に学校選択制が大阪市独特の地域性においてもつメリット、デメリットが議論された。会議では学校選択制に関するオープンな意見交換から入っていったが、他の自治体の学校選択制の実施例や、東京都杉並区や長崎市など選択制を実施後に廃止した事例が検討されたり、あるいは大阪が大事にしてきた人権教育における「地域共生」の考え方が見直されたりする中、回を重ねるごとに議論は学校選択制に対する慎重論へと傾いていったという。特に、子どもの教育に直接関わる人々からは、学校選択制の課題がさまざまな形で指摘された。この会議に公募委員として参加した大前ちなみ氏によれば、学校選択制の負の側面が数多く指摘されていったことで、「学校選択制をしなくても、指定外就学の基準拡大でカバーできるのでは」という論調が強くなっていったという(26)。その結果「熟議」の最終報告書においては、このような慎重論が反映され、就学制度の変更について、学校選択制だけでなく、指定外区域選択の基準緩和も併せて提起され、両者のメリット、デメリットが示される内容となった。

　この「熟議」における議論の内容とプロセスを分析した滝沢（2016）は、学校選択制導入という首長主導改革に対して「熟議」が果たした役割を肯定的に評価している。「熟議」は、議論の主題が「就学制度の改善」であることを確認した上で、学校選択制だけではなく、指定外区域選択の緩和も一つの方策として位置付けた。また、現行の通学区域の意味やそれに基づく取り組み、特に「はぐくみネット」や「学校元気アップ地域本部事業」といった学校と地域の連携・協働に関わる施策の意義についても確認し、既存の通学区域を撤廃することの問題性を指摘した。そのほか、他の自治体の学校選択制の実施状況、メリット、デメリット、実施する場合に配慮すべき事項なども多く指摘された。これらを通して、滝沢は、「熟議」において、「選挙を通じて表された「教育の民意」とは異なる、熟議の参加者の学習を伴った「教育の民意」が形成された」（p.109）としている。滝沢はまた、以上の「熟議」の成果は、公募区長（区担当理事）が——市長公約としての学校選択制の導入に踏み切ったものの——各区での実施形態や配慮について検討した際に重要な判断材料になっただろうと推察している。

　しかし、このように約半年におよぶ長期間の教育関係者・市民代表の議論と学習を経てつくられた「熟議」の最終報告書について、その発表当日の会見で橋下市長は、「熟議は賛成、反対を問う場ではない」と改めて確認し、「熟議なんてことで、民意を掬っていくなんてことをしたら、選挙の意味はない」と述べた[27]。滝沢のいう「熟議」が作り上げた「教育の民意」は、「民意を代弁するものでない」という氏のロジックにより、メディアの前で否定された。

　このように市長の側からは、その議論の成果を切り捨てられた形になった「熟議」であったが、それでもなお「熟議」の報告書は学校選択制の前進のためにうまく利用されたとも言える。具体的に言えば、それは、一定の議論を「実績」として扱い、学校活性化条例の「就学制度の変更」に道筋を与えたことである。例えば、「熟議」の第1回の資料には、次のような質疑が記録されている[28]。

　　質問（委員）：熟議では学校選択制をやるかやらないかも含めて議論するのか？
　　回答（教育委員会事務局）：熟議では学校選択制をやる、やらないを議論するのではなく、学校選択制を実施するとした場合にどのような課題があり、どのように対処すればよいのかを議論していただきます。

　この教育委員会事務局のスタンスは、その後の質疑においても一貫しており、「もし、学校選択制を実施したら」という仮定に基づく形で、参加者の議論をファシリテートし続けた。しかし、奇妙なことに、13回にわたる論議をまとめた報告書の中では、「就学制度の変更の方向性」として、現実に取り得る選択肢として、「学校選択制」と「指定外就学の基準拡大」の2つが提起される形となった[29]。さらに、報告書の結びには、「参考:2014年度より学校選択制を実施する場合、2013年度以降の想定スケジュール(予定)」と、2014年4月から学校選択制を開始させるまでの過程までが丁寧に明記されている。つまり、「やる、やらない」を議論する場ではないと表向きには説明しつつ、「学校選択制か指定外就学の基準拡大」という選択肢を公募区長へと示し、条例では未決定だった「就学制度の変更」に現実的な道筋をつくるという流れになったのである。当時の「熟議」参加者たちがこの矛盾に気づいていたの

かどうか不明であるが、このようにして、「熟議」はその報告内容を市長に否定されたにも関わらず、その議論の成果は政策の前進へと活用されたのである。

（9）学校教育フォーラムと区長の動き

　さらに、「熟議」と同時並行で、大阪市内の24区で開かれたのが学校教育フォーラム（以下、フォーラム）と呼ばれる区長主催によるタウンミーティングである。前述のように、橋下氏はこのフォーラムにおいて、氏が選挙前に体感した学校選択制を熱望する「民意」が再確認されるものと期待していた。

　フォーラムでは、区長や市教委事務局の担当者が学校選択制（および学校給食）についての趣旨説明を行ったあと、かれらと保護者や地域の代表者が登壇してのパネルディスカッションや地域住民との意見交換などが行われた。区によってフォーラムの参加者は約百人から900人と様々だったが、いくつかの区では、パネリストの意見は学校選択制の実施に批判的な意見が非常に多く、議論が紛糾した区もあった。以下は、各区のフォーラムの状況をまとめた朝日新聞の記事[30]の抜粋である。

　　（冒頭部はフォーラム自体の説明のため省略）市が3〜5月、24区で住民が自由に参加できる「学校教育フォーラム」を開いたところ、「地域と学校の結びつきが弱くなる」と懐疑的な声が続出。20区のフォーラムでのアンケートで、「反対」「どちらかというと反対」と「賛成」「どちらかというと賛成」の割合は、小学校で62％対24％、中学校は53％対30％だった。反対の理由は「学校と地域の関係が薄くなる」が一番多く、「学校間で格差が生じ序列化が進む」などが続いた。

　　一方、都島、港など5区で幼稚園や保育所、小中学校の保護者を対象にアンケートしたところ、港区で中学校の選択制への賛成（49％）が反対（32％）を上回るなど、保護者では賛否が拮抗する傾向があった。

　　橋下氏は、フォーラムで反対意見が強いのは「反対意見の人が多く集まるため当然」としている。市教委の担当者は「子育て世帯か否か、子どもが入学前か否かでも賛否は大きく異なる」。学校選択制導入の可否は秋以降、24区の公募区長が住民の意見などを元に区ごとに判断するという。（朝日新聞、2012年9月15日）

　記事に述べられているように、フォーラム参加者が回答した当日のアンケートでは、全体として学校選択制に反対する意見の割合が大きかった[31]。一方で、こうしたフォーラムと前後して、約半数の区が、区内の保護者（保育所・幼稚園・小学校）を対象に悉皆のアンケート調査も実施している[32]。これらの大規模なアンケート調査の結果では、多くの区で賛成と反対が拮抗する結果が示された。記事中では港区の結果が紹介されているが、アンケート調査の大きな傾向としては、小学校では学校選択制について、賛成よりも反対の方がやや上回っているが、中学校では、逆に賛成の方が若干上回っていた。ともかく、このような結果を総合すれば、橋下氏が当初主張した「8〜9割の保護者が学校選択制を支持している」との認識は誤りであり、区により「賛否が拮抗している」というのが正確な「民意」の姿であった。たとえ橋下氏が好む「多数決」の論理に立ったとしても、少なくとも一部の区では「学校選択制を導入しない」「小学校は実施しない」といったばらつきが出るはずだっただろう。

　他方、この「区長」の情報集約という点で問題と思われるのは、フォーラムで多くの住民と直接対話し、様々な批判の矢面に立ったのは公募区長以前の区長だったことである。2012年春にフォーラムが終わった後、同年8月から新しい公募区長制度がスタートし、大阪市24区中21区で区長が交代した[33]。つまるところ、ほとんどの公募区長はフォーラムの場で区民の声を受け止める機会をもたないまま、学校選択制の導入に取りかかったということである。

（10）学校選択制の実行者としての公募区長と市長の権力行使

　橋下市長による行政改革で導入された公募区長は、区担当理事の任にあたるものであり、政令市における各区の教育行政上の裁量を拡大したものとして、この改革は画期的なものだと捉えられている（本田2015）。公募区長は、制度改革により市長の次に権限をもつ局長級に格上げされ、「学校選択制導入の可否、中学校給食の導入の可否、学校統廃合に関する計画への意見表明、大阪市内各学校に置かれている学校協議会の人選への関与といった役割が課され」（本田2015, p.133）ている。特に、かれらの就任直後の大きな役割は、市教育委員会が決議した「就学制度の改善について」という指針に基づき、就学制度の変更に着手することであった。ちなみに、同指針では、区長の役割は次のように示されている。

5.（2）保護者を中心とした区民の意見聴取
・各区の子どもたちの最善の利益のため、区の就学制度をどのように改
善していくのかについて、区長は、保護者を中心に、学校を支えている
地域も含め広く区民の意見を集約する。
・区長は、区の実情や区民の意向に即した区の就学制度改善の方針案を
策定し、教育委員会会議に諮り、議決を経て、区の方針を決定する。

　このように、「就学制度の改善」の方策については、教育委員会が全区で統
一した方針を決定・採用するのではなく、区長が各区で意見集約を行い、方
針案を策定することになった。本田（2015）は、各区長は、区の「就学制度
の改善」に関して、①学校選択制を導入するか否か、②指定外基準の拡大を
行うか、③学校選択制を導入する場合、希望調査の実施方法や児童・生徒の
優先扱いについてどのように制度設計を行うのか、の３点について方針案を
示すことができる、つまり一定の裁量権を有しているとの見方を示している。
実際、2014年度については、学校選択制の導入についても導入した区とそう
でない区のばらつきがあり、②や③についても各区の裁量が確認される。し
かし、本田が論文を発表した翌年にあたる2015年度には、ほぼ全ての区が学
校選択制の導入に踏み切っていることをふまえれば、特に①の学校選択制の
導入の可否についての判断に、公募区長に実質的な裁量があったかについて
は疑問が生じる。先の「就学制度の改善について」の指針では、両論併記で
記述された「熟議」報告書に従い、「学校選択制」か「指定外就学の基準拡大」
の２つが選択肢として提示されたが、実際には区長の判断で「学校選択制を
実施しない」と決定するのは困難だったと考えられる。
　そもそも、2012年8月より就任した公募区長は、市長が任命権をもってお
り、実際にその選考過程では、種々の書類選考を通して、最終的に橋下市長
自身が直接面接を行い採用している。それゆえ、基本的には任命権者である
橋下市長の改革理念や政策に共鳴する人物が応募し、選ばれたと考えてよい。
実際、橋下氏はある日の議会答弁において、その日公募区長の面接に来た7
名が全員「強烈に学校選択制支持でした」と語っている[34]。
　また、「就学制度の改善」についても、区長が方針案を策定するが、その方
針案は、「教育委員会議に諮られ、議決を経て、区の方針を決定する」となっ
ており、教育委員会の意向に左右されることも明記されている。加えて、橋

下氏は学校選択制については、選挙公約にも示された事項であり、最終的な決定権を握っているのは市長の方であると主張している。例えば、2012年4月の大阪市会で、学校選択制についての公募区長の権限について質問された際、次のように答弁している。

> 「公募区長に、最後は判断してもらう、決定してもらうと言ってるのは、これは組織の内部的な僕のマネジメントの、その中で区長に伝えてるわけです。ただ、対外的に、まだ法的に決定権と責任を持ってるのは僕なんですね。ですから、公募区長の応募要領の中にも、米印で、最終的な決定権と責任は、これは市長が持ちますという、それは当たり前のことは入れています。」[35]

　このように、「最終的な決定権と責任」は公募区長ではなく市長が握っていると橋下氏は説明した。さらに、公募区長が区民の意見を検討した結果、「学校選択制をしない」という提案を持ってきた場合について質問されると、橋下氏は「選挙で裏打ちされた大阪維新の会のマニフェスト」の価値や意義をその区長に「しっかりと伝えていく」と強く説得する姿勢を強調した。

　このように、公募区長にとって「学校選択制を実施しない」という選択肢はなかったに等しく、前述のフォーラムの市民の声やアンケート結果に含まれる「民意」は、実施するか否かという判断においては無視せざるを得ない状況があったと言える。実際、「区長の判断に委ねる」としつつも、2014年度の選択制の導入にむけて、区民との調整がうまく進んでいない区長に対しては、市長から会議の場やメールを通して「説得する姿勢が弱い区長がいる」、「目の前の住民の反対の声が大きいからやりません、では公募区長の意味がない」と釘を刺す場面が頻繁にあったと報じられている[36]。さらに、「学校選択制の導入見送り」を明言し、市長からのヒアリングを断った当時の東住吉区の公募区長（和田智成氏）が、更迭されるという出来事も起きた[37]。学校選択制をめぐる市長との確執が更迭の直接的な理由ではないとされているが、この出来事は、学校選択制の実施をためらう他の公募区長に対する強い見せしめとなったと言えよう。

(11) 学校選択制の開始と全区への広がり

　こうして、区長を中心に学校選択制実施の調整が進み、2013年秋には、全24区のうち半数にあたる12区が教育委員会での承認を経たのち、学校選択制の保護者向け説明会を開催した。そして、橋下市長の出直し市長選をはさみ、2014年4月には、ついに上記12区において学校選択制が実施された。この2014年度に、学校選択を利用した対象地域の児童生徒は、小学校で5.4％、中学校で2.8％である。この初年度の利用率はそれほど大きいとは言えないが、筆者らの調査では、数は限られているが、新入生数が予想を超えて大きく減少し、クラス数が減った小中学校もいくつか存在し、その影響は看過できない[38]。2015年度は、学校統廃合の問題に優先的に取り組む浪速区を除く全区で選択制が実施された（小中学校ともに行っているのは21区）。ちなみに、2015年度の学校選択制の利用者数は、小学校で4.7％、中学校で3.1％となり、前年度と比べてそれほど変化しない数値となっている。ただ、この利用率は区によっても違いがあり、中学校の進路実績の公開などに促され、保護者の利用が進んでいく可能性はあった。

　最終的に「学校選択制をしない」と判断した区長はいなかったものの、その実施形態については、区長らが各区の状況を考慮し検討した形跡は一定見られる。実際、通学における安全性の確保等など様々な観点から、学校選択制の制度設計は区内の校長らと相談の上で立案がなされ、その結果、隣接区域選択制やブロック選択制など、実施形態には多少の違いがある。

　先に紹介した「熟議」公募委員の大前ちなみ氏は、大阪市における学校選択制の実施で各区の足並みが乱れたこと、選択制の実施方法に区によって違いが生まれたことは、「熟議」での学校選択制に関する批判的な議論の積み重ねや、フォーラムにおける反対意見が影響していたと言う。その点では、そうした場で多くの人々が述べた意見は決して無駄ではなかったと話している[39]。また大前氏は、学校選択制の実施後しばらくして廃止を決定する自治体は、「初めに行ったデメリットの議論に再び戻っていく傾向がある」と言い、デメリットについて何が話し合われたのか記録を残しておく上でも、しっかりと「熟議」を行うことが必要だったと話している。

5．小括

　まず、以上に述べてきた学校選択制の導入過程をまとめてみよう。橋下氏

が、市長就任後きわめて短期間に学校選択制を実施することができた要因として市議会で、大阪維新の会と公明党の連携のもと、多数派を占める政権基盤があり、これを土台に約半年の間に教育関連の諸条例を可決させることができた。これらの諸条例に基づき、学校選択制は公募区長により各区で実施されるに到ったが、その過程において、学校関係者や市民など多くの反対の声がある中、橋下氏はこの施策が「マスの声」(民意) に支えられたものであると正当化し、政治手腕を駆使して、学校選択制のほぼ全区での導入を実現した。

そのプロセスにおいては、住民の声を取り入れるプロセスもなかったわけではない。市民の代表者を含む有識者会議としての「熟議」が長期にわたって議論し報告書を提出した。「熟議」報告書では、就学制度の改善方法については、「学校選択制」と「指定外区域選択の基準緩和」の二種類が併記された。橋下市長は、こうした「熟議」で「民意を掬えない」と同報告の意義を否定したものの、全体としては、住民の声を取り入れるステップが完了したものとして捉えられ、選択制実施のスケジュールが組まれ進められていったと言える。また、橋下氏が「マスの声」に耳を傾けるべきだと開催を指示した「フォーラム」では、氏の期待とは逆に、多くの区で学校選択制の反対意見が起きていた。実際、いくつかの区の保護者アンケート等でも、学校選択制の賛否は拮抗しているというのが現実の「マスの声」であったと言えよう。

このように実態としては、賛否が拮抗する状況が多くの区であったものの、最終的に橋下氏が自ら面接に関わり、採用された公募区長らが学校選択制の導入方法を検討した。そして、市長はこの公募区長らにむけて学校選択制の実施に向けてプレッシャーを与え、2014年度と2015年度の二つの年度で、ほぼ全区で学校選択制は導入された。

以上をまとめると、学校選択制の導入までのプロセスは、橋下氏が選挙で得たとする「民意」を旗印に、また、市議会における優位な状況にもとづき、ほぼトップダウンで前進させたものだと言える。区によって学校選択制に関する多様な意見が存在したのは事実であったにもかかわらず、学校選択制を導入しない区はなかったので、その点をみると、学校選択制の実施の「有無」という点では、市民の声は反映されなかった。この「全区での導入ありき」の政策導入プロセスは、東京都特別区における学校選択制の導入過程の多くに見られるように、民主的なプロセスではなく、大阪市が進めようとする

「ニア・イズ・ベター」の区行政運営もスローガン留まりであったと言える。

　選挙公約の通り、市全体での学校選択制の導入を実現させたことは市長としては大きな成果といえるだろうし、自身も市長時代のレガシーの一つに数えるだろう。ただ、長期的なスパンでみれば、そのようにトップダウンで、多様な市民の声を無視して一律の導入を行ったことは、市の教育行政のあり方について大きな問題を残したと筆者は考えている。それは、上のような市民の声の政策プロセスからの排除が、教育への関心が高く参画意欲のある市民に無力感を与え、市民のサイレントマジョリティ化ないしは顧客化を強めたことである（これについては、筆者が別稿（濱元2017）にて既に指摘している）。

　では、学校選択制において市民の声を汲み取るために設定された「熟議」や「区民フォーラム」が上記の政策形成過程に無意味であったのかというと、そうでもないと筆者は考えている。既に取り上げたように、特に「熟議」について滝沢（2016）は、多様な参加者が学校選択制のメリット・デメリットを市のこれまでの取り組みや地域的背景に基づき学びあい議論したこと、それを通して「教育の民意」が形成されたことに意義を見出している。基本的に、ある政策をデザインし導入していく過程は、政策担当者や関係者、市民の対話と学習を含み、その上での政策に関する調整や合意形成が意味をもつ。そうした学習と対話が念入りに行われたという事実は、新たに配置された公募区長も無視できないものであり、区によって学校選択制の導入形態が微妙に異なる点など、区長の判断に一定の影響を与えたことは事実であろう。

　もう一つ重要だと考えられるのが、こちらも特に「熟議」に関してであるが、このように学識者や教育関係者、市民による議論を通して、学校選択制があくまで市民のニーズに基いて検討され、それによって、橋下氏や教育委員長である大森不二雄氏が想定する「切磋琢磨」による教育改善の一手段としての位置づけがやや弱められたことである。例えば、現在、各区の学校選択制の説明のウェブサイトには、学校選択制のねらいについて「保護者や子どもが学校を選択できるようにすることで、学校教育に対する関心が高まるとともに、特色ある学校づくりが進むことをねらいとしています。」とどの区でもほぼ共通して記されている。「特色ある学校づくりが進む」などの教育改善のねらいは確かに設定されているが、市長や大森氏の主張にあるような競争的なニュアンスが相当に弱められたように感じられる。例えば、東京都品

川区の事例では、「プラン21」という区の教育改革プランの一つの柱に、学校
選択制が置かれ、なぜ学校選択制があるのか細かに説明されているのとは大
きな違いである。端的にいえば「熟議」による議論と提案は学校選択制をよ
り市民側に引き寄せ、大阪市の学力向上策など教育改革プランから少し距離
を取らせたと言えるだろう。加えて、区民フォーラムでの反対の声の多さや、
「統廃合の手段としての学校選択制」という橋下氏の発言に対する市民からの
反響は、市議会において、学校の統廃合を促すためではなく、「格差を縮める」
ことをねらいにした学校選択制であるとの答弁を引き出した。また、選択制
の結果として「選ばれない学校」が出てきた場合には、市教委が責任をもっ
て教育改善の支援を行うとの答弁も行われた。これらの答弁は、不人気校は
切り捨てても構わないという「切磋琢磨」の考え方の部分的な修正とも取れ、
すべての学校の支援という教育行政の責任を明確化した上で意義は大きく、
それを引き出した市民の声の影響は大きかったのではないかと筆者は考えて
いる。

　ただ、以上のやりとりを通して、学校選択制の実施にむけて準備し、その
選択の結果に向きあう学校にとって、同制度の意義や方向性が何なのか、相
当に曖昧になったのも事実である。学校選択制の導入がどのような影響を与
えたのかについては、後の章で詳しく検討したい。

引用文献

鯵坂学・中村圭・田中志敬・柴田和子（2011）「都心回帰による大阪市の地域
　社会構造の変動」『評論・社会科学』（同志社大学）98, pp.1-93.

鯵坂学（2015）「都心回帰による大都市都心の地域社会構造の変動—大阪市及
　び東京都のアッパーミドル層に注目して」『日本都市社会学会年報』第33
　号. pp.21-38.

濱元伸彦（2017）「大阪市における新自由主義的な教育改革の課題：改革はど
　のように学校や保護者に浸透しつつあるか」『市政研究』194, pp.62-75.

濱元伸彦（2018）「大阪における新自由主義的な教育改革の展開と学校文化」
　濱元伸彦・原田琢也編『新自由主義的な教育改革と学校文化』明石書店,
　pp.12-73.

本田哲也（2015）「指定都市の区長による教育行政への関与の分析—大阪市教
　育委員会の区担当理事を事例として」『日本教育行政学会年報』41（0）,
　pp.126-142.

桂正孝（1999）「大阪の解放教育の足跡と展望」部落解放人権研究所編『大阪
　発 解放教育の展望』解放出版社, pp.5-21.

中尾健次（2000）「差別の現実から学ぶ教育のあゆみ」中野陸夫・中尾健次・池田寛・森実編著『同和教育への招待―人権教育をひらく』解放出版社, pp.52-82.
大阪維新の会（2011）「大阪秋の陣―市長選マニフェスト」
　　https://oneosaka.jp/pdf/manifest01.pdf（2019年11月20日確認）
高田一宏（2019）「大阪・教育「改革」とせめぎ合う教育現場の「財産」：子どもに応える教育とは」『世界』926, pp.129-138.
滝沢潤（2016）「大阪市教育委員会における「熟議『学校選択制』」の検討―「教育の民意」の形成における熟議の可能性」『日本教育行政学会年報』50, pp.105-111.
徳田剛・妻木進吾（2019）「大阪市の「都心回帰」現象の特徴―人口・世帯動態を中心に」鰺坂学編著『さまよえる大都市・大阪―都心回帰とコミュニティ』東信堂, pp.82-105.

注
（1）大阪市「生活保護の適用状況など」（https://www.city.osaka.lg.jp/fukushi/page/0000086901.html）のデータによる。
（2）大阪市「生活保護行政に関するよくある質問」（https://www.city.osaka.lg.jp/fukushi/page/0000091680.html）での市による説明内容に基づく。
（3）例えば、2014年に大阪市教育委員会が出した「大阪市立小学校学校配置の適正化のための指針」（https://www.city.osaka.lg.jp/kyoiku/cmsfiles/contents/0000267/267190/sisin.pdf　2019年11月20日確認）によれば、当時の小学校297校のうち110校が全学級数が11学級以下の学校となっている。
（4）筆者の市に対する情報公開請求により得られた数値に基づく。
（5）大阪市（2018）「子どもの貧困対策推進計画（概要版）」（https://www.city.osaka.lg.jp/kodomo/page/0000430435.html）
（6）同文は大阪市教育委員会が発行した「越境入学について」（昭和46年度版）に掲載のものから抜粋した。頁番号も同冊子のものである。
（7）同文も大阪市教育委員会発行の「越境入学について」（昭和46年度版）に掲載のものから抜粋している。
（8）大阪市教育委員会（2012）『はぐくみネット事業報告書』（大阪市教育委員会事務局生涯学習部）の記述に基づく。
（9）大阪市教育委員会の「生涯学習ルーム事業」（https://www.city.osaka.lg.jp/kyoiku/page/0000060819.html）の説明による。
（10）大阪市教育委員会（2008）「大阪市教育改革プログラム 重点行動プラン2008―2011」（https://www.city.osaka.lg.jp/kyoiku/page/0000021449.html）
（11）中嶋哲彦（2014）「大阪府・市における首長の教育支配」『日本教育法学会年報』43. pp.6-19.

(12) 大阪維新の会「大阪秋の陣市長選マニフェスト」による。

(13) 2011年11月6日毎日新聞（大阪）の朝刊記事「大阪市長選 立候補予定者、合同討論会 大阪の将来像で火花」より。

(14) このエピソードについては、例えば、2011年12月23日に行われた大阪市の戦略会議の資料「懸案事項等の検討の場について他」（http://www.city. osaka. lg.jp/seisakukikakushitsu/page/0000150961.html）に記述がある。

(15) 2011年12月24日朝日新聞夕刊の記事より。

(16) 2012年1月5日毎日新聞夕刊の記事より。

(17) 2012年3月22日、市議会・平成24年2・3月定例会での発言。

(18) これについて、中嶋（注11の論文）によれば「教育委員会の教育事務の管理執行に対する支配介入」（p.7）であり、それまでの大阪市教育委員会およびその事務局が一定の「自律性」を確保していた状態が幕を下ろしたと言える。

(19) 例えば、濱元（2018）も指摘するように、橋下氏は大阪府知事時代に、私立学校への助成金の大幅削減を政策として打ち出したが、その後、私立学校や市民からの猛反対を受けて方針を転換し、いわゆる「私学無償化」の政策を進めることを決めた。

(20) 2012年3月22日、市議会・平成24年2・3月定例会での発言。

(21) 2012年10月17日、市議会・第3回定例会での発言。

(22) 特に、橋下氏の答弁の根拠となった大森不二雄氏の学校選択制の論点整理であるが、その報告内容にはいくつか問題が見られる。一つは、学校選択制の効果や影響について述べるために依拠した研究が自身の博士論文であったり、ごく一部の日本語の文献であったり、決して包括的な政策レビューとはいえない点である。例えば、国内では学校選択制導入後の足立区の学力テストの結果が少し上昇したことを、学校選択制の導入が教育改善に与えるエビデンスとして強調している。また、英国における学校選択制を軸にした教育改善のモデルについての効果や、米国のバウチャー制度の実験的な取り組みや、チャータースクールの効果を強く主張しており、それらに対する批判的な意見は取り扱っていない。さらに、欧米の学校選択制の実施に関する研究では、必ず指摘される問題としての「上澄み掬い」（cream-skimming）（学校選択制を利用する保護者は、たとえ貧困地域に居住していたとしても、学歴の高い親であることが多く、高学歴者の地域からの流出につながりうること）についても無視されている。

(23) 2011年12月23日開催の戦略会議の資料「懸案事項等の検討の場について他」を参照。

(24) 2011年12月6日読売新聞の朝刊記事「橋下新市長、学校選択制へ区民会議」より。

(25) 2011年12月23日開催の戦略会議の資料「懸案事項等の検討の場について

他」の議事録より抜粋。

(26) 上記、「熟議」公募委員の大前ちなみ氏のインタビューによる。

(27) 2012年9月26日読売新聞の朝刊記事「大阪市学校選択制：検討会議が慎重論併記報告」より。

(28) 「熟議・第1回資料」（http://www.city.osaka.lg.jp/kyoiku/page/00001667702.html）中の「主な質問及び事務局の回答」を参照。

(29) 「熟議・学校選択制報告書」（平成24年9月発表）（http://www.city.osaka.lg.jp/ kyoiku/cmsfiles/contents/0000186/186684/houkoku-mokuji.pdf）より。

(30) 2012年9月15日朝日新聞（大阪）朝刊記事「学校選択「反対」半数超　大阪市、住民説明会で調査」。

(31) 当日アンケートの結果がウェブ上で公表されている20区中18区において、小中学校での学校選択制の実施に「反対」・「どちらかというと反対」の数が、「賛成」・「どちらかというと賛成」の数を上回っていた。

(32) これらのアンケート調査の結果は、各区のウェブ上で公開されている。

(33) 当時新たに任命された公募区長のうち6名は以前区長を務めていた行政出身の区長で、さらにそのうち、港区、大正区、平野区は前職の区長が留任した。

(34) 2012年5月21日、市議会5月常任委員会（文教経済）での発言。

(35) 2012年4月25日、市議会4月常任委員会（文教経済）での発言より抜粋。

(36) 2013年4月6日産経新聞Webニュースより。（http://www.sankei.com/west/news/130406/wst1304060011-n2.html）

(37) 2013年3月9日毎日新聞の朝刊記事「橋下・大阪市長：公募の区長を更迭」より。

(38) 筆者が行った大阪市の小中学校でのインタビュー調査による。詳細は本書の第7章を参照。

(39) 「熟議」公募委員の大前ちなみ氏のインタビュー（2015年10月2日）による。

第2章　大阪市の学校選択制の現状
——学力調査の学校別結果等の公開に着目して

1．はじめに

　前章では、主に大阪市において学校選択制が導入されるまでのプロセスについて確認した。本章では、学校選択制に関連するもうひとつの重要な論点に注目しつつ、市における学校選択制利用の現状について整理してみたい。その論点とは、学校選択制を利用する保護者に対する情報の提供と、学校の切磋琢磨を喚起し教育活動の質の向上を目的とした、学力調査や体力調査の学校ごとの結果公開である。

　大阪市では2013年度以降、学校選択に資する情報であるとして、小規模校や特別支援学校を除くすべての小・中学校に全国学力・学習状況調査など学力調査や体力調査の結果公開を義務付けている。これに加えて、2017年度入学者の保護者には、区長の裁量により、各中学校の高校入試における進路実績なども学校選択制の案内パンフレット上で公開されることになっている[1]。こうした各学校の公開情報は、保護者にとって学校を選択する際の有益な情報となりうる一方で、調査結果が公開されることによる学力格差の助長や学校の序列化を懸念する声が挙がっていた。それでは、公開された学力調査等の結果は保護者の学校選択において、どの程度利用されてきたのだろうか。その公開情報の利用の実態は、維新の会の教育改革における議論で期待されていたもの、あるいは、導入時の議論において懸念されていたものと、どれほど合致しているのだろうか。

　本章ではまず、大阪市の学校選択制導入時の議論における、学力公開に関する論点を整理する。また、学校選択制のスケジュールの確認をしたのちに、学校選択制が導入された2014年度から2019年度までの、学校選択制の利用状況と保護者の学校選択理由を検討してみる。

2．学力調査の学校別結果公開に関する議論

　前章でもふれたように、2011年の大阪市長選挙における大阪維新の会のマニフェストでは、当時の大阪市の教育行政について「児童、生徒、保護者が学校を選ぶことができず、学校間の競争がないため、教育サービス提供の切

磋琢磨がない状況」（大阪維新の会2011, pp.7-8）と指摘されており、この状況を打開する方策の一つとして小中学校における学校選択制の導入が提言された。また、学校選択制の導入など、抜本的な教育改革を進めるため、2012年には「大阪市教育行政基本条例」、「大阪市立学校活性化条例」がそれぞれ市議会で可決された。

　このうち「大阪市立学校活性化条例」では、学校は「学校評価の結果その他の学校の運営に関する状況に関する情報を積極的に提供するものとする」（第6条1項）、校長は「保護者等の意向を的確に把握し、学校の運営に適切に反映させるよう努めなければならない」（第6条2項）、「校長は、学校評価の結果を公表しなければならない」（第7条4項）、「学校評価の結果を踏まえ、当該学校における取組の改善その他の必要な措置を講ずるものとする」（第8条）と定められており、学校は保護者に対して情報公開を行うとともに、保護者の評価を受けながら学校運営を改善していくことが求められている（大阪市会2012）。

　また、こうした条例可決の動きと並行して開催された「熟議」では、学校選択のための情報提供の在り方に関する意見も議論されている。特に学力に関する情報の公開をめぐっては、「学力に関する情報提供も必要」「保護者は、おそらく数値で学力を図る」「学校の学力が分からないと選択できない」といった学力公開に積極的な意見が出されたが、その一方で、「学力テストの結果が開示されれば、格差の助長や序列化につながることが危惧される」といった慎重な意見も見られた（熟議『学校選択制』委員2012, pp.35-16）。

　その後、この熟議をふまえ、2012年10月に教育委員会が「就学制度の改善について」をとりまとめる。この中では、現行の制度が「子どもや保護者の意向に十分に応えられていない状況」であるとし、「子どもや保護者の意向に応え」、「特に教育的な配慮を要する子どもたちについて配慮」し、「学校教育の活性化を図る」ことを就学制度の基本的な考え方に設定している（大阪市教育委員会2012：7）。その改善手法として指定外就学の基準拡大とともに学校選択制が提示され、各区はそれぞれの地域の実情に応じて、これらの制度を用いた就学制度改善の方針案を策定するという方針が明記されている。最終的には、2013年3月に「大阪市教育振興基本計画」が策定され、「子どもや保護者の意向をくみ取り、学校を活性化する取組の一つとして」学校選択制を制度化することが明記された（大阪市教育委員会2013, p.17）。また、同計

画では、各校が地域住民や保護者に向けて、学力テストの結果も含めた学校の情報を公開することも盛り込まれている。

　2011年から大阪市の特別顧問を務める上山信一（2015）は、大阪維新の会の教育改革は、教育の機会均等の保障と学校間の生徒獲得競争の促進という二つの考え方に基づくものであると主張している。そして学校選択制および学力テストの結果公開は、その競争基盤を整備するために必要な条件であり、学校同士が切磋琢磨し競い合うためのきっかけであるとしている。そこには、本書が着目している学校選択の「切磋琢磨」の理論が明確に示されている。上山（2015）の主張を見る限り、大阪維新の会の教育改革のねらいとは、学校を保護者の評価の対象にすることで学校間の競争を促進し、教育の質の向上と、各学校の自律的な運営改善や保護者のニーズに応じた学校の特色づくり、また市全体での学校の配置適正化や教員人事も含めた公立小中学校運営の適正化を目指すものであると考えられよう。学校選択制と学力テスト等の結果公開は、こうした改革のビジョンを具体化していくにあたり中軸となる役割を果たすものとして捉えられている。

3．大阪市の学校選択制のスケジュール

　ここで、大阪市における毎年度の学校選択制のスケジュールについて確認しておきたい。例として、大阪市港区の学校選択制の大まかなスケジュールを表2-1に示した。なお、区によって内容や時期に多少の違いはあるが、他の区でも概ね同じようなスケジュールで制度の運用がなされている。

表2-1　学校選択制のスケジュール（港区）

時期
8月下旬　次年度新入生のいる家庭に『学校案内』等配付
9月上旬　学校選択制保護者説明会
9月10月　各小中学校での保護者説明会・学校見学など
10月末　学校選択制希望調査票提出期限
11月上旬　1次希望調査結果公表・通知
11月中旬　希望校変更受付
11月末　最終希望調査結果公表・通知
12月上旬　公開抽選・結果公表

※港区の「令和2年度新入生用　港区学校案内」を参考に筆者作成。

　毎年8月の下旬になると、次年度の新小学1年生・新中学1年生がいる家庭に、区役所から学校案内冊子が送付される。この学校案内冊子には学校選択制利用に関する手続きやスケジュールの案内とともに、各学校の様々な情報が掲載されており、「全国学力・学習状況調査」をはじめとした各種調査の結果も公表されている。ただし、各種調査の実施から集計・整理には時間がかかるため、この案内冊子に掲載される結果は前年度のものであることを付記しておきたい。

　その後、10月にかけて区役所や各学校で保護者に向けた学校選択制の制度説明会や学校説明会が開催される。すべての保護者は10月末の期限までに、次年度からの通学を希望する学校を記した「希望調査票」を区役所に提出しなければならない。11月の上旬に希望調査の結果が公表され、ここで各学校における、学校選択制を利用して通学区域外からの入学を希望する保護者の人数が明らかになる。

　各学校には、通学区域内から入学する予定の人数と学校の設備等を考慮した受入れ可能人数があらかじめ設定されている。希望調査の結果、通学区域外からの入学希望者数が学校の受け入れ可能人数を下回っていた場合、希望する学校への通学区域外からの入学が認められる。しかし、通学区域外からの入学希望者が学校の受け入れ可能人数を超えている場合には、抽選が実施される。なお、居住地によって定められた通学指定校への入学を希望する場合は、希望する人数にかかわらず入学が可能となっている。

　11月上旬に各学校への入学希望者数が公表されると、保護者は11月中に一度だけ希望校を変更することができる。こうして、11月末に学校ごとに最終的な通学区域外からの入学希望者数が確定し、この数が受け入れ可能人数を超えている学校では抽選が実施される。抽選の仕組みについては図2-1に示している通りだが、この抽選に外れた場合は、居住地によって定められた通学指定校に入学することになる。ただし、希望者は補欠登録をすることによって、2月までの間に校区外への転出者や私立小中学校進学者が出て希望する学校の入学予定者数に余裕ができた場合に、順次繰り上げ入学が可能となっている。こうして2月には各学校の最終的な入学予定者数が決定するといった流れである。

図2-1　抽選の有無と繰り上げ当選の模式図

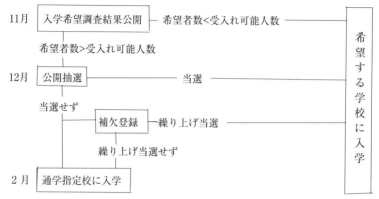

※港区の「令和2年度新入生用　港区学校案内」を参考に筆者作成。

4. 大阪市全体の学校選択制の利用状況

　それでは、大阪市の学校選択制は、どのように利用されてきたのだろうか。まずは大阪市全体における学校選択制の利用率を見てみよう[2]。

表2-2. 大阪市の学校選択制の年度別利用率

	年度	2014	2015	2016	2017	2018	2019	2020	2021
小学校	利用率（%）	5.1	4.6	5.3	6.5	7.5	8.5	9.0	10.5
	利用者数（人）	249	812	944	1108	1373	1623	1677	1948
中学校	利用率（%）	2.9	3.1	3.7	4.1	4.6	5.5	6.0	6.9
	利用者数（人）	244	543	631	687	762	922	1025	1166

※大阪市教育委員会への情報公開により得た数値に基づき筆者作成。
　なお2014年度は学校選択制を先行実施した一部の区（小学校は6区、
　中学校は12区）のデータである。

　表2-2では2014年度から2021年度まで、大阪市全体でその年に市立小・中学校に入学した小学1年生・中学1年生のうち、学校選択制を利用して通学指定校以外の学校へ入学した児童・生徒の割合を示している。この表を見ると、第1章で学校教育フォーラムでとられた保護者対象のアンケート結果とは反対に、中学校よりも小学校での利用率が高くなっている。学校選択制の利用率は、学校選択制の導入直後である2014年度、2015年度では、小学校で約5%、中学校で約3%とかなり低い値であった。しかし、その後、毎年、

ゆるやかな増加傾向が続き、2021年度には、小学校の学校選択制の利用率は初めて10％を超えた。

表2-3. 各区の学校選択制利用率（2014〜2019）

区		学校選択制利用率					
		2014年度	2015年度	2016年度	2017年度	2018年度	2019年度
北区	小	−	−	1.7%	3.1%	2.6%	4.5%
	中	5.2%	6.4%	8.0%	6.4%	6.0%	5.4%
都島区	小	−	5.4%	5.4%	6.1%	8.0%	8.1%
	中	2.2%	3.1%	4.1%	3.7%	2.7%	3.3%
福島区	小	−	2.8%	2.4%	2.3%	3.2%	4.1%
	中	0.7%	2.4%	1.1%	2.1%	1.4%	1.1%
此花区	小	4.1%	6.7%	9.2%	12.9%	15.6%	15.2%
	中	2.6%	3.4%	4.2%	4.6%	4.4%	3.4%
中央区	小	4.4%	5.1%	5.8%	6.4%	7.5%	7.5%
	中	1.0%	3.0%	1.3%	1.3%	2.2%	0.3%
西区	小	−	3.4%	2.4%	2.9%	3.3%	6.0%
	中	2.4%	0.4%	2.2%	2.0%	3.0%	3.3%
港区	小	−	3.8%	3.3%	4.1%	6.5%	6.9%
	中	4.0%	2.3%	5.2%	8.8%	9.8%	15.4%
大正区	小	−	4.5%	8.5%	9.6%	14.0%	12.4%
	中	−	1.5%	2.8%	4.1%	6.8%	7.3%
天王寺区	小	−	2.2%	4.5%	6.1%	6.8%	6.8%
	中	−	0.4%	2.0%	0.8%	0.7%	2.2%
浪速区	小	−	−	−	−	−	13.4%
	中	−	−	−	−	6.3%	5.9%
西淀川区	小	4.8%	6.6%	6.1%	8.2%	10.4%	9.8%
	中	0.8%	1.2%	3.4%	3.3%	1.5%	3.2%
淀川区	小	4.5%	5.1%	6.7%	9.4%	11.2%	11.5%
	中	2.7%	2.3%	2.1%	3.6%	3.1%	3.8%
東淀川区	小	−	6.2%	5.5%	8.4%	7.7%	9.5%
	中	−	4.4%	5.8%	5.6%	6.0%	4.1%
東成区	小	−	2.7%	3.0%	5.6%	5.7%	7.7%
	中	−	0.4%	0.7%	2.3%	1.9%	3.9%
生野区	小	−	−	−	−	−	9.0%
	中	−	7.3%	10.0%	4.9%	9.8%	10.9%
旭区	小	2.9%	5.0%	4.4%	6.1%	11.4%	10.8%
	中	3.2%	7.2%	4.7%	7.0%	8.0%	9.5%
城東区	小	−	3.1%	3.4%	4.7%	4.8%	6.6%
	中	−	1.5%	1.1%	1.2%	1.8%	1.8%
鶴見区	小	−	2.9%	1.9%	3.3%	4.1%	4.7%
	中	2.0%	1.6%	2.4%	2.8%	3.0%	3.1%
阿倍野区	小	−	4.8%	3.9%	5.1%	4.3%	5.7%
	中	−	1.2%	1.4%	2.2%	3.9%	1.8%
住之江区	小	−	3.0%	4.5%	5.7%	6.2%	8.7%
	中	−	4.5%	7.4%	5.6%	7.2%	12.5%
住吉区	小	6.9%	8.6%	11.4%	13.3%	12.0%	14.9%
	中	4.6%	5.7%	7.2%	7.5%	8.5%	8.8%
東住吉区	小	−	2.8%	4.8%	5.0%	5.7%	7.4%
	中	−	1.1%	1.3%	1.6%	2.7%	3.8%
平野区	小	−	3.5%	4.4%	5.9%	7.6%	8.3%
	中	−	3.6%	3.5%	5.3%	2.8%	6.6%
西成区	小	−	9.7%	15.3%	11.2%	16.0%	18.5%
	中	−	7.4%	11.6%	11.2%	18.4%	10.3%

※各年度の学校現況調査、学校選択制利用者数（大阪市教育委員会提供）を基に筆者作成。

110

このように学校選択制の利用が保護者に徐々に浸透していることが確認されるものの、東京都の特別区での実施状況と比較すると、大阪市の全体としての利用状況はまだまだ低調であるようにも見える。しかし、区別の学校選択制の利用率を見るとまた違った様相が見え、学校選択制の利用にかなりのばらつきがあることが分かる。表2-3は各年度の新小学1年生・中学1年生に占める、学校選択制を利用して通学指定校以外の学校に入学した児童・生徒の割合を区ごとに示したものである。これによれば、福島区、天王寺区や、城東区の中学校など、学校選択制利用率が制度導入時から一貫して大阪市平均を下回っている区と、西成区、住吉区の小学校、北区の中学校など、学校選択制利用率が制度導入時から一貫して大阪市平均を上回っている区がある。多くの区では市全体の動向と同じく、学校選択制利用率が年々上昇しているが、中でも淀川区、旭区、大正区の小学校、港区、住之江区の中学校では、学校選択制利用率が著しく上昇し、2019年度の利用率が10％を超えていることが分かる。

このように分析のスケールを細かくし、区ごとの学校選択制利用に目を向けてみると、学校選択制の利用状況は、各区の地域的背景を反映してそれぞれ異なる特色を示していると考えられる。

5．保護者の学校選択の基準——保護者アンケートの結果より

続いて、大阪市が毎年実施している「学校選択制における保護者アンケート」[2]の結果を基に、学校選択制を利用した保護者がどのような理由で学校を選んだのかを見てみたい。

表2-4．　小学校における学校選択制利用者の選択理由上位5項目

	2014年度	2015年度	2016年度	2017年度	2018年度	2019年度
1位	自宅から近い (55.6%)	自宅から近い (50.2%)	自宅から近い (46.8%)	自宅から近い (45.6%)	自宅から近い (45.7%)	自宅から近い (45.7%)
2位	友達が同じ学校へ行く (35.9%)	学校の校内環境 (34.6%)	友達が同じ学校へ行く (34.8%)	学校の校内環境 (33.3%)	友達が同じ学校へ行く (31.4%)	学校の校内環境 (28.8%)
3位	通学上の安全 (30.3%)	友達が同じ学校へ行く (30.1%)	学校の校内環境 (31.5%)	友達が同じ学校へ行く (29.7%)	学校の校内環境 (31.2%)	学校の校内環境 (28.6%)
4位	学校の校内環境 (30.3%)	通学上の安全 (26.0%)	教育方針や教育内容 (26.7%)	教育方針や教育内容 (27.0%)	教育方針や教育内容 (28.2%)	友達が同じ学校へ行く (28.4%)
5位	その他 (23.9%)	教育方針や教育内容 (25.4%)	その他 (25.1%)	通学上の安全 (25.5%)	兄姉が通学 (26.1%)	教育方針や教育内容 (25.5%)

※大阪市（2015a, 2015b, 2016, 2017, 2019a, 2019b）より著者作成。　（ ）内数字は回答者の割合

　表2-4は、学校選択制を利用して通学指定校以外の小学校へと入学した児童の保護者が、学校を選択した理由（複数選択可）の上位５項目を示したものである。保護者の選択理由の中で、「自宅から近い」は学校選択制が導入された2014年度から2019年度までの６年間全てで最も重視されており、約半数の保護者が選択理由として挙げている。さらに「通学上の安全」も2014年度は３位（30.3％）、2015年度は４位（26.0％）、2017年度は５位（25.5％）となっている。筆者の聞き取りによれば、小学校低学年の段階では学校までの距離や通学時の安全を不安視する保護者が多く、居住地域による指定校よりも近い学校や、大きな道路を渡らなくてもよい学校などがある場合、選択制を利用する傾向があるという）(3)。

　また、「友達が同じ学校へ行く」や「学校の校内環境」も、毎年30％程度の保護者が選択理由に挙げている。「友達が同じ学校へ行く」については、幼稚園や保育園の交友関係を重視したいという理由のほか、第５章で詳述するように中学校の進学まで見据えた交友関係の構築についても保護者が想定していると推察される。「校内環境」については、広いグラウンドや近年注目されているICT教育などの設備に関する観点のほか、学校が落ち着いているか（荒れていないか）に関する観点も含まれているようである 。

　それでは、中学校の場合はどうだろうか。学校選択制を利用して通学指定校以外の中学校へと入学した保護者が、学校を選択した理由の上位５項目を示したものが表2-5である。

表2-5.　中学校における学校選択制利用者の選択理由上位５項目

	2014年度	2015年度	2016年度	2017年度	2018年度	2019年度
1位	学校の校内環境が良い (46.7%)	学校の校内環境が良い (41.6%)	教育方針や教育内容 (34.4%)	やりたい部活動 (36.9%)	やりたい部活動 (42.4%)	やりたい部活動 (39.9%)
2位	教育方針や教育内容 (32.5%)	教育方針や教育内容 (35.4%)	学校の校内環境が良い (33.5%)	学校の校内環境 (33.3%)	学校の校内環境 (24.9%)	学校の校内環境 (32.3%)
3位	やりたい部活動 (31.7%)	やりたい部活動 (33.8%)	やりたい部活動 (31.2%)	自宅から近い (31.3%)	自宅から近い (23.9%)	教育方針や教育内容 (29.8%)
4位	その他 (27.5%)	自宅から近い (24.3%)	自宅から近い (28.2%)	教育方針や教育内容 (27.9%)	教育方針や教育内容 (23.9%)	自宅から近い (26.1%)
5位	自宅から近い (24.2%)	「学力調査」「体力調査」の結果 (21.3%)	その他 (25.5%)	友達が同じ学校へ行く (21.8%)	友達が同じ学校へ行く (23.6%)	友達が同じ学校へ行く (24.3%)

※大阪市（2015a，2015b，2016，2017，2019a，2019b）より著者作成。（　）内数字は回答者の割合

112

　中学校でも「自宅から近い」や「学校の校内環境」が毎年、「友達が同じ学校へ行く」が2017年度から2019年度まで３年連続で５位以内に入っているが、2014年度から2017年度までの「学校の校内環境」を除けば、いずれも小学校ほど高いパーセンテージとはなっていない。その代わりに「やりたい部活動」がいずれの年度も上位になり、特に2017年度以降は連続して１位になっている。この「やりたい部活動」という選択理由についてであるが、中学校において、個々に特定の部活動が活発であったり、成績が優秀であったりすることで、そこに入部したいと考える生徒はいるかもしれない。ただ、公立の中学校は教員の異動があるため、部活動の顧問担当教員も生徒が入学した時には他校に異動してしまっているということもありえる。そうした可能性がありながらも「やりたい部活動」が選択理由として上位にあるのは、学校が生徒の参加したい部活動を持っていることが学校の魅力として大きな意味をもつことを表している。この点については、第６章で詳しく取り上げることにしたい。。

表2-6.　保護者の学校選択理由に占める「『学力調査』『体力調査』の結果」の割合

		2014年度	2015年度	2016年度	2017年度	2018年度	2019年度
全体	小学校	1.0% (16)	4.1% (10)	4.2% (11)	5.2% (9)	5.2% (10)	5.5% (10)
	中学校	1.1% (14)	3.3% (9)	3.4% (9)	3.5% (9)	3.9% (9)	3.7% (9)
選択制 利用者	小学校	1.4% (16)	14.8% (10)	11.4% (10)	16.1% (8)	13.2% (9)	12.5% (10)
	中学校	7.5% (9)	21.3% (5)	17.8% (7)	13.7% (8)	16.2% (6)	16.7% (6)

※大阪市（2015a, 2015b, 2016, 2017, 2019a, 2019b）より著者作成。

　そのほか、中学校の選択理由上位５項目で注目に値するのは「教育方針や教育内容」である。小学校でも2015年度以降上位に挙げられている理由ではあるが、中学校では2018年度を除いて約３割の保護者が学校選択理由に挙げており、2014年度～2016年度までは、小学校よりも割合が高い。これは本章の２節でも取り上げたような「学校間の切磋琢磨」を生む、各校の特色に当たる選択肢であると考えられ、保護者が学校選択の際に、各学校が力を入れている取り組みなどを重視していると捉えられるかもしれない。しかし、2017年度以降では、この「教育方針や教育内容」も選択理由の順位がやや下

がりつつあり、表に示してはいないが2020年度は19.1%（中学校で5位）、2021年度には21.4%（同5位）となっている。

　それでは「学校間の切磋琢磨」を生む仕掛けとして、学校ごとに公開された全国学力・学習状況調査などの結果は、保護者の学校選択の際にどの程度重視されているのだろうか。表2-6は、同じアンケートで「『学力調査』『体力調査』の結果」という選択肢を選んだ保護者の割合と全ての選択肢における順位を、新入生の保護者全体とそのうち学校選択制を利用した保護者とに分けて示したものである。小中学校ともに、「『学力調査』『体力調査』の結果」を理由に挙げている学校選択制利用者は保護者全体と比較するとやや高くなっている。公開された学力調査や体力調査の結果は、学校選択制を利用する保護者には学校選択の際に少なからず参照されているということであろう。しかし、全選択肢における順位を見てみると、20%以上の保護者が選択理由に挙げた2015年度の中学校以外は上位5項目に入っていない（ちなみに、2020年度、2021年度も同様）。端的にいえば、学校選択の際に、公開されている学力調査や体力テストの結果を活用している保護者は一部に過ぎず、それよりも通学のしやすさや交友関係、校内環境、部活動や学校の教育方針などがより重視されていると推察される。

6．本章のまとめと新たな分析の視点

　以上、本章では大阪市における学校選択制導入に伴う学力調査等の結果公開に関する議論をまとめるとともに、大阪市の学校選択制利用の全体的な状況、および、保護者アンケートから把握できる実際の保護者の選択理由を整理した。前節までに見てきたように、大阪維新の会の教育改革において、学校選択制は保護者の選好表明と学校評価の具体的な手段の一つとして位置づけられていた。そして、保護者の学校選択に必要な情報として、学校は学力テストの結果をはじめとした各種調査の公開が義務付けられた。ところが実際の利用状況に目を向けると、2020年度までの段階では、学校選択制の利用率は全体の1割に満たないこと、そのうち学力調査の結果を重視した学校選択は、安全な通学や交友関係など他の理由による選択よりも割合が低いことが明らかになった。ここで、改めて注意したいのは、通学の距離や安全、交友関係は各学校の「特色」ではないということである。また、中学校で主要な理由となっている「やりたい部活動」は、一見学校の特色のように思われ

るが、公立中学校の教員の配置や異動において既に各校にある部活動顧問の役割を担当できるかどうかも市教委が留意するポイントになっている。言い換えれば、学校がどの部活動を運営可能であるかは市教委による教員人事によっても左右され、必ずしも、学校の自助努力による運営改善や切磋琢磨によってかなえられるものではない。このことから、大阪維新の会がその教育改革で想定していた保護者の選択と、実際の保護者の学校選択行動は、異なった様相を示しているといえるだろう。あらためて、保護者の学校選択理由にきちんと目を向け、それが各学校の活動によって取り組まれるものなのか、それとも市全体の教育行政の問題としてとらえられるべきものなのかを検討する必要があるのではないだろうか。

　また、学校選択制の利用状況に区ごとの違いが大きいことも明らかになった。大阪市の学校選択制を検討するうえでは、各区におけるこうした違いと、その要因を明らかにする必要があり、これについては、次章で検討したい。さらに、実際に保護者がどのような考えのもとで選択行動をとっているのかは、第6章で3つの区における事例研究という形で検討する明らかにする。

　注
（1）毎日新聞2016年7月9日朝刊「大阪市立中：案内に進学実績、区長判断　で　格差助長、懸念も」に基づく。
（2）本節と次節の表をまとめるにあたって、以下の大阪市による保護者アンケートの結果を用いた。
　大阪市 (2015a)『平成26年度学校選択制実施区における保護者アンケートの結果について』（http://www.city.osaka.lg.jp/kyoiku/cmsfiles/contents/0000305/305207/tyousakekka.pdf　2017年11月4日閲覧）
　──── (2015b)『平成27年度学校選択制実施区における保護者アンケートの結果について』（http://www.city.osaka.lg.jp/kyoiku/cmsfiles/contents/0000332/332067/tyousakekka.pdf　2017年11月4日閲覧）
　──── (2016)『平成28年度学校選択制実施区における保護者アンケートの結果について』（http://www.city.osaka.lg.jp/kyoiku/cmsfiles/contents/0000384/384317/0001A.pdf　2017年11月4日閲覧）
　──── (2017)『平成29年度学校選択制実施区における保護者アンケートの結果について』（http://www.city.osaka.lg.jp/kyoiku/cmsfiles/contents/0000412/412392/001-2H29.pdf　2017年11月4日閲覧）
　──── (2019a)『平成30年度学校選択制実施区における保護者アンケートの結果について』（https://www.city.osaka.lg.jp/kyoiku/cmsfiles/contents/0000448/448892/30kekka.pdf　2019年10月5日閲覧）

――― (2019b)『平成31年度学校選択制実施区における保護者アンケートの結果について』(https://www.city.osaka.lg.jp/kyoiku/cmsfiles/contents/0000481/481629/31kekka.pdf　2019年10月5日閲覧)

（3）本節の内容は、筆者が2017年から2019年の間に実施した学校、保護者、区役所などへの複数の聞き取り調査による。詳細は第6章で述べる

引用文献

熟議『学校選択制』委員（2012）『熟議「学校選択制」報告書』（大阪市HP）(https://www.city.osaka.lg.jp/kyoiku/cmsfiles/contents/0000186/186684/jyukugi_houkokusyo.pdf　2019年4月17日閲覧)

大阪維新の会（2011）『大阪秋の陣 市長選マニュフェスト』(https://oneosaka.jp/news/2011/11/0210.html　2022年9月1日閲覧)

大阪市会（2012）「大阪市立学校活性化条例」(https://www.city.osaka.lg.jp/yodogawa/cmsfiles/contents/0000441/441830/gakkoukasseikajourei.pdf　2022年9月1日閲覧)

大阪市教育委員会（2012）『就学制度の改善について』(https://www.city.osaka.lg.jp/kyoiku/cmsfiles/contents/0000192/192199/kaizennituite.pdf　2022年9月1日閲覧)

大阪市教育委員会（2013）『大阪市教育振興基本計画（平成25年3月改訂版）』(https://www.city.osaka.lg.jp/kyoiku/cmsfiles/contents/0000209/209049/sassi0521.pdf　2022年9月1日閲覧)

上山信一（2015）「学力向上に向けて教育を抜本改革」上山信一・紀田馨『検証 大阪維新改革―橋下改革の軌跡』株式会社ぎょうせい，pp. 92-108.

第3章　学校選択制の利用状況と各区の地域的背景の関係
——都心回帰による児童生徒数の変化に着目して

1. 問題の所在

　本章の目的は、大阪市の事例に基づいて、都心回帰の中にある自治体にお
ける人口動態等の地域的背景が、学校選択制の利用状況にどのように影響を
与えるかを検討することである。以下、本章の問題設定について述べていく。

　学校選択制は、子どもとその保護者のニーズに合わせ、居住地域で定めら
れた校区以外の学校も就学先として選択可能にする制度である。しかし、そ
れが制度として機能しうるかどうかは、その都市内の各エリアにおける人口
動態など地域的背景にも大きく左右されると考えられる。特に近年、大都市
の地域的背景として影響が大きいと考えられるのが、序章でも述べたように、
いわゆる「都心回帰」の動きである。2000年前後から、東京都や大阪市等の
大都市では、利便性の高い都心部への人口流入、そしてそれと並行して起こ
る都市周縁部の人口流出により、地域間の人口格差が広がりつつある（八木
2015）。また、都心回帰による人口動態は社会経済的な要素とも無縁ではなく、
自治体内の経済格差の拡大や階層分化にもつながるものだと指摘されている
（鰺坂2015）。このような都心回帰の動きは、大都市内部において、地域間の
児童生徒数の格差を広げていると考えられるわけだが、それでは、そこに学
校選択制が広範囲に導入されたとき、そうした人口動態は保護者の学校選択
制の利用にどのような影響を与えるのであろうか。

　ちなみに、序章で紹介した東京都など、日本国内の学校選択制に関する先
行研究は、選択制導入後の学校の児童生徒数の動向に着目し、学校間の競争
的状況や学力格差の拡大に分析の焦点を当ててきた。他方で、これらの研究
の課題としては、学校選択制がどう働くか（すなわち学校選択制の機能）が
自治体の地域的背景からどのように影響を受けるかについて十分に焦点を当
てていない。特に、これらの先行研究の多くは、都心回帰の動きが顕著にな
る以前のものであり、都市の人口変動の影響をあまり検討する必要がなかっ
たとも言える。

　大阪市の学校選択制が、学校選択制の研究対象として興味深い点は、地域
性の異なる24区をもつ大規模自治体の導入事例であること、さらに、それが

同市の都心回帰の状況の中で実施されていることである。そのため、市内各区の学校選択制の利用状況の違いについて、都心回帰により変動する地域的背景と関連づけ、区別に比較検討することが可能である。本章では、近年の都心回帰の動きの中での人口および児童生徒数の増減が、地域的背景として、どのように各区の学校選択制の利用に影響を与えているかについて検討してみたい。

　大阪市内の複数の区の学校選択制の実施状況について、小川（2017）の事例研究は参考になる知見を示している。小川によれば、特に、人口増加が進む西区、天王寺区の学校では児童生徒の過密状況が生じていることを背景に学校選択制が機能しにくい状況があるという。一方で、市の南部に位置する住吉区では比較的活発に学校選択制が利用されており、区の学校間で学級数の増減が発生している。小川（2017）による３区の学校選択制の利用実態から推察されるのは、都心回帰の流れの中で、学校選択制が機能しうる環境条件が区の地域的背景により異なるのではないかということである。この環境条件の指標として注目したいのが、毎年度、市の各小中学校が学校選択制で校区外から自校に受け入れ可能な児童生徒数として設定する「受け入れ枠」である[1]。都心回帰の動きの中で、児童生徒数が増加傾向にある区と減少傾向にある区が生じているとすれば、前者の区では、区内の各学校が毎年の学校選択制にむけて設ける受け入れ枠が限られるのに対して、後者の区では逆に空き教室も多くあり、受け入れ枠が増えるのではないかと仮説を立てることができる。こうした仮説について、本章では区別の学校選択制の利用状況や各校の受け入れ枠、児童生徒数の増減に関するデータを用いて検討してみたい。

２．大阪市の都心回帰の動きと児童生徒数の変化

　大阪市の地域的背景について第１章で述べたが、もう一度、以下の分析に関わる各地域の情報をおさらいしておきたい。大阪市は、第１章の図1-1が示すように、都心部地域、北東部地域、東部地域、西部臨海部地域、南部地域という５つの地域に区分され、各地域がそれぞれ異なった就業構造および社会経済的背景を持つ。各地域の就業構造で言えば、都心部地域に事務従事者・販売従事者が多く、他方で西部臨海部地域や南部地域は生産工程・労務従事者、いわゆるブルーカラー層が多い地域となっている。人口動態につい

てみると、2000年前後からの「都心回帰」の動きにより、交通利便性の高い都心6区（北区、中央区、福島区、西区、天王寺区、浪速区）では、急増する高層マンションに子育て世帯が多く転入する状況がある一方、都心部の周縁に位置する多くの区ではなおも人口減少が続き、地域全体の少子高齢化が急速に進んでいる。こうした周縁部（西部臨海部地域や南部地域）の区の人口減少の背景には、鯵坂ら（2011）も指摘するように交通や居住環境の面での不利が大きく関わっていると考えられる。こうした状況を、「若返っている地域」と「老いる地域」の二極化と呼ぶ人もいる（佐野2017）。

　また、こうした都心回帰の動きは、鯵坂（2015）が指摘するように、大阪市における社会経済的な階層分化と少なからず連動していると考えられる。実際、市の都心回帰は、マンション価格などが上昇傾向にある都心部に経済的に余裕のある子育て世帯が流入する形で進んでいる。このように高所得層が都心部に流入することで、周縁部の区との経済格差もまた拡大していくことが懸念される。

　こうした都心回帰の影響は、各区の学校の児童生徒数にも影響を与えている。第1章で見たように、大阪市全体としては1960年代半ばから児童生徒数の減少が続いており、市立学校数がピークとなった1980年代半ばからの20年間で児童生徒数はほぼ半減している。こうした動きの中でも、2000年代以降は都心回帰の影響で都心部など一部の区で子育て世帯の数が回復を見せており、そうした区では児童生徒数が増加している（中には、タワーマンションの急増でパンク状態にある）学校も多くある。逆に、児童生徒数の減少が続いている周縁部の区では学校の小規模化に拍車がかかっている。

　そうした大阪市の人口動態を背景に、大阪市の学校における児童生徒数も大きく変化してきた。第1章の表1-1に示したように、2020年度において、大阪市は417校の市立小中学校があり、約16万5千人の児童生徒が通っている。市立小中学校の数についていえば、市の住宅開発に合わせ1980年代まで増加が続き、同表に示す1983年度にピークとなった。他方で、大阪市の児童生徒数は1960年代半ばから減少が続いてきたが、しかしながら、同じ期間に、学校数は統廃合によって約4％（18校）減少したに留まっており、その結果として、大阪市教育委員会も指摘するように小規模校の占める割合が増えている[2]。以上のような都心回帰による人口動態および児童生徒数の変化の中で導入されたのが大阪市の学校選択制であった。

3. 分析結果

（1）大阪市各区の学校選択制の利用率

では、以上のような、都心回帰の流れの中にある各区の地域的背景は学校選択制の利用にどのような影響を及ぼしているのだろうか。以下、2018年度の大阪市の区別の学校選択制の利用状況のデータを用いて分析を行う[3]。

前章で述べたように、全体としてみると、学校選択制の利用率はそれほど高いとは言えないが、区間で比較すると利用率に大きな違いが見られる。

表3-1. 2018年度の大阪市各区の学校数、学校選択制の実施方式、
学校選択制の利用率および利用者数

地域	区名	学校数 (小/中)	小学校 の方式	中学校 の方式	小・利用率 (利用者数)	中・利用率 (利用者数)
都心部	北	13/7	ブロック	自由	2.7 (20)	6.3 (30)
	福島	9/3	ブロック	自由	3.2 (20)	1.4 (6)
	中央	7/3	自由	自由	7.5 (38)	2.2 (7)
	西	8/3	隣接区域	自由	3.5 (26)	2.2 (10)
	天王寺	8/3	隣接区域	自由	6.8 (47)	0.7 (3)
	浪速	6/3	未実施	自由	-	5.6 (10)
北東部	都島	9/5	隣接区域	自由	7.9 (64)	2.8 (19)
	淀川	17/6	自由	自由	11.7 (145)	3.2 (32)
	東淀川	16/8	自由	自由	7.2 (82)	5.4 (54)
	旭	10/4	隣接区域	隣接区域	11.4 (68)	8.1 (45)
	鶴見	12/5	自由	自由	3.8 (45)	3.0 (30)
東部	東成	11/4	隣接区域	自由	5.7 (30)	2.3 (11)
	生野	19/8	未実施	自由	-	6.8 (46)
	城東	16/6	隣接区域	自由	5.1 (67)	1.8 (22)
	平野	21/11	隣接区域	自由	7.6 (113)	5.3 (76)
西部臨海	西淀川	14/4	隣接区域	自由	9.6 (71)	1.8 (14)
	此花	8/4	自由	自由	15.6 (84)	4.6 (19)
	港	11/5	隣接区域	自由	6.6 (36)	9.6 (53)
	大正	10/4	隣接区域	自由	13.9 (63)	8.4 (44)
	住之江	14/8	自由(1.5km)	自由	6.2 (54)	8.5 (70)
南部	阿倍野	10/5	自由(2.0km)	自由	4.6 (41)	3.2 (23)
	西成	11/6	隣接区域	自由	14.8 (70)	8.7 (41)
	住吉	14/8	自由	自由	12.1 (135)	7.6 (76)
	東住吉	15/8	自由	自由	5.7 (54)	2.5 (21)
	全体				7.5 (1373)	4.6 (762)

※①学校数について、小中一貫校は小学校、中学校それぞれ別々にカウントしている。②「小学校の方式」で住之江区・阿倍野区で「自由(1.5km)」などと表記しているのは、自宅から1.5km以内の学校というように、学校の選択に制限が設けられていることを意味する。③2018年度の段階では、浪速区、生野区で小学校の学校選択制は未実施である（両区とも2019年度では実施）。

120

　まず、表3-1は、分析対象とする2018年度の小・中学校の選択制の利用率を区別に示したものである。この表が示すように、学校選択制の利用率は、小学校で2.7%〜16%、中学校で0.7%〜9.6%と区により大きな違いがあり、選択制が活発に利用されている区とそうでない区の差が大きいと言える。

　また、表3-1で示す地域別に見ると、小・中ともに西部臨海部および南部に利用率が高い区が多く存在している。例えば、小学校で10%を越える比較的高い利用率をもつ区は6区存在するが、その内4区は西部臨海部もしくは南部に位置する。ただ、他の地域にも利用率が高い区は存在しており、例えば、都心部における北区の中学校の6.3%など、やや高い利用率を示す区も一部存在する。

（2）人口動態・社会経済的背景と学校選択制利用率との相関

　それでは、このような区による選択制利用率の違いは、各区の地域的背景としての人口動態や社会経済的背景とどのように関係しているのだろうか。

　これを検討するため、2018年度入学者の学校選択制の利用率（小・中）を用い、区を単位とした二変量相関係数の分析を行った。ここで、人口動態を反映した変数としては、区の児童生徒数を用いる。これに関しては、学校数が最多となった1983年度から2018年までの35年間の各区の長期的な児童生徒増減比率（1983年度の値を1とした時の2018年度の率）、そして、近年の都心回帰の影響を検討すべく、2001年度から2018年度までの18年間における短期的な児童生徒増減比率（2001年度の値を1とした時の2018年度の比率）の二つを用いる[4]。また、各区の社会経済的背景の指標としては、2018年度の土地・住宅統計調査（総務省統計局）の市区町村別データに基づき、各区の「子のいる世帯」における「年収300万円未満の世帯」の構成率を算出した[5]。以下、これを「低所得世帯構成率」と呼び、分析に用いる。以上に説明した長期・短期の児童生徒増減比率および低所得世帯構成率の区別のデータは後掲の表3-3に示している。

　表3-2は、2018年度の学校選択制の利用率、2018年度入学者の小・中の学校選択制の区別の利用率、児童生徒増減比率（長期）、児童生徒増減比率（短期）、そして低所得世帯構成率の間の二変量相関係数を示している。これらの係数の中で、まず、注目したいのが、小・中の利用率と児童生徒増減比率（長期）、児童生徒増減比率（短期）の間に比較的大きな負の相関が見られる

表3-2. 区別の学校選択制利用率（2018年度）と地域背景変数の
相関係数（N=22）

	小・利用率	中・利用率	児童生徒増減比率（長期）	児童生徒増減比率（短期）	低所得世帯構成率
小・利用率	1				
中・利用率	.449*	1			
児童生徒増減比率（長期）	-.522**	-.769**	1		
児童生徒増減比率（短期）	-.482*	-.703**	.679**	1	
低所得世帯構成率	.623**	.614**	-.727**	-.545**	1

※ 相関係数は、*5％水準で有意（片側）　　**.相関係数は、1％水準で有意（片側）

ことである。以上から、全体的な傾向として、長期的にも、短期的（つまり、都心回帰下の変動）にも、児童生徒数の減少が大きい区ほど学校選択制の利用が活発になる傾向が確認される。

　一方で、選択制の利用率と児童生徒増減率（長期・短期）の相関を小学校と中学校で比較すると、小学校よりも中学校のほうがやや値が高くなっている。これは、一つには、小学校では、中学校とは異なりブロック制や隣接区域制といった選択先を一定制限する仕組みがあることが影響していると推察される。また、前述の市のアンケート結果からもわかるように、小学校では学校選択制利用の理由として「自宅から近い」ことが中学校に比べてより重視されており、これは、保護者が近隣の学校を選択する傾向が、区の児童生徒数の増減傾向とは関わりなく存在している可能性を示している。

　最後に、低所得世帯構成率と他の変数の相関についてもふれておく。低所得世帯構成率は小・中ともに選択制の利用率と有意な正の相関をもっている。すなわち、学校選択制の利用が活発になっているのは、市内でも社会経済的背景が厳しい区であると言える。さらに、低所得世帯構成率と児童生徒増減率が負の相関をもつことから、そうした社会経済的背景が厳しい区ほど、大阪市の中で児童生徒の減少が長期的にも、短期的にも大きいことが示されている。

（3） 児童生徒数の増減パターンによる区の分類

前項では、児童生徒数の増減比率と学校選択制の利用率の相関関係について確認した。本章の問題設定では、この相関に、2000年代以降の都心回帰の中で生じている区内の学校の受け入れ枠の多寡が関係しているという仮説を提示した。以下、これを検証するための分析を行う。

まず、都心回帰の動きの中で、市の24区の児童生徒数が「増加」「維持」「減少」のいずれのパターンにあるのか分類を行う。具体的には、各区の児童生徒数について、前項で用いた児童生徒増減比率（短期）（2001年度の値を1

表3-3. 児童生徒増減比（短期）による区の分類と社会経済的背景区

区分	区名	地域	児童生徒増減比率（長期）	児童生徒増減比率（短期）	低所得世帯構成率
増加区	中央	都心	0.51	1.52	24.9%
	西	都心	0.71	1.42	23.9%
	福島	都心	0.73	1.29	18.4%
	鶴見	北東	0.78	1.11	23.7%
	城東	東	0.58	1.07	24.4%
	天王寺	都心	0.67	1.07	20.4%
	北	都心	0.49	1.05	24.2%
維持区	西淀川	西部臨海	0.67	1.01	24.1%
	阿倍野	南	0.54	1.00	15.7%
	淀川	北東	0.53	0.99	27.8%
	東成	東	0.54	0.99	24.4%
	都島	北東	0.69	0.97	22.3%
減少区	浪速	都心	0.39	0.93	39.4%
	此花	西部臨海	0.50	0.91	29.3%
	住吉	南	0.51	0.85	25.6%
	東住吉	南	0.45	0.85	25.9%
	旭	北東	0.40	0.84	25.3%
	平野	東	0.45	0.83	30.0%
	港	西部臨海	0.40	0.82	29.9%
	東淀川	北東	0.46	0.78	32.7%
	大正	西部臨海	0.36	0.76	32.8%
	西成	南	0.32	0.73	39.5%
	生野	東	0.32	0.70	32.5%
	住之江	西部臨海	0.45	0.70	27.3%
全体			0.50	0.91	26.6%

として2018年度の比率）を用い、この比率に基づき、0.05（5%）以上増加した区を「増加区」、±0.05未満の区を「維持区」、0.05以上減少した区を「減少区」と３つの類型に分類した⁽⁶⁾。この分類により、表3-3に示す通り、増加区は７区、維持区は５区、減少区は12区となった。増加区は、大阪市の地域区分でいう都心部６区のうち、浪速区⁽⁷⁾を除く５区と、都心部の東部に位置する城東区、鶴見区である。これらの区は、都心回帰の動きの中で、特に子育て世帯の流入が進む区である。次に、維持区は、児童生徒数の増加は見られないが、市全体の少子化傾向を考えると、子育て世帯が一定流入してくる地域であると考えられる。最後に、西部臨海部や南部を中心とする減少区であるが、2000年代以降、生野区や住之江区のように３割近い児童生徒数の減少が見られる区もある。

　以上の分類により、都心回帰下における区の児童生徒数増減の二極化傾向がより明らかになったが、加えて、こうした都心回帰後の児童生徒数の増減パターンと各区の社会経済的背景との関係についても見ておきたい。表3-3に示す各区の低所得世帯構成率によれば、市全体の平均値（26.6％）以上の値を示している区は、増加区ではゼロ、維持区では５区中１区、減少区では12区中９区となっており、減少区に社会経済的背景が厳しい区が多く存在する。ちなみに、減少区12区のうち此花区を除く11区は、市内で住民の生活保護受給率が高い上位半数の区にそのまま入る⁽⁸⁾。つまり、都心回帰下で児童生徒数の減少が続く減少区の多くは、社会経済的背景が厳しい区であり、鰺坂ら（2011）も指摘するように、交通や居住環境の面での不利が関わっていると考えられる。

（4）３つのグループにおける「受け入れ枠」の違い

　以下、前項に示した都心回帰下の児童生徒数の増減パターンの分類を用い、それが各区の受け入れ枠の多寡とどのように関係しているかを明らかにする。

　まず、2018年度に各区が発表した学校選択制の「希望調査結果」の資料⁽⁹⁾（各校の受け入れ枠の数が記載）に基づき、全学校を受け入れ枠の人数により、「空き待ち」「１〜４人」「５〜９人」「10〜19人」「20〜29人」「30〜39人」「40人以上」の７区分に分類した。こうして分類された学校が、前述の増加区、維持区、減少区の３つでどのように分布するかを示したのが図3-1、図3-2である。

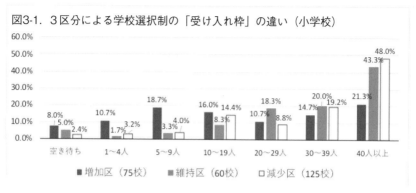

図3-1. ３区分による学校選択制の「受け入れ枠」の違い（小学校）

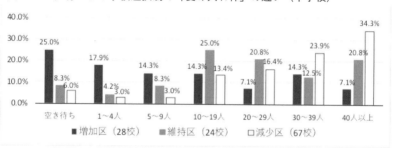

図3-2. ３区分による学校選択制の「受け入れ枠」の違い（中学校）

　小学校の分布（図3-1）を見ると、まず、減少区では48.0％、維持区では43.3％の小学校が「40人以上」の受け入れ枠を持っている。「20～29人」「30～39人」「40人以上」の３区分を合計してみると、減少区では76.0％、維持区では81.6％となり、どちらも大半の小学校において学校選択制が一定機能しうる程度の受け入れ枠を保有していると考えられる。他方、増加区では、同じ３区分（20人以上）の学校は38.3％と、他の２類型の値の約半数にとどまっている。また、「空き待ち」「1～4人」「5～9人」を合計すると、受け入れ枠が１桁台の学校が37.4％となる。このように増加区では受け入れ枠の規模が他の２類型に比べて小さいことが確認される。ちなみに、図3-1のクロス集計における３類型間の値の違いはカイ二乗検定の結果、0.1％水準で統計的に有意である。

　次に、中学校であるが、中学校の受け入れ枠のグラフ（図3-2）では、小学校に比べ、３類型の分布の違いがより顕著なものとなっている。まず、減少区は、最頻値が「40人以上」（34.3％）で、「20人以上」の３区分を合計し

た値は74.6%である。次に、維持区では、「10〜19人」(25.0%) が最頻値であり、「20人以上」の3区分を合計した値は54.1%と、減少区に比べてかなり小さくなっている。最後に、増加区では、「空き待ち」(25.0%) が最頻値となっており、4分の1の学校で学校選択制の受け入れが困難な状況がある。また、増加区の「20人以上」の合計値は28.5%となっている。最後に、図3-2のクロス集計における3類型間の値の違いは、カイ二乗検定の結果、1%水準で統計的に有意である。

　以上をまとめると、減少区では学校選択制の受け入れ枠が十分にある学校が多く、それらの区内では学校選択制が機能しやすい状況があると言える。他方、維持区も、2000年代までの児童生徒数の減少があるためか、小学校に限っていえば、その受け入れ枠は減少区とほぼ同程度に多い。また、中学校では、維持区の受け入れ枠の規模は、減少区と維持区のほぼ中間に位置すると言える。最後に、増加区は、減少区、維持区に比べると、受け入れ枠の規模が小さい学校が多く、学校選択制がより機能しにくい状況にあると考えられる。

　以上より、都心回帰下の各区の児童生徒数の増減傾向の違いが、学校選択制を機能させる環境条件としての受け入れ枠の増減と関連していると言える。すなわち、児童生徒数の減少傾向にある区（減少区）では受け入れ枠が増えることで、学校選択制が十分に機能しうる状態が生じ、これが選択制の利用を活発化させる一因になっていると考えられる。逆に、増加区において受け入れ枠が少ないことは、学校選択制を機能させる上での制約になっていると言えよう。

　一方で、上の結果で特に興味深いのは、3類型による受け入れ枠の分布が、小学校に比べ中学校の方で違いが顕著である（つまり、児童生徒数の増減パターンと受け入れ枠の増減の関係が明確である）ことである。これは、前掲の表3-2において、児童生徒の減少率と学校選択制の相関係数が小学校よりも中学校のほうが高いという状況を説明する理由の一つになりうると考えられる。

（5）3つのグループの希望者の割合の分析

　以上のように、区の児童生徒数の増減傾向の違いは、学校選択制を機能させる「受け入れ枠」という環境条件の有無につながっていることが分かった。

126

こうした環境条件の違いは、前述の相関係数に表れるような、児童生徒数の
増減率と学校選択制の利用率の関係を説明する要因として考えられる。

　一方で、考えなければならないのは、都心回帰の動きの中で、特に都心部
では、中西（2019）が指摘するように平均的に学力が高い等、特定の学校へ
の子どもの就学を想定して転入が行われているとすれば、既に「選んで」居
住したかれらは学校選択制のニーズが少ないと言える。C・ティボーの言葉
を用いれば、住宅選択の段階で学校も含めて「足による投票」を行った人々
は、学校選択制という 2 番目の「足による投票」を行う必要がない。逆に、
児童生徒数が減少傾向にある減少区では、特定の学校への子どもの就学を考
えてというよりも、経済的な理由でそれらの区の居住を選んでいる可能性も
高いため、学校選択の機会（つまり学校選択制という「足による投票」）をよ
り積極的に利用する可能性がある。もし、このような学校選択制に対するニー
ズに違いがあるとすれば、例えば、増加区では、維持区や減少区に比べて、
選択制の「希望者」の割合が小さくなると考えられる。これを検討すべく、
これら 3 タイプの区の2018年度の就学者全体において学校選択制の希望者の
割合を公開資料に基づき検討してみた（表3-4）。ちなみに、括弧内の数字は、
実際に学校選択を行使して就学した児童生徒の率である。

表3-4.　2018年度学校選択制における選択制の利用希望者の割合（3区分）

区分	小学校	中学校
増加区	5.2%（4.3%）	4.3%（2.3%）
維持区	8.3%（7.7%）	3.4%（2.8%）
減少区	8.8%（8.1%）	7.0%（6.2%）

※括弧内の数字は実際に学校選択制を行使して就学した児童生徒の率

　この表が示すように、小学校に関しては、増加区では、維持区および減少
区に比べて学校選択制の利用を希望する割合が小さい。また、中学校では、
増加区、維持区が希望者の割合が小さく、減少区との間にかなりのギャップ
がある。これは、上に示した学校選択制に対する保護者のニーズの違いに関
する仮説を支持する結果だと言える。しかし、そもそも前項に見たように
「受け入れ枠」が区の状況により違いがあり、増加区のように保護者に提供さ
れる「受け入れ枠」が少なければ、抽選となる可能性も高いため、選択の希
望を出すことを控える保護者も一定数いるであろうことは留意しなければな

らない。

　逆に注目したいのは、グループ間で値に違いがあるものの、都心回帰で人口集中が進む増加区においても小学校で5.2％、中学校で4.3％という学校選択制の利用に対するニーズがあることである。これらの区では、実際に利用できたのは4.3％、2.3％と限られているが、もし、「受け入れ枠」が十分にあれば、利用率も高まる可能性があると言えよう。

（6）学校選択制の利用が活発になることによる児童生徒数の二極化

　前述のように、大阪市における都心回帰による人口動態は、よりマクロな階層分化の動きと連動している。また、前項での相関係数の分析においても、小・中の学校選択制の利用率は社会経済的背景とも強い相関が確認された。本章のここまでの分析に基づき、こうした相関がもつ意味について考えてみたい。

　大阪市の都心周縁部に位置する社会経済的背景が厳しい区は、その多くが児童生徒数の減少が激しい区でもあることから、区内各校の「受け入れ枠」が大きく、選択制が機能しやすい状況があると考えられる。前述のように、近年の都心回帰の動きとの関連でいえば、2000年代以降も児童生徒数の減少が続く減少区の大半は、社会経済的背景が厳しい区である。これらの区は、交通や居住環境の面での不利も大きく、都心回帰の流れから取り残されつつあると言える。今後、学校選択制の活性化により、区内で児童生徒数の変動が大きくなれば、規模が縮小する学校も発生し、学校統廃合の動きに拍車をかける可能性も大きい。かつて、学校選択制の導入に先立ち、橋下徹元市長は「保護者の選別にさらして自然に統廃合を促す手法として学校選択制がある」と述べたとされる。もし、橋下氏が述べた通りになるとすれば、それは、大阪市全域におしなべて起こるというよりは、大阪市の地域格差を反映し、都心回帰の動きから取り残される周縁部の区に特に生じる事象だと言える。

　端的に言えば、そうした周縁部の区での学校選択制の利用が活発になれば、「選ばれる学校」と「選ばれない学校」の二分化が促され、一部の学校の小規模化がより一層進むであろう。それらの学校の小規模化が限界に来れば、「学校の適正配置」の方針に従い、その学校を含めた統廃合計画が進むことになる。実際、学校選択制が導入された2014年度から2021年度までの8年間に計11件の学校統廃合の事例があったが、これらは全て本章の位置付けでいえば

128

市の周縁部に位置する「維持区」「減少区」の学校であり⁽¹⁰⁾、統廃合のペース自体も近年加速している。

　では、学校の小規模化がどのように進んでいるのか、統計データに基づき見てみたい。

図3-3.「増加区」における学級数の増減比率（2013年〜2021年）

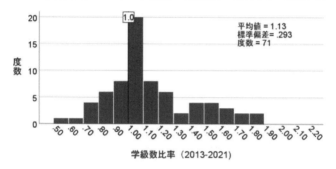

図3-4.「維持区」における学級数の増減比率（2013年〜2021年）

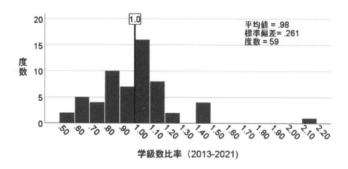

図3-5.「減少区」における学級数の増減比率（2013年〜2021年）

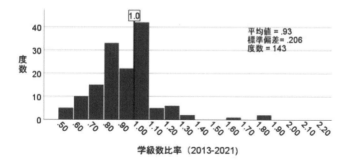

　図3-3～図3-5は、学校選択制が導入される前の2013年度と導入後8年後となる2021年度において、都心回帰による「増加区」「維持区」「減少区」のそれぞれで通常学級の増減がどのように生じているかを検討したものである。図では、通常学級数の増減率（2013年度を1.00とした時の2021年度の値の比率）について、3類型それぞれの区のヒストグラムを示した。

　まず「増加区」では、1.0を超える学校（学級数を維持もしくは増加させている学校）が多く、増減比率が1.40を超える、すなわち通常学級数が2013年度に比べて4割以上増加した学校もある。これは基本的には、子育て世帯の都心部への流入による児童生徒数の急増が原因だと考えられる。

　一方で、「維持区」「減少区」では学校の分布が1.0のラインよりも低いところへ多く分布しており、その傾向は「維持区」よりも「減少区」に顕著である。これらの区でも学級数が大幅に増加した学校もカウントされているが、その数は少なく例外だと言えよう。学級数増減率が0.7よりも低い学校（3割以上減少）が「維持区」では11校（18.6％）、「減少区」では30校（21.0％）となっている。また、「維持区」「減少区」のヒストグラムに共通する特徴として、その分布の中央部（0.0～1.0）にへこみが見られ、二こぶになっていることである。これは、各グラフの最頻値である1.0～1.1の区間の学校、すなわち学級数をほぼ維持できた学校と、0.8～0.9の区間の学校、すなわち学級数が1割以上減った学校の分化が生じたことを意味している。このように、学級数がおしなべて減少しているのではなく、学校選択制を経由して各区内の学校が「選ばれる学校」と「選ばれない学校」に二極化していく動きがあると推察される。

（7）学校選択制導入後に児童生徒数が激減している学校の存在

　次に、図3-6では、「増加区」「維持区」「減少区」のそれぞれから児童数の減少傾向が特に激しい学校をピックアップしたものである。これらはつまり、前掲のヒストグラムでいえば、分布の左端に位置しているような学校である。これらのグラフでは、各校の総児童数および各年度の入学者にあたる1年生の児童数の推移を2011年度～2021年度まで表している。

　これらの学校は、前述のように児童数の減少が著しい学校であるが、減少傾向が学校選択制以前から見られた学校（A小学校、E小学校）もあれば、以前には児童数が同じ水準でキープされていた学校（B小学校・C小学校・D

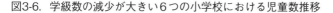

図3-6．学級数の減少が大きい６つの小学校における児童数推移

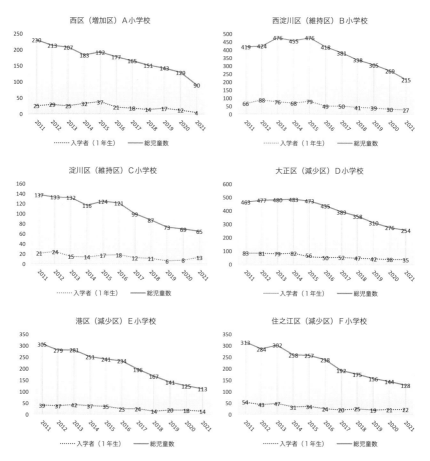

小学校）もある。ただ、学校選択制が導入された2014年もしくは2015年、あるいはその次の年あたりから、児童数の減少傾向が加速し、急な下り坂に入ったように見える。

　また、各年の入学者を表す１年生の数も、小学校で学校選択制が導入された年（上のグラフ中の区では、淀川区の2014年度以外はいずれも2015年度）やその次の年から大幅に減少している減少している学校がある。例えば、西区A小学校は2015年度は入学者が37人いたが、2016年度は21人、2015年度は18人と大幅に減っている。西淀川区B小学校も、2015年度には79人だった入

学者が2016年度には49人に急減しているほか、大正区D小学校も2014年度の入学者が82人だったのにたいして2015年度には56人となっている。こうした入学者の減少は、校区に居住する児童の自然減では説明できない急激なものであり、学校選択制の導入が拍車をかけたと考えられる。つまり、これらの学校が学校選択制下において「選ばれない学校」となり、児童が他校区へ流出したことにより、一層の小規模化が進んだのである[11]。ちなみに、こうした急激な児童数減少にある小学校は、西区A小学校の事例が示すように、「増加区」にも若干数見られるが、その多くは「維持区」「減少区」に位置している。

　では、これらの小学校はどのような要因で「選ばれない学校」となり、児童数の急激な減少を引き起こしているのだろうか。一部の区での学校選択制の利用状況については、本書の後半における事例研究でより詳しく取り上げるが、ここでは筆者がフィールド調査の中で行ってきた教育関係者への聞き取り（詳細については第7章を参照）から、学校の地理的背景に着目し、上記の6校の児童数減少に共通する要因を示したい。

　第一に、これらの小学校の多くが、区の端に位置していたり、河川や大きな道路や線路で校区の物理的な分断を抱えており、もし、近隣によりアクセスのよい学校があれば流出を招きやすい住宅エリアを抱えている。

　第二に、かつて人口の多かった住宅地エリアにおいて、狭い距離圏内に2〜3校が設置されている場合、より規模の大きい学校や通学アクセスのよい学校に児童が大規模に流出する傾向が見られる。

　第三に、校区の地域的背景や学校の状況に対する何らかの忌避意識や差別意識などが背景にある可能性も否定できず[12]、それらが学校選択を経由して、これらの学校の一層の小規模化を招いているおそれがある。

　以上、3つの要因を挙げたが、本章の分析に基づいて言えば、「減少区」のように、児童生徒数の減少によって区内の学校に「受け入れ枠」が十分にあるという学校選択制の環境条件が整っていれば、これらの要因が絡むことで、一部の学校の小規模化がより一層進むものと考えられる。

4. 小括

　本章では、2000年代以降、都心回帰の中にある大阪市において、そうした地域的背景がどのように各区の学校選択制に影響を与えているかを統計分析

をもとに検討した。以下、前節に示した分析の知見を整理し、考察を加えたい。

　まず、相関係数の分析から、各区の長期的、短期的な児童生徒数の増減傾向と小中学校の学校選択制の利用率の間に有意な相関があることがわかった。この結果をふまえ、特に都心回帰下における短期的な児童生徒数の増減のパターンにより全区を3類型（増加、維持、減少）に分類し分析を行った。これにより、児童生徒数が一貫して減少している区では区内の「受け入れ枠」が豊富にある一方、増加傾向にある区ではそれが限られていることが確認された。以上の結果は、都心回帰の動きにより、区間の児童生徒数の二極化が学校選択制における区内各校の「受け入れ枠」の増減につながり、学校選択制の利用率に影響を及ぼすという本章の仮説を支持するものである。

　最後に、上記の3類型において、学校選択制以前の2013年と2021年を比較し、小学校の学級数の増減率を比較した。「増加区」において学級数が増加している学校が多いのに対して、「維持区」「減少区」では学級数が減少している学校が多く、大幅に学校規模が縮小している学校が多いことがわかった。児童数の自然減の影響もあるが、東京都などの先行研究において保護者が小規模校を避け、より規模の大きい学校を選ぶ傾向があることを考えれば、学校選択制が一部の学校の小規模化に拍車をかけている可能性が極めて高いと考えられる。つまり、学校選択制は、かつて橋下徹元市長が言及した「保護者の選別にさらして自然に統廃合を促す手法」としてその役割を果たしつつあると言えるだろう。

　以上の本章の分析は、都心回帰下における大阪市の人口動態と学校選択制の利用率の関係を明らかにしている点で、これまでの国内の学校選択制研究にはなかった知見を提示するものである。この分析結果で、特に重要だと考えられるのは、都心回帰による人口および児童生徒数の二極化が、各区の学校選択制の利用率を左右するメカニズムを、以下のように明らかにしたことである。まず、「区」のような行政エリアごとの学校選択制の利用率を比較した場合、そのエリア内の学校に受け入れ枠が相互にどの程度あるかが、学校選択制が機能するかどうかを決める基礎的環境条件となる。そして、そうした受け入れ枠の多寡は、その行政エリアにおける中長期的な児童生徒数の増減傾向により大きく左右される。特に、大阪市のように都心回帰下にある大都市では、児童生徒数が増加傾向にあるエリアと減少傾向にあるエリアの二

極化が進んでいる。この二極化の影響を受け、主に都市の周縁部に位置する減少傾向のエリア（社会経済的背景が厳しい区が多い）ほど受け入れ枠が増えるため、学校選択制の利用が活発化しうる。結果として、都心回帰下において、学校選択制の利用が、都心部では不活発に、周縁部で活発になるという機能上の不均等が生じるのである。

　以上のように示された、地域的背景による学校選択制の機能上の不均等は、当然、選択制が学校教育に及ぼす影響をも不均等に——言い方を変えれば不公平に——すると考えられる。大阪市の学校選択制の目的が、保護者の学校選択を可能にし、「教育サービス提供の切磋琢磨」を促すことにあるとすれば、この「切磋琢磨」（競争）に強く曝されているのは、選択制利用がより活発な、都心周縁部に位置する児童生徒数の減少が大きい（かつ社会経済的背景が厳しい）区の方だと言えよう。「切磋琢磨」が学校の教育改善を促すという「切磋琢磨の理論」に照らしていえば、学校改善を促す「切磋琢磨」の影響は非常に不均等にしか学校に作用しないことになり、教育改善の手段としてはフェアとはいえないだろう。

　加えて、児童生徒数の減少が大きい（かつ社会経済的背景が厳しい）周縁部の区で、学校選択制の利用が活発化すれば、次年度の児童生徒数やそれに合わせた学校の組織体制の予測が困難になることや、区内各校の児童生徒対応における小中連携が複雑化することなど、学校運営上の負担が増すと予想される。また、それらの区で学校選択制が活発化し、各校の児童生徒数の変動が大きくなることで、前項に指摘したように、大幅に規模が縮小している学校も生じている。また、学校選択制の影響としての学校の小規模化は、第6章および第7章でも取り上げるように、一部の区において中学校でも生じている。

　また、現在の大阪市の「学校配置の適正化の推進のための指針」や2020年に改正された市立学校活性化条例が示すように、通常学級が11学級未満の小規模校は一律に統廃合の対象に挙げられ、実際に、図3-6に取り上げた小学校にも、現在進行中の統廃合計画の対象になっている学校がある。

　本章では、都心回帰下の児童生徒の増減傾向に注目して分析を行ったが、その他にも、各区の学校選択制の利用率の増減に影響を与える個別の要因は多く存在すると考えられる。例えば、各区内での学校の地理的な位置関係、学力の高さや特色ある部活動など保護者を惹きつける要素をもつ学校の有無、

区長の学校選択制に対する姿勢やその振興策などである。加えて、濱元（2018）
が指摘するように、現在大阪府で中学生対象に行われる統一学力テスト（チ
ャレンジテスト）は、その学校平均点が生徒の公立高校入試の内申点に反映
される仕組みとなっているが、今後、保護者がこの制度を意識するようにな
れば、平均的に学力の高い学校がより一層「選択先」として希望される可能
性は高い。このように学校選択制の利用に影響を与える他の要因については、
第6章の事例研究でもふれる予定である。

　最後に、児童生徒数の減少が著しく、同時に、社会経済的背景が厳しい区
における学校選択制の利用が活発化することは、それらの学校の運営にどの
ような影響をもたらしているのか気になるところである。例えば、学校選択
制の利用が活発になり、多くの児童が他校区から来るようになれば、児童生
徒の生徒指導対応や地域との連携などもより複雑になり、学校運営に負担を
もたらす可能性がある。これについては、第7章で改めて検討する。

　　注
（1）各校の受け入れ枠は、各学校の概要や教育成果（全国学力・学習状況調
　　査、全国体力テストの学校別結果など）の情報とともに保護者向けの学
　　校選択制の紹介冊子に記載され、次年度就学予定者の家庭に配布されて
　　いる。筆者による区役所の担当者への聞き取り（2018年10月、此花区役
　　所にて）によれば、各校の受け入れ枠の人数は、区役所が区内小中学校
　　の児童生徒数や空き教室等の設備状況を考慮した上で人数を割り出し、
　　校長と協議の上で決定されている。
（2）例えば、2014年に大阪市教育委員会が出した「大阪市立小学校学校配置
　　の適正化のための指針」（https://www.city.osaka.lg.jp/kyoiku/cmsfiles
　　/contents/0000267/267190/sisin.pdf　2019年11月20日確認）によれば、
　　当時の小学校297校のうち110校が全学級数が11学級以下の学校となって
　　いる。
（3）ちなみに、2018年度を分析対象とするのは、分析開始時点において、市
　　からの情報公開により入手可能なデータとしてこれが最新のものであっ
　　たからである。
（4）児童生徒数については各年度の学校基本統計に基づき、5月1日時点の
　　値を用いている。また、1989年に大淀区と北区が合併して北区に、東区
　　と南区が合併して中央区になったが、1983年度の北区、中央区の児童生
　　徒数は合併前の区の値を合計して算出した。
（5）「子のいる世帯」の数は、「夫婦と子供からなる世帯」と「男親又は女親
　　と子供から成る世帯」の二つの数を合計して算出。ちなみに、土地・住
　　宅統計調査における「子のいる世帯」の「子」は成人も含む。そのため

　「子のいる世帯」が「子育て世帯」を直接指すわけではなく、この点が分析上の課題である。

（6）ここで、維持区を分類する基準として用いた「±0.05以内」は、特に統計学上の根拠に基づくものではなく、分類の必要上筆者が考案したものである。

（7）浪速区は都心回帰の動きの中で、2010年代後半から児童生徒数の増加が見られるが、2000年代全体としては減少率が高いため減少区に分類した。

（8）2018年3月に大阪市が発表した「生活保護状況」（https://www.city.osaka .lg.jp/shimin/page/0000441439.html　2019年11月20日確認）による。

（9）各区のウェブサイトで保護者向けに公開された2018年度の学校選択制の「希望調査結果」（24区分）を大阪市に対する情報公開請求により取得し、同資料に記載された小・中学校の受け入れ枠を集計した。

(10)「大阪市立小学校 学校配置の適正化の推進のための指針」（大阪市教育委員会2020年）によれば、2014年度から2021年度までに、西成区で3件、浪速区で2件、平野区1件、大正区1件、住之江区1件、西淀川区1件、東淀川区1件、生野区1件であり、当然のことながら、それぞれ複数の学校が1校の校地へと統合されている。

(11)これらの学校が「選ばれない傾向」にあることは、各区の学校選択制の希望調査のデータからも、他校区から選択して希望する人が毎年ほとんどいないことから明らかである。

(12)高田（2019）や小川（2016）も、特定の地域的背景をもつ学校が学校選択制において「選ばれない」状況にある可能性について指摘しており、学校選択制の導入が地域に対する差別意識を助長することを懸念している。

引用文献

鰺坂学・中村圭・田中志敬・柴田和子（2011）「都心回帰による大阪市の地域社会構造の変動」『評論・社会科学』（同志社大学）第98号, pp.1-93.

鰺坂学（2015）「都心回帰による大都市都心の地域社会構造の変動―大阪市及び東京都のアッパーミドル層に注目して」『日本都市社会学会年報』第33号. pp.21-38.

久冨善之（2000）「日本型学校選択はどうはじまっているか―東京・足立区三年間の『大幅弾力化』に関する調査から考える」池上洋通・久冨善之・黒沢惟昭編『学校選択の自由化をどう考えるか』大月書店, pp.89-124.

嶺井正也・中川登志男編（2005）『選ばれる学校・選ばれない学校―公立小・中学校の学校選択制は今』八月書館

中西広大（2019）「大阪市における学力テスト結果公開と人口流入：小・中学校における学校選択制の検討から」『都市文化研究』第21号, pp. 66-79.

小川寛子（2017）「大阪市における「学校選択制」導入の有益性について：「学校選択制」がコミュニティに与える影響について」『龍谷大学大学院政策学研究』第6号, pp.15-33.

大阪維新の会（2011）「大阪秋の陣―市長選マニフェスト」(https://oneosaka
.jp/pdf/manifest01.pdf　2019年11月20日確認)

大阪市教育委員会（2012）「就学制度の改善について」(https://www.city.
osaka.lg.jp/kyoiku/page/0000192199.html　2019年11月20日確認)

佐貫浩（2010）『品川の学校で何が起こっているのか―学校選択制・小中一貫
校・教育改革フロンティアの実像』花伝社

佐野浩（2017）「大阪府における人口減少と都心回帰」『産開研論集』（大阪府
商工労働部）第29号, pp.45-50.

高田一宏（2019）「大阪・教育「改革」とせめぎ合う教育現場の「財産」: 子
どもに応える教育とは」『世界』(926), pp.129-138.

徳田剛・妻木進吾（2019）「大阪市の「都心回帰」現象の特徴―人口・世帯動
態を中心に」鰺坂学編著『さまよえる大都市・大阪―都心回帰とコミュ
ニティ』東信堂, pp.82-105.

八木寛之（2015）「「都心回帰」時代における大都市の人口移動 : 国勢調査デ
ータによる5都市の比較分析」『都市文化研究』第17号, pp.68-88.

第4章　学校・保護者・地域は学校選択制を
どのように評価しているか
—— 6区の「現状調査」の結果を総合して

1. 問題の所在

　本章の目的は、大阪市の学校選択制の現状を検証するために2020年度市の6区で実施された調査報告書（以下、「現状調査」と略称）の結果を整理し、学校・保護者・地域の選択制に関する評価に基づき、学校選択制がもたらした影響を検討することである。

　第2章で紹介したように、大阪市の学校選択制については、毎年、小・中学校の新入生の保護者に、どのような理由で学校選択制を利用したかについてアンケートが行われてきた。しかしながら、この「現状調査」は、学校選択制導入から8年が経過し、これを利用する子ども・保護者も増加する中、同制度の意義や課題についてより詳細なデータに基づき再検討しようとするものである。

　本章では、この現状調査の結果を用いて、同市の選択制導入を後押ししてきた「切磋琢磨による学校教育の改善」という政策理論について、市民や教育関係者の視点から検討してみたい。繰り返しになるが、同市の橋下徹元市長らは、かつて、旧来の教育制度では、「学校間の競争がないため、教育サービス提供の切磋琢磨がない状況」（大阪維新の会2011, p.7）にあり、その状況を打開するため学校選択制の導入が必要と主張した。また、大阪市教育委員会がまとめた「就学制度の改善について」（大阪市教育委員会2012）では、学校選択制の主なメリットとして、①子どもや保護者が意見を述べ、学校を選ぶことができる、②子どもや保護者が学校教育に深い関心を持つ、③特色ある学校づくりが進められ、学校教育の活性化が図られる、④開かれた学校づくりが進む、の4つが挙げられている（p.11）。つまり、学校選択制の導入により、保護者が学校を選べる環境をつくることで「特色ある学校づくり」など学校教育の改善を促すことが意図されたのである。

　学校が保護者から「選ばれる」状況、すなわち、疑似市場的な環境をつくりだすことが学校教育の改善につながるとの理論——本書でいうところの学校選択制の「切磋琢磨の理論」——は、国内の学校選択制導入の先進事例と

される東京都品川区（若月2008）をはじめ、多くの自治体の学校選択制導入の理由に用いられてきた。序章で説明したように、藤田英典（2000）は、自治体が学校選択制を前向きに検討するいくつかの理由の一つが、学校選択制を「学校改善の触媒」として捉える見方であるとしている。藤田によれば、この見方には「①公立学校は自己改革に消極的だが、選択制にして競争原理を導入すれば、各学校・教師も本気で学校改革に取り組まざるをえなくなり、学校の改善、特色ある学校づくりが促進されるだろうという主張」（p.56）と、「②保護者・子どもが自ら学校を選ぶことによって、学校への親近感（信頼）や積極的な構え（連帯）が醸成され、生き生きとした学校づくりが可能になるという主張」（同頁）の二つが含まれているという。ただ、これらの主張については、学校選択制の制度化で実際にそうなるという根拠に乏しく、加えて、学校選択制がもたらす可能性のある学校の序列化・格差化など、学校教育へのデメリットを検討していないことが問題点だと指摘されている。以上をふまえると、大阪市の学校選択制の現状調査は、学校選択制の導入が教育改善を導くという「切磋琢磨の理論」を検討するエビデンスの一つなるだろう。

　今回の現状調査では、学校選択制全体のアセスメントをねらいに、保護者、地域関係者、学校関係者（管理職）の三者を対象としたアンケート調査が、学校選択制の導入以降初めて実施された。この調査結果がどのように各区の制度の再検討に用いられるかは定かでない。しかし、本調査のデータは、上の三者がそもそもどのようにこの制度を捉えているかの解明につながるとともに、特に、現行の学校選択制が学校に与えている影響を知る上でも有用であると考えられる。

　今回、本章で分析対象とするのは、2020年度実施の現状調査の結果を公開した大阪市の6区（中央区、淀川区、西淀川区、旭区、此花区、住吉区）のデータである。大阪市教育委員会事務局へのヒアリング[1]によれば、この現状調査は2020年度、2021年度の2カ年で行うことになっており、残りの18区は2021年度中にこの調査を実施し、結果を公開する予定である。6区という大阪市24区の4分の1にとどまる地域の結果であるが、大阪市の学校選択制に関する現状調査のいわば「速報値」だと捉えられよう。

　ちなみに、この6区の現状調査についていえば、その実施主体が区であり、その調査結果は、各区それぞれのホームページ上で単独に報告されるにとど

まっている。そのため調査実施区全体にまたがっての包括的な結果集約は現在のところ行われていない。そこで、本章のねらいは、6区の調査結果を結合することで、市の学校選択制に関する調査結果に関して共通性のある知見を導き出すことである。

　以下、調査結果を整理・考察していくにあたり、3つの分析上の問いを設定したい。3つの問いは、それぞれ、「①保護者や地域関係者は学校選択制をどのように評価しているか」、「②保護者、地域関係者、学校関係者はそれぞれ、学校選択制の学校へのメリット（特色ある学校づくりなど）をどのように捉えているか」、「③学校関係者は学校選択制が学校にもたらす課題（子どもの通学上の安全性、児童生徒数の変動など）をどのように捉えているか」である。また、この6区というサンプルについて、その地域的背景や学校選択制の利用率など特性を明らかにすることで、結果の解釈に生かしたい。

2. 大阪市の現状調査の概要

　各区が実施した現状調査では、次のように調査方法が説明されている[2]。まず、保護者、地域関係者、学校関係者に対するアンケートであるが、その共通様式は大阪市教育委員会によって作成されており、各区がそれを対象者に配布し集計を行うという形で実施された。アンケートの作成にあたっては、学校選択制の導入の際に有識者や市民の代表を集めて行われた「熟議」、また熟議の後に大阪市教育委員会がまとめた「就学制度の改善について」の二つの内容が反映されている。すなわち、「熟議」と「就学制度の改善について」の二つの中で、学校選択制の導入により期待されたメリットや懸念された課題をふまえ、今後の大阪市の学校選択制を考える上で考慮すべき項目として、表4-1に示す9つの視点が全区共通の調査・分析の視点として設定された。上の9つの視点に基づきアンケート用紙が作成され、各区で調査対象者に配布された。保護者に対するアンケートは、2020年6月下旬に各区役所から学校を通じて、各区の2020年度新入生（小・中学校）の全保護者に用紙が配付され、7月中旬までに返信用封筒で送付する形がとられた。また、学校関係者については、区から各学校にアンケート用紙が配布され、校長もしくはその代理者が回答することとなっている。最後に、地域関係者については、その対象者や配布方法に若干の違いがある。6区のうち、淀川区、西淀川区、此花区、住吉区は、学校に関わる会議などを通じて、「地域団体の役員等に配

布し、回収」となっているが、残りの２区（中央区、旭区）では「学校協議会委員に配布し、回収」となっている⁽³⁾。このように、地域関係者は対象や配布数にばらつきが存在し、結果の解釈においてもこの点に留意する必要がある。各区のアンケートの回収数および回収率を対象者ごとにわけて整理したのが表4-2である。

表4-1．大阪市による学校選択制の現状調査の９つの視点 ⁽⁴⁾

視点①	学校選択制の満足度はどうか
視点②	子どもや保護者が意見を述べ、学校を選ぶことができているか
視点③	子どもや保護者が学校教育に深い関心を持つようになったか
視点④	特色ある学校づくりが進んだか
視点⑤	開かれた学校づくりが進んだか
視点⑥	児童生徒の通学の安全に課題が生じていないか
視点⑦	学校と地域、保護者の連携に課題が生じていないか
視点⑧	区や学校が提供する情報ではなく、風評等による学校の選択がなされていないか
視点⑨	学校選択制による児童生徒数の増減で、教育的課題が生じていないか

表4-2．現状調査（アンケート）の回収状況

	中央区	淀川区	西淀川区	旭区	此花区	住吉区
小学校 保護者 (2020年度１年生)	388(59.4%)	712(59.7%)	378(52.6%)	300(48.8%)	243(45.9%)	625(55.5%)
中学校 保護者 (2020年度１年生)	181(48.0%)	500(44.6%)	301(42.0%)	254(42.3%)	207(46.1%)	487(45.8%)
地域関係者	10(100%)	16(88.9%)	20(64.5%)	60(72.3%)	38(48.1%)	16(72.7%)
学校関係者(小学校)	7	17	13	14	11	14
学校関係者(中学校)	3	6	4	4	11	8

※ちなみに、本表およびその後の表4-4〜表4-17は、注記がない限り全て６区の学校現状調査の調査報告書（出展情報は文末の引用文献リストを参照）に掲載のデータを筆者が整理し作成したものである。

3．市の学校選択制と６区の状況

今回、調査結果を扱う６区について、その学校選択制の実施状況や地域的背景についてみておく。これまでの大阪市における区別の学校選択制の実施状況については、第２章および第３章でもふれたので、そこでの情報も改めて参照してもらいたい。

表4-3. 6区の学校の概要と学校選択制の利用状況

	中央区		淀川区		西淀川区		旭区		此花区		住吉区		大阪市全体	
	小学校	中学校	小学校	中学校	小学校	中学校	小学校	中学校	小学校	中学校	小学校	中学校	小学校	中学校
学校数	7	3	17	6	13	4	10	4	8	4	14	8	288	130
児童・生徒数	3358	1049	6974	3174	4522	2240	3717	1720	3109	1491	6660	3142	114570	51193
学校選択制の仕組み	自由	自由	自由	自由	隣接	自由	隣接区域	隣接区域	自由	自由	自由	自由		
学校選択制利用率 (2014年度)	4.4	1.0	5.1	2.9	4.8	0.8	3.4	3.3	4.1	2.9	7.3	5.4	5.2	3.0
学校選択制利用率 (2020年度)	8.3	2.5	12.2	5.1	10.0	4.3	10.3	9.4	21.7	6.2	15.3	10.8	9.0	6.0
大阪市における地域区分 [5]	都心部		北東		西部臨海部		北東部		西部臨海部		南部		–	
都心回帰下の児童生徒数の変化 [6]	増加		維持		維持		減少		減少		減少		–	

※各種の公開資料をもとに筆者作成。学校数および児童生徒数は『大阪市における学校の概況（令和2年度学校基本調査）』に基づき、2020年5月1日での値となっている。

　今回扱う6区は全て2014年度に小中学校ともに学校選択制を導入しており、2020年度は同制度の実施7年目にあたる。また、学校選択制の仕組みにはいくつかパターンがあるが、西淀川区の小学校と旭区の小・中学校が隣接区域制（隣接する校区の学校から選択が可能）を取っているのを除けば、すべて自由選択制（区内すべての学校から選択が可能）となっている。

　表4-3が示すように、どの区も学校選択制の利用率が導入当初に比べて増加しており、同制度が保護者に浸透しつつあることがわかる。また、小学校でみると、中央区をのぞく5区は、学校選択制の利用率が大阪市全体のそれ（9.0%）よりも高く、選択制の利用が活発であることがわかる。特に、此花区の21.7%は、大阪市内で最も高い。また、中学校では旭区、此花区、住吉区は大阪市全体の利用率（6.0%）を上回っており、特に、住吉区の10.8%という値は24区の中で、港区（13.3%）、西成区（15.5%）に次いで3番目に高い値となっている。第3章で見たように、旭区、此花区、住吉区のような、児童生徒数が減少傾向にある区は、学校の空き教室が比較的多くあり選択制の「受け入れ枠」が十分にあることが選択制を活発に機能させる環境要因になって

いることを指摘している。

　以上のような区ごとの学校選択制の実施状況や地域的背景も念頭におきながら、以下では、6区の調査結果をまとめ分析を行いたい。

4．アンケート調査結果の分析結果
（1）保護者や地域関係者の学校選択制に対する総合的な評価

　本項では、まず、表4-1の視点①に基づくアンケート結果（保護者・地域関係者）から、学校選択制全体に対する総合的な評価（満足度）について扱う。

　表4-4では、「学校選択制は、大阪市の子どもや保護者、大阪市の学校教育にとって良い制度だと思いますか」という質問に対する、小・中学校の保護者の回答結果をまとめている。表では結果を、子どもの就学の際に学校選択制を利用しなかった保護者（＝非利用と表記）と利用した保護者（＝利用と表記）に分けて示した。ちなみに、前述のように、表中の「保護者」は、調査対象となった各区の「2020年度の各区の小・中学校の新1年生保護者」を意味している。

表4-4.「学校選択制は、大阪市の子どもや保護者、大阪市の学校教育にとって良い制度だと思いますか」回答結果（保護者）[7]

（小学校保護者）	中央区		淀川区		西淀川区		旭区		此花区		住吉区	
	非利用	利用	非利用	利用	非利用	利用	非利用	利用	非利用	利用	非利用	利用
①そう思う	31.8	81.3	31.4	58.8	30.7	80.0	32.9	60.5	38.1	75.9	39.1	63.3
②どちらかと言えばそう思う	39.3	9.4	36.8	28.2	40.5	17.5	36.2	26.3	35.8	17.2	38.1	19.3
③どちらでもない	20.6	6.3	20.6	9.4	19.0	0.0	19.1	5.3	19.9	3.4	15.7	11.9
④どちらかと言えばそう思わない	4.6	3.1	5.5	0.0	5.5	2.5	4.5	0.0	2.8	1.7	3.8	0.9
⑤そう思わない	3.4	0.0	4.0	1.2	3.4	0.0	4.9	2.6	3.4	1.7	3.3	4.6
（中学校保護者）	中央区		淀川区		西淀川区		旭区		此花区		住吉区	
	非利用	利用	非利用	利用	非利用	利用	非利用	利用	非利用	利用	非利用	利用
①そう思う	33.9	80.0	31.7	84.6	33.5	73.3	23.5	48.5	30.1	58.8	36.3	70.4
②どちらかと言えばそう思う	38.2	0.0	41.4	11.5	36.0	13.3	39.6	18.2	45.5	23.5	36.8	25.9
③どちらでもない	14.5	20.0	17.9	0.0	17.6	6.7	19.8	12.1	17.6	17.6	18.6	3.7
④どちらかと言えばそう思わない	4.8	0.0	3.7	0.0	4.0	0.0	4.1	6.1	2.3	0.0	5.6	0.0
⑤そう思わない	6.1	0.0	4.2	0.0	4.4	0.0	5.1	3.0	4.5	0.0	2.7	0.0

144

　まず、表4-4の結果（小中学校・保護者）でどの区でも共通している点は、
「良い制度だと思いますか」に対する「そう思う」の回答％が、選択制の利用
者の方が非利用者に比べ顕著に高いことである。ただ、学校選択制を利用し
なかった保護者においても「そう思う」「どちらかと言えばそう思う」を合計
した回答％は、6区全ての小・中において60％を超えている。一方で、「どち
らかと言えばそう思わない」「そう思わない」という否定的な回答の合計％は、
学校選択制を利用しなかった保護者においても、中央区の中学校の10.9％が最
も高く、それ以外の区では小・中学校ともに1割未満にとどまっている。以
上の結果を総合すると、回答した保護者の大半が学校選択制を「良い制度」
であると認識していることがわかる。また、本章では紙幅の都合上割愛する
が、「学校選択制によって、子どもや保護者が意見を述べ、学校を選ぶことが
できていると思いますか」という質問に対しても、各区の保護者の回答傾向
は表4-4とほぼ同様であり、肯定的な回答の％が小・中ともに概ね半数以上
を占めていた。

表4-5. 「学校選択制は、大阪市の子どもや保護者、大阪市の学校教育にとって
　　　　良い制度だと思いますか」回答結果（地域関係者）

	中央区	淀川区	西淀川区	旭区	此花区	住吉区
①そう思う	20.0	6.3	20.0	16.7	28.9	0.0
②どちらかと言えばそう思う	0.0	18.8	15.0	28.3	52.6	43.8
③どちらでもない	60.0	18.8	10.0	15.0	13.2	31.3
④どちらかと言えばそう思わない	20.0	25.0	15.0	23.3	5.3	12.5
⑤そう思わない	0.0	31.3	35.0	13.3	0.0	12.5

　保護者の結果とは対照的に、地域関係者の回答結果（表4-5）は区により
かなりのばらつきがある。例えば、此花区の地域関係者では「そう思う」「ど
ちらかと言えばそう思う」を合計した回答の割合が8割を超えている。一方
で、淀川区では「どちらかと言えばそう思わない」「そう思わない」を合計す
ると56.3％と半数をこえている。各区における学校・子どもと地域の関係性や
連携上の課題などもあり、学校選択制に対して賛否の評価が分かれていると
言えよう。

（2）学校選択制の学校に対するメリットの評価

　次に、学校選択制の導入が生み出すと期待されていた「メリット」に関す
る部分についてみていく。これは、表4-1の視点③〜⑤の部分にあたる。

　まず、学校選択制の導入によって、「子ども・保護者の学校教育への関心が高まる」というメリットについての評価である。表4-6は「学校選択制によって、子どもや保護者が学校教育に深い関心を持つようになったと思いますか」という質問に対する保護者の回答結果を示している。表4-4と同様に、選択制の利用者の方が非利用者に比べ肯定的な回答を行う傾向がみられるものの、どの区でも小・中ともに、肯定的な回答（「思う」＋「どちらかと言えばそう思う」）の割合がおおむね過半数を占めている。一方で、否定的な回答（「どちらかと言えば思わない」＋「思わない」）の％はどの区でも小さい。ただ、どの区においても「非利用」の保護者で「わからない」という回答が2割程度あることは注目したい。

表4-6.「学校選択制によって、子どもや保護者が学校教育に深い関心を
　　　 持つようになったと思いますか」回答結果（保護者）

（小学校保護者）	中央区		淀川区		西淀川区		旭区		此花区		住吉区	
	非利用	利用	非利用	利用	非利用	利用	非利用	利用	非利用	利用	非利用	利用
①思う	17.5	40.6	14.5	22.4	12.9	30.0	19.5	23.7	16.6	28.8	20.5	38.5
②どちらかと言えばそう思う	45.6	50.0	43.3	45.9	42.6	37.5	40.7	50.0	45.7	59.3	44.7	31.2
③どちらかと言えば思わない	8.9	0.0	11.0	9.4	9.8	5.0	5.7	10.5	11.4	3.4	8.1	11.0
④思わない	4.9	3.1	6.5	0.0	6.7	2.5	7.7	0.0	5.1	3.4	6.3	4.6
⑤わからない	22.9	6.3	23.5	18.8	27.3	25.0	23.6	10.5	21.1	5.1	20.5	14.7

（中学校保護者）	中央区		淀川区		西淀川区		旭区		此花区		住吉区	
	非利用	利用	非利用	利用	非利用	利用	非利用	利用	非利用	利用	非利用	利用
①思う	13.3	40.0	9.8	46.2	7.0	26.7	12.0	18.2	10.8	35.3	11.6	25.5
②どちらかと言えばそう思う	43.0	60.0	41.8	38.5	44.1	53.3	34.6	42.4	46.0	52.9	52.9	50.9
③どちらかと言えば思わない	12.7	0.0	14.2	3.8	12.5	0.0	13.4	3.0	11.9	11.8	12.8	10.9
④思わない	6.7	0.0	8.5	7.7	7.4	0.0	6.9	9.1	7.4	0.0	5.6	3.6
⑤わからない	21.8	0.0	24.3	3.8	25.0	13.3	25.8	12.1	23.9	0.0	17.1	9.1

表4-7. 「学校選択制によって、子どもや保護者が学校教育に深い関心を
　　　持つようになったと思いますか」回答結果（学校関係者）

	中央区		淀川区		西淀川区		旭区		此花区		住吉区	
	小	中	小	中	小	中	小	中	小	中	小	中
①思う	14.3	0.0	11.8	0.0	15.4	25.0	0.0	0.0	0.0	0.0	21.4	0.0
②どちらかと言えば思う	0.0	0.0	17.6	50.0	23.1	25.0	30.0	25.0	50.0	0.0	42.9	25.0
③どちらでもない	85.7	100	58.8	50.0	61.5	50.0	50.0	75.0	37.5	66.7	28.6	62.5
④どちらかと言えば思わない	0.0	0.0	5.9	0.0	0.0	0.0	10.0	0.0	12.5	33.3	0.0	0.0
⑤思わない	0.0	0.0	5.9	0.0	0.0	0.0	10.0	0.0	0.0	0.0	7.1	12.5

　このように、保護者では、学校選択制の導入により学校教育への関心が深
まったという評価が強い一方、学校関係者の回答結果（表4-7を参照）は冷
ややかである。西淀川区など、一部の区の小・中学校の関係者で肯定的な回
答を選ぶ回答者がみられるが、全体としては「どちらでもない」の回答％が
最も高くなっている。筆者なりの解釈としては、学校選択に際して、保護
者・子どもが区内の学校の情報を調べたり、家庭の内外で話したりするなど、
学校に関心をもつきっかけが生じていることは事実だが、それ以上に、学校
教育への「関心」が深まったかといえば、判断が難しいというところであろ
う。

　続いて、アンケート中では、学校選択制に期待された「開かれた学校づく
り」に関するメリット（視点⑤）について、「学校における保護者や地域住民
の参加が進むような取り組み（授業参観、学校公開など）が充実してきたと
思いますか」という質問で保護者、地域関係者、学校関係者に尋ねている
（表4-8～10を参照）。この設問については、「開かれた学校づくり」の内容を
狭く捉えているように見える点で質問項目自体の妥当性に問題があると筆者
は考えているが (8)、ここでは、そうした問題があることを踏まえた上で、回
答結果を解釈したい。

　まず、前述の「開かれた学校づくり」の質問に対する保護者の回答結果
（表4-8）であるが、ここまでの結果と同様に選択制の利用者の方が非利用者
よりも肯定的な回答を選択する傾向が見られる。ただ、全体として、肯定的
回答と否定的回答の双方がどの区の保護者にも一定の割合で存在しており、
賛否が分かれていると言える。また、地域関係者も区や小・中の違いにより
回答傾向にばらつきがあり、「どちらでもない」や「思わない」の％がやや高

くなっている（表4-9）。最後に、学校関係者の回答（表4-10）では、「どちらでもない」の回答％が全ての区において小・中ともに最も高くなっている。この結果から推察すると、学校側の見方としては、選択制の導入により学校の情報公開等はある程度活発になったものの、実質的に「開かれた学校づくり」が進んだとの印象は持ち得ていないと考えられる。

表4-8. 「学校選択制によって、学校における保護者や地域住民の参加が進むような取り組み（授業参観、学校公開など）が充実してきたと思いますか」回答結果（中学校保護者）

	中央区		淀川区		西淀川区		旭区		此花区		住吉区	
	非利用	利用	非利用	利用	非利用	利用	非利用	利用	非利用	利用	非利用	利用
①そう思う	7.9	0.0	6.6	11.5	5.5	20.0	3.2	3.0	5.1	17.6	4.6	5.6
②どちらかと言えばそう思う	26.7	40.0	27.8	38.5	29.8	60.0	23.0	33.3	21.7	41.2	27.7	31.5
③どちらでもない	14.5	20.0	20.1	26.9	14.3	0.0	15.2	9.1	22.9	11.8	9.7	20.3
④どちらかと言えばそう思わない	13.3	20.0	10.1	0.0	9.6	0.0	12.0	18.2	12.0	11.8	12.7	5.6
⑤そう思わない	35.2	20.0	33.9	19.2	36.0	13.3	39.6	24.2	38.3	17.6	35.3	37.0

表4-9. 「学校選択制によって、あなたの地域の学校における保護者や地域住民の参加が進むような取り組み（授業参観、学校公開など）が充実してきたと思いますか」回答結果（地域関係者）

	中央区		淀川区		西淀川区		旭区		此花区		住吉区	
	小	中	小	中	小	中	小	中	小	中	小	中
①思う	14.3	0.0	0.0	0.0	20.0	20.0	18.3	13.3	15.8	3.1	25.0	25.0
②どちらかと言えばそう思う	0.0	0.0	37.5	25.0	40.0	20.0	35.0	33.3	13.2	12.5	41.7	16.7
③どちらでもない	28.6	33.3	31.3	25.0	5.0	0.0	16.7	11.7	23.7	21.9	0.0	8.3
④どちらかと言えばそう思わない	14.3	33.3	25.0	31.3	15.0	15.0	18.3	15.0	15.8	15.6	25.0	8.3
⑤思わない	42.9	33.3	6.3	18.8	20.0	30.0	10.0	21.7	31.6	46.9	8.3	41.7

表4-10. 「学校選択制によって、あなたの学校における保護者や地域住民の参加が進むような取り組み（授業参観、学校公開など）が充実してきたと思いますか」回答結果（学校関係者）

	中央区		淀川区		西淀川区		旭区		此花区		住吉区	
	小	中	小	中	小	中	小	中	小	中	小	中
①思う	0.0	0.0	11.8	0.0	0.0	0.0	0.0	0.0	0.0	0.0	0.0	0.0
②どちらかと言えばそう思う	14.3	0.0	5.9	33.3	15.4	25.0	20.0	25.0	0.0	0.0	21.4	12.5
③どちらでもない	71.4	100	58.8	66.7	76.9	75.0	70.0	75.0	66.7	42.9	50.0	62.5
④どちらかと言えばそう思わない	14.3	0.0	17.6	0.0	0.0	0.0	0.0	0.0	33.3	42.9	14.3	0.0
⑤思わない	0.0	0.0	5.9	0.0	0.0	0.0	10.0	0.0	0.0	14.3	14.3	25.0

148

続いて、「特色ある学校づくり」についてである。表4-11は「学校選択制によって、特色ある学校づくりが進んだと思いますか」という質問に対する中学校の保護者の回答結果である（一定のスパンで学校の変化を知っていることが前提となっているためか、質問の対象が中学校保護者に限られている）。結果をみると、学校選択制の利用者の保護者が非利用者に比べて肯定的な回答をする傾向が改めて確認される。しかし、ここでも保護者の回答にかなりのばらつきがみられる。比較的どの区でも回答％が高いのが「どちらかと言えば思う」の項目であるが、それと同程度に「わからない」という回答や、否定的回答（「どちらかと言えば思わない」「思わない」）の割合も大きい。

表4-11.「学校選択制によって、特色ある学校づくりが進んだと思いますか」に対する回答結果（中学校保護者）

| | 中央区 | | 淀川区 | | 西淀川区 | | 旭区 | | 此花区 | | 住吉区 | |
	非利用	利用	非利用	利用	非利用	利用	非利用	利用	非利用	利用	非利用	利用
①思う	7.3	0.0	5.9	15.4	6.3	13.3	3.2	6.1	4.0	23.5	6.5	11.1
②どちらかと言えば思う	21.8	60.0	25.2	30.8	26.8	40.0	22.1	39.4	27.7	41.2	28.6	33.3
③どちらかと言えば思わない	15.8	0.0	19.9	26.9	16.2	13.3	18.9	6.1	22.0	11.8	21.8	22.2
④思わない	15.2	20.0	12.0	11.5	11.4	6.7	13.8	12.1	14.7	0.0	9.0	7.4
⑤わからない	37.6	20.0	35.7	15.4	35.7	20.0	35.0	24.2	31.6	23.5	34.1	25.9

表4-12.「学校選択制によって、あなたの学校における特色ある学校づくりが進んだと思いますか」に対する回答結果（学校関係者）

| | 中央区 | | 淀川区 | | 西淀川区 | | 旭区 | | 此花区 | | 住吉区 | |
	小	中	小	中	小	中	小	中	小	中	小	中
①思う	0.0	0.0	5.9	0.0	7.7	0.0	10.0	0.0	0.0	0.0	7.1	0.0
②どちらかと言えば思う	14.3	0.0	11.8	33.3	23.1	50.0	10.0	25.0	25.0	0.0	8.6	0.0
③どちらかと言えば思わない	71.4	100	58.8	66.7	69.2	50.0	50.0	75.0	50.0	66.7	42.9	75.0
④思わない	14.3	0.0	11.8	0.0	0.0	0.0	20.0	0.0	12.5	33.3	0.0	0.0
⑤わからない	0.0	0.0	11.8	0.0	0.0	0.0	10.0	0.0	12.5	0.0	21.4	25.0

一方で、表4-12の学校関係者の回答では、全体として「どちらかと言えば思わない」を選択している回答％がどの区でも小・中ともに最も高い。また、筆者が回答結果から回答の件数を算出したところ、6区の学校関係者において、表4-12の質問に対する回答は「思う」が4件、「どちらかと言えば思う」が18件、「どちらかと言えば思わない」が59件、「思わない」が7件、「わからない」が9件となった。つまり、上の質問に対しては、学校関係者において

否定的な回答が過半数を占めているという結果であり、学校現場において、学校選択制導入の影響として「特色ある学校づくり」が進んでいるとの認識が得られていないと考えられる。

（3）学校選択制が学校教育にもたらす課題の評価
① 通学上の安全

　次に、学校選択制が学校教育にもたらす課題（視点⑥〜⑨）についてみていきたい。まず、視点⑥の「通学上の安全」についてである。表4-13は、「あなたのお子さんの通学の安全に課題が生じていると思いますか」という質問に対する保護者の回答結果を表している。「課題がある」との保護者の解答は、小学校では6区でそれぞれ2割〜4割、中学校では1割〜3割を占めている。この結果で注目したい点は、「課題がある」の回答％における学校選択制の利用者／非利用者の違いがそれほど顕著でないことである。この結果からは、「家からの距離が近い」という理由で選択制を利用して子どもを就学させた保護者の中には、通学の安全が高まったと感じる保護者もいることが推察される。

表4-13.「あなたのお子さんの通学の安全に課題が生じていると思いますか」に対する回答結果（保護者）

（小学校保護者）	中央区		淀川区		西淀川区		旭区		此花区		住吉区	
	非利用	利用	非利用	利用	非利用	利用	非利用	利用	非利用	利用	非利用	利用
①課題がある	32.1	46.9	22.6	29.4	25.5	32.5	24.0	23.7	32.8	31.0	31.1	30.8
②課題はない	38.7	34.4	42.4	28.2	41.7	32.5	41.9	44.7	33.3	37.9	36.6	32.7
③わからない	24.6	6.3	30.0	35.3	29.8	35.0	30.5	31.6	33.9	31.0	32.2	36.5

（中学校保護者）	中央区		淀川区		西淀川区		旭区		此花区		住吉区	
	非利用	利用	非利用	利用	非利用	利用	非利用	利用	非利用	利用	非利用	利用
①課題がある	11.5	20.0	14.0	11.5	12.1	7.7	12.4	12.1	17.1	35.3	14.3	3.9
②課題はない	63.0	60.0	46.2	65.4	51.5	38.5	55.8	51.5	52.6	35.3	57.9	52.9
③わからない	20.6	20.0	34.4	15.4	33.8	46.2	28.6	33.4	30.3	29.4	27.8	43.1

表4-14.「あなたの学校において、学校選択制により、通学の安全に課題が
　　　　生じていますか」に対する回答結果（学校関係者）

	中央区		淀川区		西淀川区		旭区		此花区		住吉区	
	小	中	小	中	小	中	小	中	小	中	小	中
①課題はある	71.4	33.3	52.9	16.7	38.5	25.0	40.0	75.0	75.0	66.7	78.6	0.0
②課題はない	28.6	66.7	41.2	83.3	53.8	75.0	60.0	25.0	25.0	33.3	21.4	100

　一方で、「あなたの学校において、学校選択制により、通学の安全に課題が
生じていますか」という質問に対する学校関係者の回答（表4-14）では、特
に小学校のほうで「課題がある」と答えている割合が大きい。また、一部の
区、特に旭区や此花区は、中学校でも通学の安全上「課題がある」という回
答％が高くなっている。

　この項目についての自由記述の回答（学校関係者）も見てみた。例えば、
その回答には、「校区外から通学（電車通学も含む）している児童がおり、距
離もあり、時間もかかり、その分だけリスクが高くなる」（此花区）、「通学地
域が広がり、地区別下校班の班編成が難しい」（住吉区）、「（災害時など）緊
急事態が起こった時、登下校が心配である」（淀川区）などが含まれている。
これらの回答から、学校選択制の導入によって、児童生徒の通学の安全確保
に関する学校側のリスクと責任が少なからず増している状況がうかがえる。

② 学校と地域の連携

　続いて、「学校と地域の連携」についてである。これについては、地域関係
者に対して「学校選択制の導入により、あなたの地域における学校と地域の
連携にどのような影響がありましたか」という質問で尋ねられている。紙幅
の都合上、表は割愛するが、全ての区で6割以上の地域関係者が「特に変わ
らない」と回答する結果となった。他方で、「連携がよくなった」あるいは
「悪くなった」という回答も各区でそれぞれ1割前後見られたが、そうした回
答は少数に留まっている。つまり、地域関係者の回答においては、選択制の
導入が「学校と地域の連携」にそれほど影響を与えていないとの見方が強い
と言える。

　一方、同じ質問に対する学校関係者の回答では、淀川区で1件「連携がよ
くなった」との回答があるのを除けば、各区の小・中の学校関係者の60％～
100％が「特に変わらない」を選択している。加えて、一部「連携が悪くなっ
た」という回答も旭区、此花区、住吉区において確認された。これらの区の

自由記述の回答をいくつかピックアップすると、「PTAと地域の連携において、通学区域外の保護者や子どもはかかわりにくい」「町会ごとに組織されている見守り隊等の地域組織と児童、保護者との繋がりが希薄になった」といったものがある。

③学校選択における風評等の影響

表4-15. 大阪市では、学校案内や学校説明会、学校公開等において、各校の情報を提供しています。あなたや他の方も含め、風評（うわさ）等による学校の選択が行われていると思いますか。（保護者）

(小学校保護者)	中央区		淀川区		西淀川区		旭区		此花区		住吉区	
	非利用	利用	非利用	利用	非利用	利用	非利用	利用	非利用	利用	非利用	利用
①思う	12.0	12.5	11.8	11.8	11.0	12.5	14.6	23.7	21.7	25.9	16.8	18.3
②どちらかと言えば思う	21.5	15.6	21.3	18.8	14.7	10.0	22.4	21.1	25.7	13.8	23.1	34.9
③どちらかと言えば思わない	17.8	15.6	17.5	22.4	19.3	20.0	17.1	23.7	17.7	15.5	15.1	13.8
④思わない	8.9	9.4	8.8	14.1	9.2	20.0	7.7	7.9	5.1	10.3	7.2	5.5
⑤わからない	34.7	37.5	36.8	27.1	42.9	37.5	35.0	23.7	29.7	34.5	37.8	27.5

(中学校保護者)	中央区		淀川区		西淀川区		旭区		此花区		住吉区	
	非利用	利用	非利用	利用	非利用	利用	非利用	利用	利用	非利用	利用	非利用
①思う	7.3	0.0	6.1	23.1	8.8	13.3	8.8	18.2	14.8	6.3	15.0	16.0
②どちらかと言えば思う	12.7	0.0	18.2	19.2	22.1	13.3	23.0	21.2	26.7	25.0	28.0	24.0
③どちらかと言えば思わない	27.9	80.0	27.8	30.8	24.6	20.0	26.3	27.3	21.6	18.8	24.3	36.0
④思わない	18.2	20.0	9.6	15.4	6.3	13.3	9.2	12.1	9.1	25.0	8.8	2.0
⑤わからない	29.1	0.0	32.4	3.8	35.7	33.3	27.6	18.2	27.8	25.0	24.0	22.0

　次に、学校選択における風評等の影響である。「あなたや他の方も含め、風評（うわさ）等による学校の選択が行われていると思いますか」に対する保護者の回答結果（表4-15）では「わからない」という回答の割合が大きい。一方で、選択制の利用の有無に関わらず、「思う」や「どちらかと言えば思う」の回答％もそれなりに大きい。学校選択において、保護者間の会話やインターネット、SNS等で広がる風評が一定の影響力をもっていると推察される。

　また、学校関係者の回答結果（表4-16）においても、6区中4区で「風評等による影響がある」との回答が確認され、特に都心部に位置する中央区の小学校では57.1％（7校中4校と推定）でそのような回答がみられる。

表4-16. 区や学校が提供する情報ではない風評（うわさ）等による学校選択
によって、あなたの学校に影響がありますか。（学校関係者）

	中央区		淀川区		西淀川区		旭区		此花区		住吉区	
	小	中	小	中	小	中	小	中	小	中	小	中
①風評等による影響がある	57.1	0.0	23.5	0.0	0.0	0.0	0.0	0.0	25.0	33.3	28.6	12.5
②風評等による影響はない	28.6	66.7	41.2	33.3	46.2	50.0	50.0	25.0	25.0	33.3	14.3	62.5
③わからない	14.3	33.3	35.3	66.7	53.8	50.0	50.0	75.0	50.0	33.3	57.1	25.0

　風評の具体的な内容について学校関係者の自由記述回答を見てみると、「い
じめや学級の崩壊のうわさ」「外国人が多く、授業が進まない」「教室の質、
校則の厳しさ」「何年か前に荒れていた」「学力や環境、先生の様子」などが
挙げられている。また、「風評等による影響」の具体例については「昔の悪い
噂がインターネット上に削除されずに残っている」「一部の保護者間の噂が
SNSで短時間に広まる」「通学区域内で入学予定の子どもに関する噂で、多く
の子どもが通学区域外の学校を選択したことがある」などが報告されている。

④学校選択制による児童生徒数の増減による教育的課題

　最後に、学校選択制による児童・生徒数の増減が学校にもたらす影響であ
る。これについては学校関係者のみが調査対象となっており、「学校選択制に
よる児童・生徒の増減によって、あなたの学校に教育的課題が生じています
か」という質問で尋ねられている。表4-17はその回答結果を示している。

表4-17. 学校選択制による児童・生徒の増減によって、あなたの学校に
教育的課題が生じていますか。（学校関係者）

	中央区		淀川区		西淀川区		旭区		此花区		住吉区	
	小	中	小	中	小	中	小	中	小	中	小	中
①学校選択制による児童・生徒の増によって課題が生じている	14.3	33.3	23.5	33.3	7.7	0.0	40.0	25.0	50.0	0.0	36.4	37.5
②学校選択制による児童・生徒の減によって課題が生じている	0.0	33.3	11.8	33.3	23.1	0.0	20.0	25.0	12.5	66.7	27.3	0.0
③課題は生じていない	85.7	33.3	64.7	33.3	69.2	100	40.0	50.0	37.5	33.3	36.4	62.5

　「課題は生じていない」の回答％が高い区もあるが、多くの区では、学校選
択制を経由した児童・生徒の増加によって課題が生じている学校と、減少に

よって課題が生じている学校の双方が一定の割合で存在している。これらの課題は特に学校選択制のデメリットとも考えられるが、以下、自由記述回答として挙げられているものをいくつかピックアップした。

(児童・生徒数の増加・減少ともに生じている課題)
・入学者数の確定時期が遅すぎるので新入生受け入れ準備が遅れる。
(増加によって生じている課題)
・学校選択制によって、校区外小学校から数人しか来ない生徒について、中学校もできるだけ小中連携するが、つかみきれない情報がある。地域からの情報が上がってこないことで、生徒指導に影響を及ぼすことが複数ある。
・他校区から通学する児童の安全確保や家庭訪問の問題がある。
・学校選択制による児童の増により、教室の不足が毎年課題になっている。
・支援を要する子どもの人数が増え、人手が不足している。
・学校選択制を利用した特別支援学級への希望者が増加傾向にあるように思う。
・災害等の緊急時の下校（集団下校）が難しい。
・放課後や休日などに校区を越えて広範囲を移動して遊ぶ児童が増えている。
(減少によって生じている課題)
・毎年、学級数減少を危惧する状態が続いている。
・通学区域からの入学者が少なく、単学級になる可能性がある。
・単学級の学年が増加傾向にある。
・年度によっては、ぎりぎり2学級編成の新1年生が、選択制によって人数が減り、単学級になるという状況があった。人数の多い学校の方がクラス替えがあり、人間関係で課題が生じてもクラス替えで解消されると考える親が多く見られる。
・部活動数（文化部・運動部とも）が減少する。

　以上から、学校選択制において、児童・生徒数が増える学校、減っている学校の双方で、それぞれに学校運営や児童・生徒の指導に関する様々な課題が生じていることがうかがえる。

154

5．考察
（1）知見のまとめ
　まず、6区の現状調査の結果について、本章の冒頭に立てた3つの分析上の問いに従って知見を整理し考察を行いたい。

①保護者や地域関係者は学校選択制をどのように評価しているか
　今回扱った6区の現状調査からは、大阪市の現行の学校選択制を肯定的に評価する保護者の割合が高いことがわかった。また、学校選択制を利用した保護者とそうでない保護者を比べると、前者のほうが、この制度の恩恵を受けていることを反映してか、学校選択制の意義をより肯定的に評価する傾向がみられる。同様の傾向は、学校選択制をきっかけとした学校教育に対する「関心の高まり」についての評価などでも確認された。一方で、地域関係者の同制度に対する回答は、保護者ほど肯定的ではなく、賛否にばらつきがある結果となった。

②保護者、地域関係者、学校関係者はそれぞれ、学校選択制の学校への
###　 メリット（特色ある学校づくりなど）をどのように捉えているか
　「学校に対する関心の高まり」「開かれた学校づくり」や「特色ある学校づくり」については、それが進んだとする回答％が保護者、地域でそれなりに大きいものの、「どちらでもない」や否定的な回答も一定の割合で存在し、区によってもばらつきがある。他方で、学校関係者の回答では、「開かれた学校づくり」や「特色ある学校づくり」について「特に変わらない」と回答する％が高く、学校選択制のメリットとしてそれが実現されているとは言い難い状況である。

③学校関係者は学校選択制が学校にもたらす課題（子どもの通学上の
###　 安全性、児童生徒数の変動など）をどのように捉えているか
　「学校と地域の連携」「子どもの通学上の安全」「学校選択における風評の影響」「児童生徒数の増減の影響」の4つについて6区の回答結果を整理した。「学校と地域の連携」については大きな変化がないとする回答が多い。他方で「子どもの通学上の安全」について懸念する回答が、小学校、中学校ともに一定数存在しており、特に、旧来の通学区域外から通う児童・生徒の安全確保

をどうすればよいのか、学校側が捉えるリスクがやや広がったと考えられる。また、「風評の影響がある」とする学校関係者の回答も一定数存在し、学校の現状や背景、子どもの情報について保護者の間に伝わる情報が一定の影響力をもっていると推察される。最後に、学校選択制を経由した「児童・生徒数の増減の課題」については「生じている」との回答も少なからず存在し、学校関係者の自由記述回答では、児童・生徒数がなかなか決まらないことによる次年度の体制づくりの遅れや、教室不足、学級や部活動の数の減少のような多様な問題が報告されている。

（2）考察と今後の課題

　本章の分析は（本書執筆のスケジュール上）大阪市24区中6区の結果にとどまっているという制約のほか、扱えなかったアンケート項目も若干あるが[9]、学校選択制についての保護者、地域関係者、学校関係者（教員）の評価の特徴を概ね把握することができた。以下、本章の分析からの知見を総括したい。

　まず、大阪市の学校選択制は保護者にとっての子どもの就学・通学に関する利便性を向上させており、同制度自体は保護者におおむね満足感をもって迎えられているように見える。また、地域関係者も、特に、学校と地域の共催による行事の運営などに目立った支障をきたしていないことから、保護者が学校を選べるというこの制度を受容しつつある区も見られる。

　このように、特に保護者の利便性や満足度の向上を生み出していると考えられる反面、この学校選択制を実質的に運用している側の学校は、そのコスト（代償）が小さくないといえる。より幅広い地域からの児童・生徒を受け入れるようになったことで、通学の安全のリスクと責任が大きくなり、緊急時に登下校の安全確保などが具体的な課題として捉えられている。加えて、小中連携や地域連携における子どもの情報共有の難しさなども指導上の課題として報告されている。

　また、児童・生徒数の増減が大きい学校においては、学校の教室運用の難しさ、次年度の体制づくりの遅れ、学級数の減少や部活動の減少など、様々な学校運営上の課題が生じている。同時に、保護者の学校選択における風評の影響を指摘する学校関係者の回答も少なからず見られ、学校の懸念が増している。

　第3章で示したように、都心回帰下で学校選択制が活発になっているのは

156

児童・生徒数の減少が著しい区であり、それらは同時に、社会経済的背景が厳しい区である。そうした区では、経済的背景が厳しい児童・生徒の学習や生活を支える「貧困対策のプラットフォーム」としての学校の役割が期待される（例えば、山野2018）。しかし、それらの区で、上のような学校選択制による児童・生徒数の増減による課題が多く生じる状況があるとすれば、「プラットフォーム」としての学校の多様な機能を妨げることになりはしないだろうか。少なくとも、旧来の校区よりも広範囲の地域から児童・生徒が就学することで、その支援・教育に関わる小・中学校と行政、地域組織の情報共有や連携はより複雑化しつつあると言える。

　端的にいえば、上のような保護者の学校に対する関心や満足度の向上のコストとして、これらの学校選択制の運用に関わる課題が生じていると言え、学校側としては、選択制の導入以前にはなかった配慮や対応が追加されている。

　もし、そのようなコストの見返りとして、学校側に相応のメリットがあるのならば、学校選択制は、保護者側と学校側とでwin-winの関係を築く制度になりえるだろう。しかし、今回の調査結果では学校選択制による学校側のメリットは明確にはなっていない。学校関係者の回答結果を見る限り、「開かれた学校づくり」や「特色ある学校づくり」の観点でいえば、実質的にそれが進んだという評価に乏しく、むしろ、あまり変わっていないという評価が多数を占めていた。

　本章冒頭で述べたように、学校選択制の導入が、学校自体が「選ばれる」環境を構築することで教員の意識改革を進め、「特色ある学校づくり」など教育改善を促すという見解が、選択制を後押しする政策理論の核となってきた。大阪市においても、学校選択制が学校間に「切磋琢磨」を生むとの考え方がこの制度の実現を後押しした。しかし、そうした教育改善に関わる実質的なメリットが乏しく、逆に、学校運営が直面する課題やリスクが増えたとするならば、学校側にとっては、コストが大きく、メリットの少ない制度であると考えられる。つまり、本章の分析結果は、上の政策理論が現実に即したものではないとの主張のエビデンスとなるだろう。

　　注
（1）2021年9月7日、大阪市教育委員会事務局学事課に対する筆者の電話でのヒアリングによる。
（2）6区の各現状調査報告書（出展の情報は引用文献を参照）のp.1に掲載。

（3）6区の各現状調査報告書のpp.1-pp.2にて説明されている。

（4）6区の各現状調査報告書のp.1にて提示。

（5）大阪市経済戦略局発行『大阪の経済』（2018年度版）による地域区分である。

（6）第3章で取り上げた都心回帰下における児童・生徒数の変化パターンであり、2001年〜2018年の間に、児童生徒数が5％以上増えた区を「増加区」、変化が±5％未満にある区を「維持区」、5％以上減った区を「減少区」としている。

（7）紙幅の都合上、質問項目に対する「無回答」のパーセンテージについては省略しており、表4-5〜表4-17についても同様である。

（8）質問では「開かれた学校づくり」について、「学校における保護者や地域住民の参加が進むような取り組み（授業参観、学校公開等）」と言葉を置き換えて説明している。しかし、この括弧書きにある「授業参観や学校公開等」はどの区の学校でも選択制の導入に伴い学校にほぼ義務的に取り組んできたものであり、それらの充実は当然である。一般に「開かれた学校づくり」という場合、学校行事への保護者・地域の参加・参画やボランティアによる支援も含まれるが、質問はそれらを指していないように見えることも課題である。

（9）特に、本章の分析で詳しく扱えなかった現状調査の内容として、保護者の学校や地域行事への参加の状況がある。現状調査のデータには、これについても一定の情報が含まれており、例えば、学校選択制の利用の有無が、保護者の学校づくりへの積極的参加を生むものになるのか分析する上で有用であると考えられる。

引用文献

藤田英典（2000）『市民社会と教育——新時代の教育改革・私案』世織書房

濱元伸彦（2020）「大阪市各区の学校選択制の利用状況と地域的背景の関係——都心回帰による児童生徒数の変化に着目して」『日本教育政策学会年報』第27号, pp169-185.

中西広大（2019）「大阪市における学力テスト結果公開と人口流入：小・中学校における学校選択制の検討から」『都市文化研究』第21号, pp.66-79.

大阪維新の会（2011）「大阪秋の陣—市長選マニフェスト」
（https://oneosaka.jp/pdf/manifest01.pdf）

大阪市教育委員会（2012）「就学制度の改善について」
（https://www.city.osaka.lg.jp/kyoiku/page/0000192199.html）

大阪市旭区（2021）「学校選択制の現状に関する調査・分析結果について」
（https://www.city.osaka.lg.jp/asahi/page/0000532512.html）

大阪市中央区（2021）「学校選択制の現状に関する調査・分析結果について」
（https://www.city.osaka.lg.jp/chuo/page/0000530476.html）

大阪市此花区（2021）「学校選択制の現状に関する調査・分析結果について」
（https://www.city.osaka.lg.jp/konohana/page/0000531265.html）

大阪市西淀川区（2021）「学校選択制の現状に関する調査・分析結果について」
（https://www.city.osaka.lg.jp/nishiyodogawa/page/0000532312.html）
大阪市住吉区（2021）「学校選択制の現状に関する調査・分析結果について」
（https://www.city.osaka.lg.jp/sumiyoshi/page/0000531953.html）
大阪市淀川区（2021）「学校選択制の現状に関する調査・分析結果について」
（https://www.city.osaka.lg.jp/yodogawa/page/0000531557.html）
若月秀夫編（2008）『学校大改革 品川の挑戦―学校選択制・小中一貫教育な
どをどう実現したか』学事出版
山野則子（2018）『学校プラットホーム―教育・福祉、そして地域の協働で子
どもの貧困に立ち向かう』有斐閣
（※インターネット上の資料は全て2021年9月20日に最終確認）

第5章　学力テストの結果を用いた分析
──学力テストの結果は学校選択行動とどのような関係にあるか

1．はじめに

　本章では大阪市立小中学校で学校ごとに公開されている「全国学力・学習状況調査」（以下本章では「学力テスト」と記す）の結果に注目し、いくつかの分析を行う。第2章では大阪市全体の傾向として、学校選択制を利用する際の理由のうち、学力テストの結果はあまり重視されていないと述べた。しかし、学校選択制の利用率には区ごとに大きな差があり、後に示すように学力テストの結果も区ごとに明確な差が見られる。そもそも第2章でその経緯に触れたように、各学校の学力テストの結果公開は、保護者の学校選択に資する情報であるとの見方から学校選択制の導入に合わせて実施された。一方で、学力テストの結果を公開することによって生じる風評や、それを基にした選択による学校間の児童生徒数の格差拡大も懸念され（藤田2005）、その公開の在り方についての議論もなされてきた。ともかく、公開された学力テストの結果は、保護者の学校選択に何かしらの影響を与えるという前提のもと、これまでの議論が進められてきたといえるだろう。したがって、大阪市の学校選択制の効果や課題を検証するうえでは、学力テストの結果と保護者の学校選択の関係性をある程度明確にしておく必要があると思われる。

　加えて、本章では学校選択制の利用だけでなく、就学前年齢人口の動態にも注目する。小中学校に入学する前の子どもがいる家庭が引っ越しをする場合、子どもが通う学校が居住地選択の要因の一つとして考えられ、転居にかかる費用や物件の有無といった制約はもちろん存在するものの、子どもに通わせたい学校を選びその校区へと引っ越す機会を得ることができる。各学校の学力テストの結果は、各区の保護者に向けて配布される「学校案内冊子」や、各学校のホームページなどで公開されている。こうした情報が、区外からの転入者の居住地選択という、学校選択制の利用とは異なる形での学校選びに、何らかの影響を与えている可能性が考えられる。つまり、経済的に余裕のある家庭が、公開されている学力テストの結果を参考にして、特定の学校の校区へと引っ越す、といった行動──言い換えれば、学校選択制を利用

しない転居による学校選択——が考えられるということである。前章で指摘したように、学校選択制の利用率は各区の児童生徒数の増減と関係がある。したがって、学校選択制の利用と学力テストの結果公開の関係性を考える際に、各区における人口動態も考慮する必要があるといえるだろう。公開された各学校の学力テストの結果は、引っ越しを伴う学校選択に対して、どの程度選択を条件づける要因となっているのだろうか。またこうした居住地移動は、学校選択制の利用に影響を与えるような要因をはらんでいるのだろうか。本章では、学校選択制の利用と区をまたいだ居住地移動の両方を「学校選択行動」（後述するC・ティボーの「足による投票」）とみなし、学力テストの結果との関係性について、統計的な分析を用いて傾向を明らかにする。さらに、その結果を踏まえて、大阪市における学校選択行動について、想定される現象を指摘しておきたい。

　なお、統計分析を行うのに十分なサンプル数の確保という観点から、2018年度から学校選択制が導入された浪速区と、区内の一部地域のみで学校選択制を実施している生野区を分析の対象から除いて分析を行った。そのため本章では以下、浪速区と生野区を除いた22区を対象とする。

2．本章で用いる指標と大阪市の学力分布
　分析に先立ち、本章で用いる学力テストの結果について整理しておきたい。本章では2013年度から2019年度の間に実施された「全国学力・学習状況調査」の、「国語A」「国語B」「算数（数学）A」「算数（数学）B」の平均正答率を用いる。大阪市の各小中学校のホームページを確認したところ、「全国学力・学習状況調査」の結果が確認できた学校は、小学校は2013年度が177校、2014年度が204校、2015年度が211校、2016年度が223校、2017年度が208校、2018年度が213校であった。また、中学校は2013年度が95校、2014年度が103校、2015年度が106校、2016年度が112校、2017年度が105校、2018年度が105校であった。

　続いて、以上の市内全ての学校について、2013年度から2018年度までの各年度において、市内全校の得点と受験者数を加味して求めた加重平均を市全体の平均得点とし、この値を0とする各学校の偏差値（Zスコア）を年度ごとに算出した。また6年分の得点のうち2年以上の結果が確認できた学校（小学校が235校、中学校が115校）について、確認できた全ての年度の平均値

図5-1. 各小学校のZスコア（2013年〜2018年）

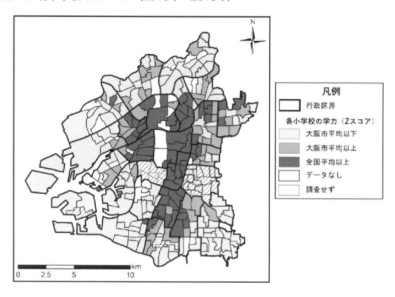

図5-2. 各中学校のZスコア（2013年〜2018年）

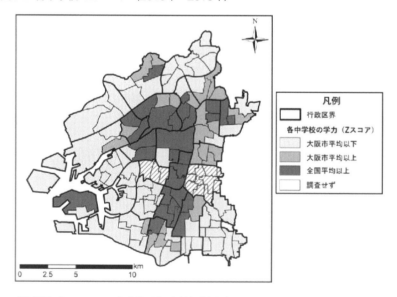

※「学校区データベース 小学校 大阪府版」（株式会社ストリーミングラボ2016）を使用し
各学校の「『全国学力・学習状況調査』結果検証シート」を基に筆者作成。
なお、2019年時点で廃校となっている小学校は、「調査せず」に分類した。

を学校ごとに求め、大阪市全体の6年分の正答率の平均を0とする各学校の偏差値（Zスコア）を算出した。さらに、各学校の得点の加重平均を区ごとに求め、市全体の平均得点に対する各区のZスコアも算出した。

　全国学力・学習状況調査をはじめとした学力テストの結果、ならびに以上のような手順で算出したZスコアは、あくまで各学校における教育活動の成果の一側面に過ぎない。しかし、各学校の学力テストの結果はホームページや「学校選択制案内冊子」で公開されていることから、保護者が参照可能なデータであると考えられる。また全国学力・学習状況調査の対象は小学校6年生および中学校3年生であるため、この結果を各学校での6年間ないし3年間の教育の成果とみなすことも可能であろう。したがって本章では、このZスコアを、保護者が学校選択の際に参考にする各校の学力を示すデータとして扱うこととする。

　各学校のZスコアの分布を示したものが図5-1および図5-2である。Zスコアの分布は小中学校ともに同じような傾向を示しており、市内中心部で高く、東部の一部地域を除く周辺部で低い傾向が見られる。これは水内が指摘する「都心とインナーリングの間にみられる同心円状」、さらに「その同心円状に楔を打ち込んだような上町台地」（水内2006, pp.139-140）の居住分化構造とおおむね一致し、上杉・矢野（2018）が指摘したように、大阪市の社会経済的な空間構造に対応する学力の空間的な不均等を反映しているといえる。

3．学力テストの結果と学校選択制の利用

　まず、学力テストの結果と学校選択制の利用率との関係について分析を行った。学校選択制の利用率とは、各学校の新入生のうち、学校選択制を利用して校区外から入学した児童および生徒の割合である。新入生の人数は毎年の学校現況調査のデータを、学校選択制の利用者数は大阪市教育委員会提供のデータを利用した。各年度の学校選択制利用率に対して、学力テストの結果はその2年前に実施された全国学力・学習状況調査の結果から算出したZスコアを用いた。というのも、全国学力・学習状況調査は毎年4月に実施されるが、その結果が全市でまとめられたのち、各学校のホームページで公開されるのはおおむねその年の12月以降であり、8月に各家庭に送付される学校案内や、10月末の選択希望校提出の手続きまでに間に合わないからである。したがって、学校案内に掲載されている情報も含め、保護者が学校選択の際

164

に参考にすると想定される各学校の学力テストの結果は前年度のもの、つまり入学年度から見ると2年前のものということになる。そのため本分析でも各年度の学校選択制の利用率に対して、2年前の学力テストの結果との間にある相関関係を分析することにした。

図5-3. 各行政区の小学校の学力テスト結果と学校選択制利用率

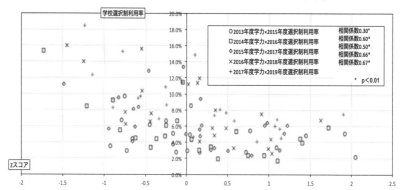

※各学校の「『全国学力・学習状況調査』結果検証シート」、各年度の学校現況調査、および学校選択制利用者数（大阪市教育委員会提供）より筆者作成。

図5-4. 各行政区の中学校の学力テスト結果と学校選択制利用率

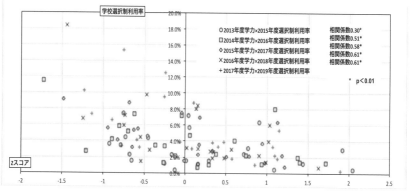

※各学校の「『全国学力・学習状況調査』結果検証シート」、各年度の学校現況調査、および学校選択制利用者数（大阪市教育委員会提供）より筆者作成。

それでは、分析に入る。まず、図5-3および図5-4は、各区の学校選択制利用率を縦軸に、Zスコアを横軸にした散布図である。小学校、中学校ともに、学校選択制の利用率が高い区はZスコアの値が低い区であり、学力テストの

結果が高い区ほど学校選択制の利用率が低い傾向が見て取れる。また、若干ではあるものの、中学校では年々相関係数の値が大きくなっている。区ごとの分析ではサンプル数が少なく、また区内の学力差が平均化されてしまうため、同じ分析を学校ごとに行った（図5-5（a～e）、図5-6（a～e））。区ごとの分析では負の相関関係が見て取れたが、こちらでは学力テストの結果が平均に近い学校で学校選択制利用率が高い傾向があることが分かる。

　さらに、わずかにではあるものの、そうした学校は年度を経るごとに増加しており、Ｚスコアが平均よりもやや低い学校において、特に学校選択制利用率が高くなっていく傾向が確認できた。

図5-5a. 各小学校の2013年度学力テスト結果と2015年度学校選択制利用率

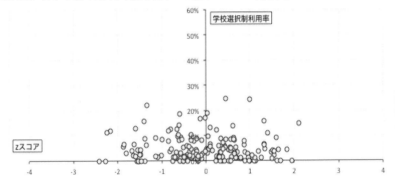

※各学校の「『全国学力・学習状況調査』結果検証シート」、各年度の学校現況調査、および学校選択制利用者数（大阪市教育委員会提供）より筆者作成。
　この後の図5-5b～5-5eについても同様。

図5-5b. 各小学校の2014年度学力テスト結果と2016年度学校選択制利用率

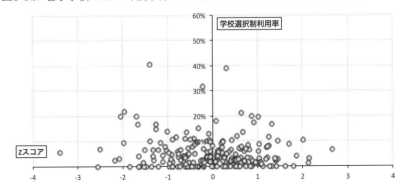

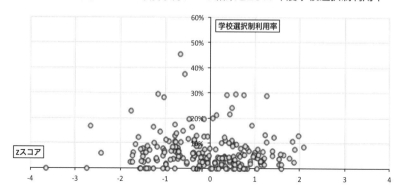

図5-5c. 各小学校の2015年度学力テスト結果と2017年度学校選択制利用率

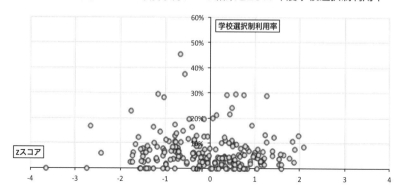

図5-5d. 各小学校の2016年度学力テスト結果と2018年度学校選択制利用率

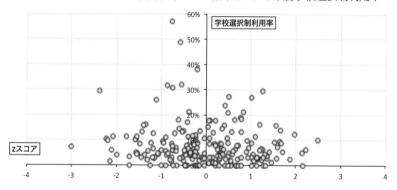

図5-5e. 各小学校の2017年度学力テスト結果と2019年度学校選択制利用率

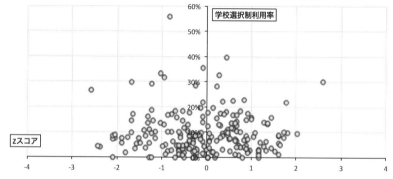

図5-6a. 各中学校の2013年度学力テスト結果と2015年度学校選択制利用率

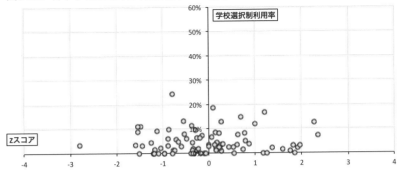

※各学校の「『全国学力・学習状況調査』結果検証シート」、各年度の学校現況調査、および学校選択制利用者数（大阪市教育委員会提供）より筆者作成。
この後の図5-6b〜5-5eについても同様。

図5-6b. 各中学校の2014年度学力テスト結果と2016年度学校選択制利用率

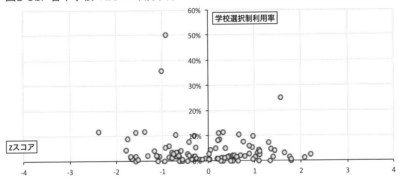

図5-6c. 各中学校の2015年度学力テスト結果と2017年度学校選択制利用率

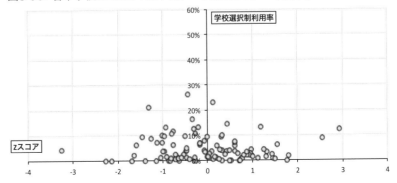

168

図5-6d. 各中学校の2016年度学力テスト結果と2018年度学校選択制利用率

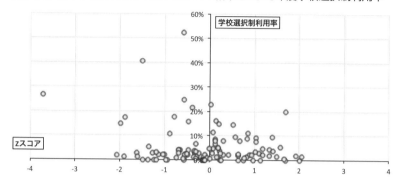

図5-6e. 各中学校の2017年度学力テスト結果と2019年度学校選択制利用率

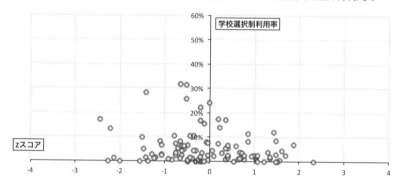

4．学力テストの結果と転入の関係

　次に全国学力・学習状況調査（以下、学力テストと略記）の結果と転入に付随する学校選択の関係について傾向を検討したい。ここでは各区・学校の6年間の学力テストの結果の平均と、各区・学校区の2013年から2019年までの就学前年齢人口増加率の関係を分析する。

　就学前年齢人口は大阪市各区の住民基本台帳を利用し、毎年3月時点の各町丁目の6歳以下、12歳以下の人口を区ごと、校区ごとに集計したものを用いる。なお校区と町丁目境界が一致しない場所については、面積比を用いて人口を按分した。

　各行政区の6年間の就学前年齢人口増加率を縦軸に、Zスコアを横軸にした散布図が図5-7および図5-8である。小中学校ともにピアソンの相関係数

は0.87（p<0.01、n=22）であり、各区の学力テストの結果と就学前年齢人口増加率の間には、1％有意水準で強い正の相関関係が認められた。学校ごとに同様の分析を行った図5-9および図5-10でもピアソンの相関係数は小学校で

図5-7. 各行政区の小学校の学力テスト結果と6歳以下人口増加率
　　　　（2013年〜2019年）

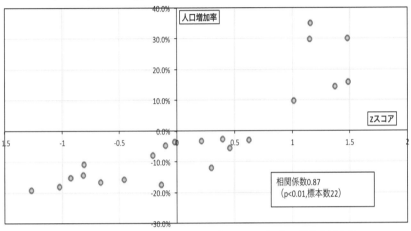

※各学校の「『全国学力・学習状況調査』結果検証シート」、住民基本台帳を基に
　筆者作成。

図5-8. 各行政区の中学校の学力テスト結果と12歳以下人口増加率
　　　　（2013年〜2019年）

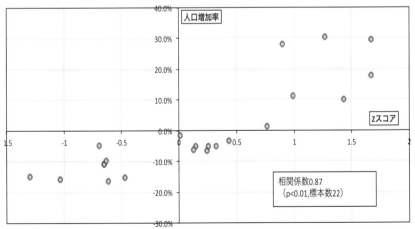

※各学校の「『全国学力・学習状況調査』結果検証シート」、住民基本台帳を基に
　筆者作成。

170

図5-9. 各小学校の学力テスト結果と6歳以下人口増加率（2013年〜2019年）

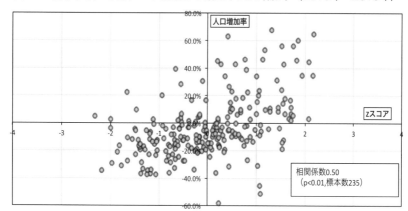

※各学校の「『全国学力・学習状況調査』結果検証シート」、住民基本台帳を基に
　筆者作成。

図5-10. 各中学校の学力テスト結果と12歳以下人口増加率（2013年〜2019年）

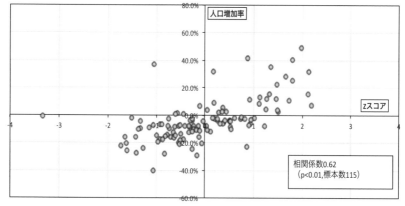

※各学校の「『全国学力・学習状況調査』結果検証シート」、住民基本台帳を基に
　筆者作成。

0.50（p<0.01、n=235）、中学校で0.62（p<0.01、n=115）と、分析スケールを
細分化したことによって数値上は相関係数が低下したものの、1％有意水準で
正の相関が認められた。

　次に、転入者が学力テストの結果を見て引っ越しているのかを検討するた
めに、学力テストの結果と就学前年齢人口の増減の時間的な前後関係を調べ
る分析を行った⁽¹⁾。本分析では、学力テストの結果が公開されていない学校

や、学力テストの結果がある年度のみ急激に上昇・低下している学校を除き小学校124校、中学校71校を対象に分析を行った[2]。

図5-11. 各小学校の学力テスト結果と校区内の６歳以下人口増加率の
　　　　交差的時間差相関分析

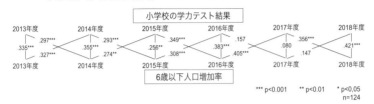

※各学校の「『全国学力・学習状況調査』結果検証シート」、住民基本台帳を基に
　筆者作成。

図5-12. 各中学校の学力テスト結果と校区内の12歳以下人口増加率の
　　　　交差的時間差相関分析

※各学校の「『全国学力・学習状況調査』結果検証シート」、住民基本台帳を基に
　筆者作成。

　分析の結果を示したものが図5-11および図5-12である。今回の分析では、Ogiso（2013）が説明しているような因果関係的な時間的順序の判別はできなかった。つまり、公開された各学校の学力テストの結果を重視した転入によって就学前年齢人口が増加しているのか、それとも就学前年齢人口の増減が各学校の教育水準に影響を与えているのかといった、両者の因果関係を明確に特定することはできていない。しかし、2017年度を除けば、各年度の学力テストの結果と就学前年齢人口の増加率の間には有意な正の相関関係が確認できた。また前後１年ずつ時間をずらして両者の関係を調べても、同じく有意な正の相関関係が確認できた。さらに２年、３年と時間をずらしてみても同様の結果が得られた。つまり転入に伴う学校選択の際に各学校の教育水準がより重視されるか、もしくは就学前年齢人口の増減が各学校の学力テストの結果に何らかの正の影響を与えていると推察される。

172

5．考察：二つの学校選択行動（足による投票）——学校選択制と転入

　第2章で述べたように、大前提として大阪市における学校選択制の利用率は、東京都の特別区に比べるとまだまだ低く、保護者が学校を選ぶ理由でも、学力テストの結果はあまり重視されていない傾向にある。しかし、本章の分析を通して、いくつかのことが明らかになった。各分析で明らかになった結果を踏まえ、実際に生じていると想定される現象を指摘しつつ、各小中学校の学力テストの結果と保護者の学校選択行動の関係について整理する。

　まず、図5-3および図5-4を見ると、学力テストZスコアの値が低い区ほど学校選択制利用率が高く、さらに図5-5および図5-6からZスコアの値が平均的な学校ほど保護者から選ばれている傾向が確認できる。この傾向から推定される学校選択行動は、学力テストの結果が良い学校に行くためではなく、学力テストの結果がよくない学校を回避するという目的で、保護者が学校選択制を利用しているということである。図5-1および図5-2から明らかなように、Zスコアの高い区では区内のほとんどの学校が大阪市の平均を上回るZスコアを記録しているため、学力を理由とした学校選択の必要がないのかもしれない。逆に全体的にZスコアが低い傾向にある区では、学力テストの結果が低い通学指定校への通学を回避するための手段として、学校選択制を利用している可能性が考えられる。各区の学力テストの結果や区内の学校ごとの学力テストの結果の違いを踏まえたうえで、保護者の選択行動とその理由をより詳細に調査する必要があるだろう。

　次に図5-9および図5-10から、学力テストの結果が高い校区では就学前年齢人口も増加していることが分かった。このことから、学校選択に資する情報のひとつとして公開された各学校の学力テストの結果が、区内に居住している新入生の保護者が学校選択制を利用する時ではなく、区外に居住している教育への関心が高い保護者が就学前に居住地を変更する際に、利用されているという可能性が指摘できる。ただし先述したように、両変数の因果関係は明らかにすることができなかった。転入の際に保護者が学校の学力テストの結果を重視して学校を選んでいるのか、また就学前年齢人口の増減に伴い各学校の学力テストの結果に何か変化があったのかは、今後より詳細な調査が必要である。

　この可能性が正しい場合、学力テストの結果が高い区および校区で学校選択制利用率が低いのは、第3章でも指摘したように、就学前年齢人口の増加

によって学校に校区外からの児童生徒を受け入れられる余裕がないためではないかと考えられる。大阪市の学校選択制では、従来の通学区域内に居住している新入生は全員通学指定校に通うことができ、学校選択制の受入れ可能人数は、校区内の次年度入学予定者数と設備等による学校の定員を勘案したうえで決定される。つまり、校区内の児童生徒数が増えれば増えるほど、学校選択制を利用した校区外からの児童生徒の「受け入れ枠」は縮小する。見方を変えると、前章に見た児童生徒数が増加傾向にある区において学校選択制の利用率が低い状況の背景には、公開されている各学校の学力テストの結果が影響している可能性がある。すなわち、学力テストの結果が高い学校の校区では、子育て世帯が多く流入しており、就学前年齢人口が増加することにより、もともと同じ区内の別の校区に住んでいた保護者が、学校選択制を利用したくてもできない状況に陥るということである。

　本章では学校選択制利用、および転入という二つの学校選択行動について学力テストの結果との関係を分析した。以上の分析結果は、学校選択制による学校の教育改善（学力向上など）を促すという考え方そのものに、これまでと違った観点から疑問を投げかけるものである。

　この二つの学校選択行動は、米国の経済学者C・ティボー（Tiebout 1956）の概念を用いると「足による投票」と呼ぶことができるかもしれない。ティボーの「足による投票」は彼の公共選択論における望ましい住民サービスを求める住民の意思決定に関わる用語であり、これを学校選択制の分析に用いた研究もある（高木2004, 中西2019）。ティボーは、複数の自治体がそれぞれ異なる公共サービスを提供していた場合、住民はそれらの公共サービスとそれに対する対価（支払う税金）の組み合わせの中から最も望ましい組み合わせを提供する自治体を選び、移動すると考えた。こうした移動を「足による投票」と呼び、これにより住民の選好が示され、それを受けて各自治体が最適規模の人口を獲得・維持するために公共サービスの内容や供給が調整（最適化）されるとした。このメカニズムが「ティボー仮説」と呼ばれる公共サービスの供給最適化メカニズムである（Tiebout 1956, 山﨑2013）。

　ティボーの考え方に基づけば、学校選択制は、子どもにとって望ましい学校を選び通学させる仕組みであり「足による投票」の一形態であると捉えられる（高木2004）。そして、大阪市の学校選択制がねらいとしているように、学校選択制は、学校の様々な情報を公開し、保護者はそれらの情報を基にし

て学校を自由に選択させ、その選好の顕示を受けて学校の運営が改善されるという学校の活性化を意図した制度だといえる。

しかし、本章の分析結果をまとめると、学力テストの結果が低い学校を回避する目的での選択制利用や、政策担当者の想定していない別の学校選択行動（＝区外からの転入）を導き出していること、それによって実際に制度が想定していた学校選択行動（＝区内での学校選択制利用）や保護者の選好顕示を受けた学校の特色化が行われていない可能性が浮かび上がってきた。つまり単に「望ましい学校を選ぶ」という考え方での選択が行われておらず、その点でティボー仮説との乖離がある。また、就学前年齢人口の増加と学力テストの結果（Zスコア）の相関関係からは、学校選択制ではなく、もう一つの「足による投票」である「転入」との関係が示唆されよう。つまり、学校選択における学校の学力への影響を考える場合、そこには二つの学校選択行動（＝足による投票）が介在しており、たとえ学力テストの結果の向上があったとしても、それが学校選択制やそれに対応した教育改善の結果であるか（「切磋琢磨」が機能しているのかどうか）は、容易には判断できないと言える。

ただ、こうした学校選択行動とそれがもたらす学校への影響をより細かく検証するには、実際に各区でどのような選択行動がとられ、その結果何が生じているのか、より詳細に明らかにする必要がある。特に、本章の分析からは、保護者の学校選択行動について、次の3つの可能性が指摘できる。

① 学力テストの結果が良くない学校を回避する目的で学校選択制が利用されている。

② 公開された学力テストの結果が特定の校区への転入を誘発している。

③ 就学前年齢人口の増加により、学校選択制を利用したくてもできない状況がある。

以上の3つの可能性に加え、上の考察にも述べたように、保護者の学校選択の理由を細かにみていけば、「望ましい学校」を求めてという場合もあれば、「望ましくない学校」を回避するためという場合もあると考えられる。以上を解明するためには、保護者の学校選択の動機をミクロに解明するような調査と分析が必要となる。そこで、次章では大阪市港区、福島区、西区の一部地域を対象に、各区で、どのように保護者の学校選択行動がとられているのか、また、その結果何が生じているのかを聞き取り調査やアンケート調査をもと

に解明する。そして、上記の３つの可能性がどれほど現実にあてはまるかも検討してみたい。

注
（１）Michio Ogiso, 2013,「交差的時間差相関分析（CORRELATIONS）」國學院大學ホームページ（http://www2.kokugakuin.ac.jp/~ogiso/spss/cca.html 2019年10月23日閲覧）を参考に、交差的時間差相関分析と呼ばれる分析を行った。Ogisoによれば、この手法は２変数間の因果関係的な時間的順序を調べるための分析手法であり、ある変数xとyについて先行するデータ収集時点をt1、その後に続く時点をt2とした場合、t1xとt2yとの交差的相関が、t1xとt1y，t2xとt2yという横断的相関，ならびにt1yとt2xという交差的相関のいずれよりも強い場合に、xはyに時間的に先行し、少なくとも当該の２変数以外の影響を除去した場合にはxが原因でyが結果であるという因果関係が認められると判断する技法である。
（２）2013年から2018年の６年分の学力テストの結果のうち、①５年分以上が公開されていること、②各年度における学力テストの結果の前年比が、全学校の学力テストの結果の前年比における四分位範囲内で推移していることの２つの条件を設け、これらを満たしている学校のみを分析の対象とした。

引用文献
藤田英典（2005）『市民社会と教育―新時代の教育改革・私論』世織書房
原田博夫（2005）「地方自治の公共選択」加藤寛編（2005）：『入門公共選択―政治の経済学』勁草書房，231-263.
水内俊雄（2006）「GIS地図が描く都市大阪の抱える問題」『市政研究』150，138-149頁。
中西広大（2019）「大阪市における学力テスト結果公開と人口流入：小・中学校における学校選択制の検討から」『都市文化研究』第21号，pp. 66-79.
高木新太郎（2004）「特別区における学校選択制の影響の一例」『学術の動向』9(11)，pp.33-39.
Tiebout, C.M.（1956）A Pure Theory of Local Expenditures, Journal of Political Economy, 64, pp. 416-424
上杉昌也・矢野桂司（2018）「ジオデモグラフィクスを用いた教育水準の学校間格差の評価―大阪市を事例として―」『人文地理』70-2，253-271頁。
山崎孝史（2013）『政治・空間・場所―「政治の地理学」にむけて改訂版』

第6章　大阪市の3つの区における学校選択制の現状
——聞き取り・アンケート調査に基づいて

1．はじめに

　本章では、前章の最後に示した三つの可能性を踏まえつつ、聞き取り調査を基に各区における保護者の学校選択行動の諸相を明らかにする。調査対象地域は図6-1、図6-2に示した港区、福島区、および西区の一部（以下「西区」）であり、以下に示すように、それぞれ異なる特徴を持っている。なお今回の調査では、地域ごとの特徴の差異を明確にするために、西区の西中学校とその校下の小学校、およびその校区に当たる地域は調査対象から除いた。

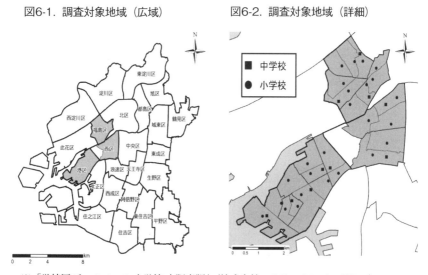

図6-1．調査対象地域（広域）　　　　図6-2．調査対象地域（詳細）

※「学校区データベース 小学校 大阪府版」（株式会社ストリーミングラボ2016）
　を使用し、筆者作成。

　表6-1は各調査対象地域の学力テストの結果、学校選択制利用率、就学前年齢人口を示している。まず、港区は学力テストのZスコア（全国学力・学習状況調査の結果による）の値が全市の平均を下回る状況が続いている。区内西部に位置する弁天町駅（JR・Osaka Metro）の周辺は現在再開発が進められており、単身世帯や新婚夫婦、小学生以下の子どもを持つ世帯などの流入

があるものの、区全体の就学前年齢人口は減少傾向にある。一方で学校選択制の利用率は年々上昇し、特にここ数年での中学校の学校選択制利用率は第2章で示した市全体の利用率を大きく上回っている。

　次に福島区であるが、同区は学力テストのZスコアが全市の平均よりも高い値で推移している。また区内各地でのマンション建設に伴い、就学前年齢人口が増加傾向にある。梅田へのアクセスの良さや治安の良さなどから、若い世帯に人気の地域である。一方、学校選択制の利用率は市全体の値と比較しても低い。

表6-1. 調査対象地域のZスコア・学校選択制利用率・就学前年齢人口増加率

		港区 小	中	福島区 小	中	西区（一部） 小	中
学力テスト 結果 （Zスコア）	2013 年度	-0.16	-0.68	0.94	0.73	—	1.43
	2014 年度	-0.44	-0.70	0.70	0.95	1.51	1.15
	2015 年度	-0.66	-0.69	0.77	0.79	0.82	0.83
	2016 年度	-0.44	-0.47	1.00	0.99	0.98	0.80
	2017 年度	-0.34	-0.76	0.63	0.86	1.22	1.68
	2018 年度	-0.52	-0.70	0.87	0.74	1.07	0.53
学校選択制 利用率	2014 年度	—	4.0%	—	0.7%	—（＊1）	3.2%
	2015 年度	3.8%	2.3%	2.8%	2.4%	3.1%	0.6%
	2016 年度	3.3%	5.2%	2.4%	1.1%	2.1%	2.3%
	2017 年度	4.1%	8.8%	2.3%	2.1%	1.5%	2.2%
	2018 年度	6.5%	9.8%	3.2%	1.4%	2.8%	3.2%
	2019 年度	6.9%	15.4%	4.1%	1.1%	2.7%	3.4%
就学前年齢 人口増加率	(2013 年 ～ 2019 年)	6 歳以下 -15.9%	12 歳以下 -10.9%	6 歳以下 17.7%	12 歳以下 19.0%	6 歳以下 59.4%（＊2）	12 歳以下 51.5%（＊2）

※1　学力が公表されている学校が十分な数ではない（2校）ため除外する。

※2　調査対象校の通学区域となっている浪速区の一部地域の人口も含む。

※各学校の「『全国学力・学習状況調査』結果検証シート」、学校現況調査、学校選択制
　　利用者数（大阪市教育委員会提供）、各区の住民基本台帳を用いて、筆者作成。

　最後に、西区も福島区と同じく、Zスコアの値は全市の平均よりも高く、学校選択制利用率は全市の値よりも低い。また、同区は近年、工場跡地などを利用したタワーマンションの建設に加えて、難波や心斎橋へのアクセスの良さなどから人口が急増しており、就学前年齢人口の増加率も高くなっている。

　これらの３つの地域で、学校、区役所、不動産業者、地域住民、保護者を対象に、学校選択制の利用状況やその理由と、転入者の居住地選好、また学校選択の際の情報源などについて聞き取り調査を行った。以下、その結果を見ていく。

表6-2　港区で実施した聞き取り調査の対象者と調査日

調査対象者	調査日	備考
A中学校　校長	2018年12月26日	
B中学校　校長	2019年5月14日	
C中学校　校長	2019年6月5日	
D中学校　校長	2019年6月18日	
E小学校　校長	2019年5月22日	
F小学校　校長	2019年6月14日	
G小学校　校長	2019年7月2日	
H小学校　校長	2019年7月2日	
I小学校　教頭	2019年7月9日	
J小学校　教頭	2019年7月16日	
K小学校　校長	2019年7月29日	
港区役所　a氏	-	資料提供
不動産業者①　b氏	2019年10月23日	
不動産業者②　c氏	2019年10月24日	
元区PTA　　　d氏	2019年7月30日	G小学校区在住
元小学校　　　e氏 地域活動協議会	2019年10月2日	I小学校区在住

２．各区の学校選択行動─学校・区役所・不動産業者・住民への調査から
（a）港区

　まずは港区における学校選択について整理する。学校選択制の利用状況について、港区内の５つの中学校と11の小学校に聞き取り調査を依頼し、表6-2に示した11校の校長または教頭から回答を得たほか、区役所の窓口サービス課のa氏から資料の提供を受けた。また転入者の居住地選好について、賃貸を中心に港区の物件を取り扱っている区内の２件の不動産業者に聞き取り

調査を行った。そのほか港区における人口動態や地域の状況について、元港区PTAのd氏、元I小学校地域活動協議会のe氏の2名から話を聞いた。

　港区の5つの中学校のうち、A、B、Cの3校には学校選択制を利用した校区外からの通学希望者（以下「選択希望者」）が、各校ともほぼ毎年10名から20名程度いる[1]。このうち1校は特に人気が集中しており、過去6年間で4回希望者数が受入れ可能人数を超え、抽選が行われている。また別の1校も年々選択希望者数が増えており、2019年度新入生における選択希望者は約30名であった。両校への聞き取り調査によると、校区外からの選択制利用者が多いため、毎年冬に校区内の入学予定者数から想定される次年度の学級数よりも1学級増えるという。その一方で、D中学校を含めた2校は選択希望者が少なく、特にこの2年は2校合わせて希望者が1名だった。このように港区の中学校では選ばれる学校と選ばれない学校がはっきりと分かれ、特定の学校に選択希望者が集中している状況である。

　保護者の学校選択理由は自宅からの近さ[2]や通学時の安全性[3]、交友関係[4]、部活動の有無[5]などが挙げられた。しかしA中学校の校長は、港区における部活動の有無による学校選択の背景には、校区の人口減少に伴う各学校の生徒数の差が影響していると指摘する。各学校に配置される教員数はその学校の学級数によって決まるため、生徒数が減少している学校では教員数も減り、結果として部活動の選択肢も減る。生徒は希望する部活動が通学指定校（居住地により指定される校区の学校）に無いことを理由に学校選択制を利用し、結果的に生徒が減少している中学校から生徒がさらに流出してしまう。実際に校区内の人口減少が進む2つの中学校から、部活動を理由にA中学校やB中学校を選択する傾向がある[6]。

　また小学校では中学校に比べて特定の学校への選択の集中は起こってはいないものの、選択が集中しているA中学校およびC中学校の校下の小学校において、選択希望者が徐々に増加している[7]。これらの小学校では、中学校での学校選択制利用を前提に、同じ中学校へ通う友達との交友関係の構築を目的として、小学校を選択する保護者がいる[8]。通学指定校は居住地によって決まるため、中学校入学時にもう一度学校選択制を利用しなければならず、希望者が多ければ抽選となり、抽選に外れれば校区の通学指定校に通うことになる。このような学校選択制の利用に対して、J小学校の教頭やK小学校の校長は制度本来の目的と乖離していると指摘する。またI小学校の教頭は、こ

うした保護者の学校選択制利用が起こるのは、港区の児童生徒数が減少しており、ほとんどの中学校で選択制利用者の受入れ可能人数に余裕があるため、抽選が起こらないからではないかと推測している。C中学校の校長も、C中学校は元々の設計上定員に余裕があり、受入れ可能人数が多いことも選ばれている理由のひとつではないかと述べており、受入れ可能人数によって判断するような学校選択は本来の学校選択制が目指している選択とは異なると指摘する。

　さらに港区では、保護者が各学校の情報や特色を見ていないという問題もある。隣接するI小学校とJ小学校では、昨年度両校が実施した保護者説明会の参加者がそれぞれ0名であったにもかかわらず、11月の希望調査の結果を見るとI小学校区からJ小学校への選択希望者が10名程度いた[9]。両校の教頭は、保護者が重視しているのは中学校での学校選択制利用を前提とした子どもの交友関係で、学校が打ち出している特色や公開している情報は見られていないのではないかと懸念する。生徒数が減少しているD中学校でも、学校説明会に参加する保護者は少なく、学校の情報を見ないままに、部活動の有無や家からの距離を理由として他の中学校が選択され、生徒が流出している[10]。またE小学校では、毎年開催している学校説明会への参加者が少ないことを受け、今年度から説明会の日を設けず、随時保護者からの質問や学校見学を受け付けるように変更した[11]。

　G小学校の校長は毎日ホームページで全校の様子を報告しており、その様子を見てG小学校を選択する保護者もいると話す。このように学校の情報発信が保護者から評価されている学校がある一方で、D中学校やI小学校のように学校の児童生徒数や中学校を見据えた交友関係を理由に、学校の情報を参照せずに学校選択制が利用され、その結果児童生徒が流出していく学校もある。こうした学校の情報を参照しない学校選択制利用は各校の校長の間でも共通の問題として認識されている。筆者が参加した港区の学校選択制保護者説明会[12]では、ある学校の校長が保護者に対して、学校選択制を利用する際には必ず各学校の見学に行き、学校の説明を聞いてから判断するよう求めていた。

　以上のような港区の主な学校選択行動を模式図にしたものが図6-3である。港区では生徒が減少している中学校の校区から、学校選択制を利用して児童生徒が流出する傾向にある。上述したように、保護者は元々存在する学校

図6-3. 港区における主な学校選択行動（模式図）

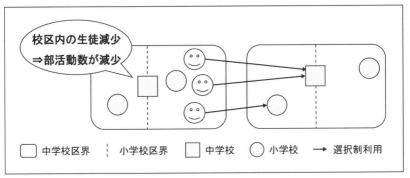

□ 中学校区界　┊ 小学校区界　■ 中学校　○ 小学校　→ 選択制利用

※港区の小中学校への聞き取り調査の結果を基に筆者作成。

間・校区間の生徒数の差による部活動の有無や、中学校での学校選択制利用を前提とした交友関係などを重視している。また聞き取り調査からは、学校の情報を参照せずに学校を選択している保護者の存在が浮かび上がってきた。第2章で見たように、大阪市の学校選択制は、各学校が特色を打ち出し、保護者がその中から最も望ましい教育サービスを選ぶことによって、各学校の教育活動や教育内容が改善されていくものと想定されていた。しかし港区の場合は、学校の特色は保護者にあまり重視されておらず、むしろ通学時の安全や部活動、児童生徒同士の交友関係といった点で、望まない通学指定校を回避するために、学校選択制を利用している可能性がある。

表6-3. 港区における就学前年齢人口増加率（2013年〜2019年）

	6 歳以下人口増加率	12 歳以下人口増加率
区東部	-13.0%	-2.9%
区中部	-21.2%	-21.9%
区西部	-16.5%	-18.6%
区全体	-15.9%	-10.9%

区東部：波除・市岡元町・弁天・磯路・南市岡・市岡
区中部：田中・夕凪・石田・三先・福崎・池島・八幡屋・港晴
区西部：築港・海岸通

※港区の住民基本台帳を基に筆者作成。

次に就学前年齢人口の転入について、聞き取り調査の内容を確認する。港区に転入してくる子育て世帯は、居住地選択の際に都心部へのアクセスの良さと住宅価格を重視しており、転居の資金に応じてOsaka Metro各駅の周辺で物件を探す傾向がある⁽¹³⁾。とくに最近は弁天町駅周辺にマンションが複数建てられ、そこに若いサラリーマンとその家族が流入しはじめている⁽¹⁴⁾。一方で聞き取り調査を実施した2件の不動産業者と11の小中学校からは、学力テストの結果や学校の評判を理由とした特定の校区への転入を聞いたという回答は得られなかった。このことから、港区への転入者は、学力テストの結果をはじめとした学校の情報や評判をあまり重視していないと推察される。

しかし、港区全体の就学前年齢人口の増加率を示した表6-3を見ると、区全体の就学前年齢人口は減少傾向であり、人口が流入している弁天町駅周辺を含む区東部（波除・市岡元町・弁天・磯路・南市岡・市岡）でも就学前年齢人口の増加には至っていない。さらに区中部（田中・夕凪・石田・三崎・福崎・池島・八幡屋・港晴）と西部（築港・南港通）では、就学前年齢人口の減少率が区全体の値よりも高くなっている。区の中部や西部は弁天町駅周辺に比べ新規の住宅開発が行われてはおらず⁽¹⁵⁾、港区では今後も、全体的な就学前年齢人口は減少しつつ、港区内各地域ならびに各校区間の人口格差は拡大していくと推察される。そして、このような状況の中、学校選択制の利用拡大は、学校間の児童生徒数の格差の拡大に拍車をかけることが予想される。

表6-4. 福島区で実施した聞き取り調査の対象者と調査日

調査対象者	調査日	備考
L中学校　校長	2019年9月18日	
M中学校　校長	2019年9月25日	
N中学校　教頭	-	メールでの回答
O小学校　教頭	2019年1月21日	
P小学校　校長	2019年9月9日	
Q小学校　校長	2019年9月24日	
R小学校　教頭	2019年9月27日	
福島区役所　f氏	2019年9月20日	
不動産業者③　g・h氏	2019年9月24日	
不動産業者④　i氏	2019年10月18日	
元福島区民生委員j氏	2019年7月30日	G小学校区在住
元区PTA　k氏	2019年7月30日	G小学校区在住

表6-5. 福島区における各小学校の選択制利用者数

小学校	2015 年度	2016 年度	2017 年度	2018 年度	2019 年度
a	1	2	1	1	2
b	11	5	1	4	7
c	0	1	0	0	0
d	1	3	0	4	4
e	0	0	2	3	0
f	0	1	0	0	0
g	1	1	2	3	1
h	1	0	6	5	9
i	0	0	2	0	0

※学校選択制利用者数（大阪市教育委員会提供）より筆者作成。

（ｂ）福島区

　続いて福島区での学校選択行動を整理する。福島区では学校選択制の利用
状況について、区内の３つの中学校と９つの小学校に聞き取り調査を依頼し、
表6-4に示した７校の校長または教頭から回答を得たほか、福島区役所企画総
務課のｆ氏からも話を聞いた。また転入者の居住地選好について、賃貸を中
心に福島区の物件を取り扱っている区内の２件の不動産業者に聞き取り調査
を行った。そのほか、福島区における人口動態や地域の状況について、元福
島区民生委員のｊ氏と、元福島区PTAのｋ氏からも話を聞いた。

　福島区では、区全体における学校選択制利用率が小中学校ともに低く、特
に中学校では各学校毎年５名から10名程度であり、現時点では特定の学校に
複数年度にわたって選択が集中するといったこともない。各小学校における
学校選択制利用者数を示した表6-5を見ると、やや利用者が多い学校はある
ものの各学校ともほぼ10名以下となっている。

　さらに表6-1で示したように、福島区は就学前年齢人口が増加傾向にあり、
区内の中学校は３校全てで2020年度の受入れ可能人数が「若干名」となって
いる。校区からの次年度入学予定者数だけで各学校の定員を満たしており、
他校区からの選択希望者を受け入れられる余裕はないということである。し
かし、学校選択制の利用希望者が少なく、また各中学校も私立中学校などへ
の進学者分、定員に余裕ができるため、最終的にはほぼ全員が希望する学校
へ通学できている[16]。

　こうした学校選択制利用者の少なさは、福島区は小学校の学校選択制にお
いて、同じ中学校下の小学校のみ選択が可能なブロック選択制を採用してい
るという制度上の制限[17]や、中学校がいずれも区の端の方に立地していると

184

いう地理的な条件が影響していると考えられる[18]。さらに区内の小中学校間で教育水準や校内環境（荒れているかどうか）の差がほとんどないからではないかとの指摘もあった[19]。学校選択を利用する理由には、家からの近さや交友関係[20]のほか、中学校では部活動の有無も選択理由に挙げられた[21]。しかし、学力テストの結果や校内環境の良さといった理由は調査した7校のいずれからも挙がらなかった。

　一方福島区では、今からおおむね10年以上前に区南西部、10年から5年ほど前に区南東部から東部にかけて、5年ほど前から現在にかけては区北部および野田阪神駅周辺と順に、マンション建設などにより住宅供給が増加してきた[22]。それに伴い就学前年齢人口が各地域で増加し、さらに区南西部や南東部ではその後、流入した児童生徒が成長、就学したことにより就学前年齢人口は減少、ないしは横ばいに推移してきた。野田阪神駅の南西部では古くからの住宅が多く、大規模なマンション建設は行われていないが、建て替えなどにより一戸建て住宅や小規模なマンションの建設が行われている[23]。j氏やk氏への聞き取りによると、この地域で育った元住民が子育てを機に戻ってくるなど、若い世帯の流入が見られるという。

　こうした福島区における人口動態は、福島区の各地域における2013年から2019年までの就学前年齢人口の増減を表した図6-4、図6-5においても統計的に裏付けられる。区内各地域の就学前年齢人口は、最も早い時期にマンション建設が行われた区南西部（野田6丁目・吉野5丁目・大開4丁目）では緩やかに減少しており、次にマンション建設が行われた区南東部・東部（福島・玉川・野田1丁目〜3丁目）では増加傾向にあったものの2017年を境に減少、または横ばいとなっている。現在マンション開発が盛んな区北部（鷺洲・海老江）では、就学前年齢人口は2013年以降緩やかに増加してきたが、2018年から2019年にかけては急増している。マンション建設や古い住宅の建て替えが行われている区中部（野田4丁目〜5丁目・吉野1丁目〜4丁目・大開1丁目〜3丁目）では就学前年齢人口が緩やかに増加している。

　福島区への転入者は通勤の利便性を重視しており、特に梅田へのアクセスの良さや、区内のどの地域でも駅の徒歩圏内であることから、福島区は大阪市全域でも人気が高い地域である[24]。また治安の良さや公園が適度にあることなど、子育て環境の面での転入者からの評価も高い[25]。こうした理由から、転入者の多くは福島区内の特定の地域ではなく、福島区全域で物件を探す傾

向があるという[26]。しかし、聞き取り調査を実施した2件の不動産業者と7つの小中学校からは、学校の評判や学力テストの結果を重視した特定の校区への転入を希望する転入者を聞いたという回答は得られなかった。福島区への転入者は、学校や学力テストの情報を頼りに特定の校区へ転入しているというよりは、福島区そのものの居住環境の良さを理由に居住地選択を行う傾向にあると考えられる。

図6-4. 福島区における各地域の6歳以下人口

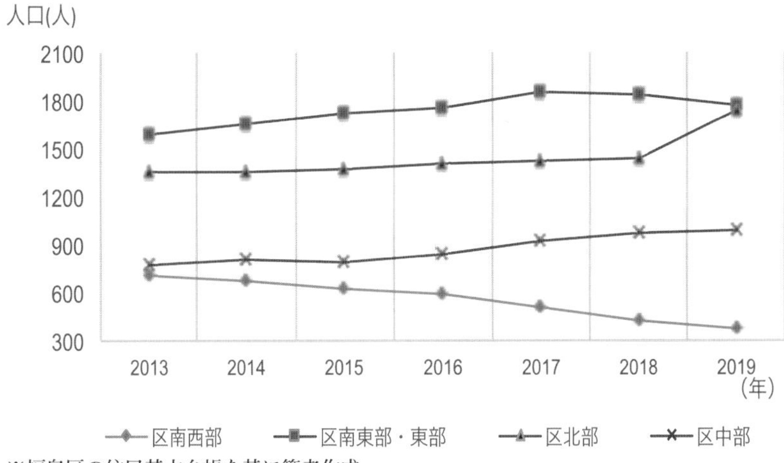

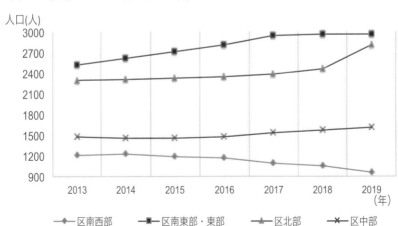

※福島区の住民基本台帳を基に筆者作成。

図6-5. 福島区における各地域の12歳以下人口

※福島区の住民基本台帳を基に筆者作成。

表6-6. 西区で実施した聞き取り調査の対象者と調査日

調査対象者	調査日
S中学校　　　教頭	2019年 8 月19日
T中学校　　　教頭	2019年 8 月 5 日
U中学校　　　校長ほか1名	2019年 8 月 5 日
V小学校　　　校長	2019年 8 月20日
W小学校　　　校長	2019年 8 月23日
X小学校　　　校長	2019年 8 月23日
西区役所　　　l氏	2019年 9 月24日
不動産業者⑤　m氏	2019年10月 8 日
不動産業者⑥　n 氏	2019年10月24日
不動産業者⑦　o 氏	2019年10月25日

（c）西区

　西区では、学校選択制の利用状況について、調査対象地域内の2校の中学校と5校の小学校に聞き取り調査を依頼し、表6-6に示した6校の校長または教頭から回答を得たほか、区役所の窓口サービス課のl氏から話を聞いた。また、転入者の居住地選好について、賃貸を中心に西区の物件を扱っている区内の3件の不動産業者に対して聞き取り調査を行った。

　表6-1で示したように、西区は区内の就学前年齢人口が急増している。そのため校区内の児童生徒の増加によって各学校の定員が満たされ、校区外からの選択希望者を受け入れられるだけの設備面での余裕がない。各学校は児童生徒数の増加により、習熟度別授業に利用していた空き教室を一般教室として利用せざるを得なくなる[27]、校舎の増築工事を行っている期間グラウンドなど一部設備が使えない[28]、などといった状況に直面している。さらに増築工事をして学校の収容可能人数を増やしても、数年でまた定員に達してしまうほど、校区内の児童数が激増している学校もある[29]。

　したがって、調査対象地域の小中学校はいずれも、校区外からの選択制利用者の受入れ可能人数が「若干名」となっている。しかし、選択希望者は年々増加しており、2019年度には7校のうち6校で抽選となった。中学校では福島区と同様に私立中学校などへの進学者の分、定員に余裕ができるが、小学校では希望する学校へ通うことができるのは各校数名ずつしかいない[30]。

　学校選択制利用者は通学時の安全[31] や交友関係[32]、中学校では部活動[33]を重視している。通学時の安全は、通学指定校への通学時に大きな道路を横

断する必要がある校区で、それを避けるために学校選択制が利用されている[34]。また西区役所の l 氏によると、僅かではあるものの、通学指定校の児童生徒数の急増によって教員の目が行き届かなくなることを懸念し、児童生徒数の少ない学校を選択する保護者もいる。

　一方、西区への転入者の居住地選好は、港区や福島区とはやや異なる様相を示している。不動産業者⑤の m 氏と不動産業者⑥の n 氏によると、転入者は利便性や居住環境の良さを理由に西区を選ぶことが多いが、中には特定の学校への入学を強く希望する人がいる。また区役所や学校にも、特定の住所地がどの校区に含まれるのかという問い合わせが、不動産業者や企業から毎年のようにある[35]。そうした転入者は、すでにその地域に住んでいる知り合いからの情報や、ウェブサイトに掲載されている学校の評判などを見て学校を選ぶ傾向がある[36]。ただし、そこで参考にされているのは校内環境や学校の雰囲気などであり、公開されている学力テストの結果を見て学校を選ぶ転入者がいるという回答は、聞き取り調査を実施した7つの小中学校と3件の不動産業者からは得られなかった。

　しかし、興味深いのは、こうした特定の校区への転入は区外からだけではないということである。l 氏への聞き取りによると、確実に特定の学校へ子どもを通学させたい保護者が、学校選択制を利用せずに区内で引っ越すことがある。入学前に希望する学校の校区へと引っ越してしまえば、確実にその学校へと通うことができるからである。中には学校選択制の抽選に外れ、補欠当選者の繰り上げ入学でも希望する学校に行けないことが判明した後に、希望する学校の校区へと引っ越す保護者もいる。l 氏は、毎年区役所に「どうすれば希望する学校に、確実に通うことができるのか」という質問が寄せられると述べていたが、実際に筆者が参加した区の保護者向け制度説明会[37]でも、参加者から引っ越しによる通学指定校の変更に関する質問が複数挙がっていた。

　また、大阪市では、特別支援学級の設置形態や教員配置が学校によって異なっているため、それを理由に学校選択制を利用する保護者もいる[38]。にもかかわらず、先述したように、西区では就学前年齢人口の増加により各学校に校区外からの児童生徒を受け入れられる枠が少なく、学校選択制を利用しても抽選に外れる可能性が高い。そのため、必要な支援が受けられる学校へ確実に通わせるために区内で引っ越す保護者がおり、事前に特別な支援を要する児童生徒の保護者から、校区内への転入の相談を受ける学校もある[39]。

図6-6. 西区における主な学校選択行動（模式図）

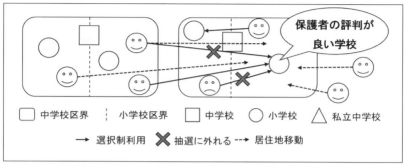

※西区の小中学校および区役所への聞き取り調査の結果を基に筆者作成。

　聞き取り調査で得られた情報を総合すると図6-6のようになる。区内の保護者が学校選択制を利用する場合、校区の人口増加によって各学校の学校選択制の受入れ可能人数が少ないため、抽選に外れると希望する学校には通うことができない。しかし区外または区内の他校区から希望する学校の校区へと転入した場合、希望する学校に確実に通学することができる。希望する学校の校区へと転居する経済的余裕のある家庭は限られていると考えられるが、こうした転居が発生することで特定の校区の児童生徒数がさらに増え、学校選択制を利用した校区外からの通学はさらに困難となるだろう。

3．保護者の学校選択行動
（a）保護者の学校選択理由と情報源――保護者へのアンケート調査より

　ここまでは各区における保護者の学校選択行動について、学校や区役所、不動産業者、地域住民への聞き取り調査を基にその諸相を示してきた。それでは実際に学校選択を行っている保護者は、どのように学校を選んでいるのだろうか。本節では、保護者を対象に実施したアンケート調査の結果と聞き取り調査の内容を示し、各区における保護者の学校選択行動の実態をより詳しく見ていく。

　まずはアンケート調査の概要と結果を記述する。今回のアンケート調査は第2章で示した大阪市のアンケート調査の質問と選択肢を参考に作成し、学校選択の理由とその際に参考にした情報について質問した。学校選択制を利用、または入学前に居住地移動を行った保護者を対象とし、表6-7に示した

表6-7．アンケート回答者の一覧

回答者	1	2	3	4	5	6	7	8	9	10	11
居住地	港 区	港 区	港 区	港 区	福島区	福島区	福島区	福島区	西 区	西 区	西 区
学校選択制利用	中学校	中学校	中学校	中学校	小学校	中学校	中学校	中学校	小学校	小学校	—
入学前の引っ越し	—	—	—	—	此花区から	—	—	此花区から	—	—	西区内から

※アンケート調査の回答を基に筆者作成。

表6-8．学校選択制を利用した理由

学校選択理由	アンケート回答者										合計
	1	2	3	4	5	6	7	8	9	10	
自宅から近い			○			○				○	3
通学しやすい/安全に通学可					○					○	2
兄姉が通っている											0
友達と同じ学校								○	○		2
教育方針や教育内容						○				○	2
学校や児童生徒の雰囲気	○					○		○			3
学校の施設や設備						○					1
学校の伝統や校風											0
やりたい部活動	○	○	○	○		○					5
進路状況						○					1
全国学力テストなどの結果						○				○	2
児童生徒数や学級数					○	○	○				3
学校行事が充実している						○					1
校区の雰囲気						○	○				2
地域による支援が充実している											0
通学指定校に行きたくない					○		○	○	○		4
その他									○		1

※アンケート調査の回答を基に筆者作成。

表6-9．学校選択制利用時に学校の情報を得た手段

学校の情報を得た手段	アンケート回答者										合計
	1	2	3	4	5	6	7	8	9	10	
配布された「学校案内冊子」を見た		○	○	○	○				○	○	6
学校公開に参加した											0
各学校の学校説明会に参加した					○		○			○	3
知り合いから話を聞いた	○				○						2
学校のHPを見た			○	○	○					○	4
学校以外のHPやウェブサイトを見た											0
その他											0

※アンケート調査の回答を基に筆者作成。

11名の保護者から回答を得ることができた。本項ではこのうち、学校選択制を利用した10名の学校選択制利用者の回答に注目し、保護者の学校選択行動の傾向について、前節の学校や区役所への聞き取り調査から得られた情報と照らし合わせ検討してみる。なお、回答者5と8は小学校入学前に現在の居住地へと 転入し、回答者5は小学校入学時に、回答者8は中学校入学時に、それぞれ学校選択制を利用している。この2名と回答者11の居住地移動に伴う学校選択については、次項で詳しく取り上げることとする。

　表6-8は学校選択制を利用した10名の学校選択理由（複数回答可）である。最も回答数が多かった理由は「やりたい部活動」で、中学校で学校選択制を利用した7名の回答者のうち5名が理由に挙げている。特に港区の回答者4名は全員が部活動を理由とした選択であり、この4名の通学指定校と選択した学校を確認すると、いずれの回答者の通学指定校も部活動の数が少ない中学校であり、そこから部活動の数が比較的多く選択が集中している学校を選んで通学していた。その他には「自宅から近い」、「学校や児童生徒の雰囲気」、「児童生徒数や学級数」を理由に挙げた回答者も3名ずついた。また、4名が「通学指定校に行きたくない」という理由を選んでおり、自由記述欄では「（通学指定校は）人数が少なく新しい人間関係が築きにくい」[40] や「新しい環境に身を置きたかった」[41] といった、中学校への進学を機に新しい交友や環境を求める理由が見られた。そのほか、児童や保護者の人間関係を理由に、通学指定校を避け他の学校を選択するといったケースもある。さらに、教育方針や教育内容、学力テストの結果といった、各学校への聞き取り調査では得られなかった理由で学校選択制を利用している保護者も、少数ではあるが確認できた[42]。

　表6-9には、10名の学校選択制利用者が何から学校の情報を得たのかを示した。次年度新入生の保護者に各区から配布される「学校案内冊子」を見たという回答者が6名で最も多く、次いで学校のホームページから情報を得たという回答者が4名いた。一方、学校公開に参加したという保護者と、学校以外のウェブサイトから情報を得たという保護者は、今回のアンケート回答者の中にはいなかった。アンケートの結果を見ると、複数の手段を利用して学校の情報を収集している保護者が多い一方、回答者2と回答者8のように学校の情報は調べず、子どもの希望を尊重して、学校選択制を利用したという保護者もいる[43]。

　今回のアンケート調査では分析に足る十分な量のサンプルを集めることができなかったため、この結果から保護者の学校選択について明確な傾向を見出すことはできない。しかし、各区の学校選択制利用に関する学校や区役所の認識との間に、大きな齟齬はないといえよう。今回のアンケート調査では分析に足る十分な量のサンプルを集めることができなかったため、この結果から保護者の学校選択について明確な傾向を見出すことはできない。しかし、各区の学校選択制利用に関する学校や区役所の認識との間に、大きな齟齬はないといえよう。

表6-10. 学校選択行動およびその理由と情報源

	学校選択行動	理由	どこから情報得たか	調査日
p 氏 (回答者 1)	学校選択制を利用（中学校）	・学校の雰囲気（通学指定校が当時荒れていた） ・やりたい部活動	・中学校の保護者の話	2019年 7月24日
q 氏 (回答者 5)	小学校入学前に転居（此花区→福島区）	・保護者の職場への通勤の利便性 ・子育て環境（公園の有無）	・学校の説明会 ・配布された「学校案内冊子」	2019年 6月29日
	※希望する学校の校区に条件に合う物件がなく、転居後に選択制を利用。			
	学校選択制を利用（小学校）	・学力テストの結果 ・学校の方針（重点的な取り組み） ・設備（グラウンドが広い） ・学校の雰囲気（私立中学校進学者が多い）		
r 氏 (回答者 8)	小学校入学前に転居（此花区→福島区） 学校選択制を利用（中学校）	・区の雰囲気（此花区の学校が当時荒れていた） ・保護者の出身地 ・交友関係（学外の友人と同じ学校を本人が希望）	－ 情報収集はしていない	2019年 1月21日
s 氏 (回答者 11)	小学校入学前に転居（西区内）	・交友関係（幼稚園の仲が良い友人と同じ学校） ・学校の設備（グラウンドの広さ・改修工事） ・学校の雰囲気（指定校は私立中学校進学者が多く子どもの性格を考えると不安） ・選択制利用の自粛を婉曲的に求められた	・小学校の保護者の話 ・幼稚園と小学校の交流行事	2019年 11月13日

※聞き取り調査を基に筆者作成。

（ｂ）具体的な学校選択行動の事例——保護者への聞き取り調査より

　次に、保護者への聞き取り調査を基に、具体的な学校選択の事例を取り上げる。今回はアンケート調査の回答者に対して聞き取り調査を依頼し、表6-10に示した４名の保護者と直接面談した。本項ではそれぞれの事例について記述し、実際に起こっている具体的な現象を確認する。

　○港区・ｐ氏の事例

　港区に在住のｐ氏は、子どもが希望する部活動が通学指定校に無いことを理由に、中学校で学校選択制を利用した[(44)]。ｐ氏は学校選択制を利用するにあたって、配布された「学校案内冊子」や学校のホームページ等は見ず、実際に中学校に通学している保護者から、学校生活や部活動について話を聞き、学校選択制の利用を決めた。学校選択は子どもの将来に大きく影響するため、保護者が情報を収集するのは当然のことであるとｐ氏は話し、最も信頼できる情報源として、実際に通学している保護者から情報を得ることにした。ｐ氏の居住している小学校区では、ｐ氏と同じく学校選択制を利用して校区外の中学校へ通う生徒が多く[(45)]、元々中学校の校区ではない地域の保護者がどのようにして中学校や校区地域の保護者と関係を構築していくかが、学校選択制を利用した保護者の今後の課題であるとｐ氏は考えている。

　○福島区・ｑ氏の事例

　福島区に在住のｑ氏は元々此花区に住んでいたが、夫の職場への通勤利便性を理由に福島区へ引っ越した[(46)]。その際に福島区役所に赴き「学校選択制案内冊子」を入手したり、候補の小学校の学校説明会に参加したりして小学校の情報を収集した。最終的には私立中学校を受験する児童が多いことや、学校を挙げて取り組んでいる取り組み、グラウンドの広さなどを理由に、現在通っている小学校に子どもを通学させることとした。しかし、希望する小学校の校区内で条件に合う物件を見つけることができなかったため、隣接する小学校の校区内へと引っ越し、学校選択制を利用して希望する小学校へ子どもを入学させた。ｑ氏は、自分で情報を集め、強く希望して選択した学校を、全面的に信頼していると話している。また、自分で選んだ以上は学校や居住地域に協力するべきだと考えており、学校や地域の行事にも親子で積極的に参加するべきだと考えている。

　○福島区・ｒ氏の事例

　r氏は学校選択制が導入される以前、子どもが小学校に入学する前に此花区から福島区へと引っ越してきた[47]。当時は此花区の学校が荒れていると言われており、より良い教育環境を求めて福島区へと転入した。その後、子どもが、小学生の頃に参加していた地域のスポーツクラブの友人と同じ中学校を希望した。元々r氏は通学指定校に進学させるつもりであったが、福島区はどの学校も落ち着いており教育環境が良いと感じていたため、子どもの希望で学校選択制を利用した。選択先の中学校でも大きな問題はなかったが、子どもが学校選択制を利用して校区外から来た生徒であるがゆえに、教員から人間関係のトラブルや通学指定校に行きづらい事情があるのではないかと誤解された経験があったという。福島区では先述したように学校選択制の利用率が低いが、それゆえに学校選択制を利用した生徒に対してこのような誤解がもたれるなど、当時の教員の間でも制度が十分に理解されていなかったのではないかと、r氏は指摘する。

　○西区・s氏の事例

　s氏は子どもが小学校に入学する前に、西区内で引っ越しをしている[48]。すでに小学校に通っている兄姉がいる幼稚園の友人の保護者を中心に、私立中学校への進学者数や教員の評判、学校の雰囲気などといった小学校の情報が幼稚園の保護者の間で共有されており、s氏もそうした情報を活用していた。s氏の子どもは発達段階にやや遅れが見られると診断されており、通学指定校は私立中学校への進学者が多いため勉強や交友で不安が残ると考え、学校選択制を利用して隣接する学校へと通わせることにした。ところが、学校説明会の際に小学校の支援体制について尋ねると、学校選択制を利用した校区外からの通学を自粛するよう、婉曲的に伝えられたという。これを受けてs氏は、希望校へと確実に通学することができる校区内へと引っ越した。また、s氏の子どもの友人で、日常的に車いすを使用している児童は、学校選択制の利用を明確に断られたという話も聞いたことがあるといい、s氏は大阪市ではインクルーシヴ教育が推奨されているが、学校選択制の利用に関しては十分に配慮がなされていないと指摘する。

4．保護者の選択行動に対する各学校の反応

　大阪市の学校選択制では、保護者の選択による選好顕示を受けて各学校が運営改善を図り、その結果大阪市の小中学校の学校運営の適正化や教育水準

の向上が実現するとされていた。それでは、以上のような保護者の学校選択を受けて、各小中学校では何かが変化したり、新たな対応に迫られたりしているということはあるのだろうか。本節では表6-2、表6-4、表6-6で示した合計24の小中学校への聞き取り調査を基に、各学校の反応や影響について記述する。

　まず、今回聞き取り調査を実施した中で、学力テストの結果や進路状況について学校選択制導入前後で変化があったという学校はなかった。加えて、学校の教育方針についても、学校選択制の導入や保護者の選択を理由に変更した学校はなかった。ただし、児童生徒数の減少により従来の教育活動が維持できなくなっている学校や、児童生徒数の増加やそれに伴う増築工事によって学校の設備が不足したり使えなくなったりしている学校[49] がある。また、校区外から通学する児童生徒への家庭訪問や登校指導において教員の負担が増加すること[50] や、児童生徒数の増加によって教員の目が行き届かなくなること[51]、児童生徒数の減少に伴う教員数の減少によって教員の仕事が増加すること[52] を不安視する声も挙げられた。

図6-7. 学校選択制利用者の流出による学級数減少の模式図

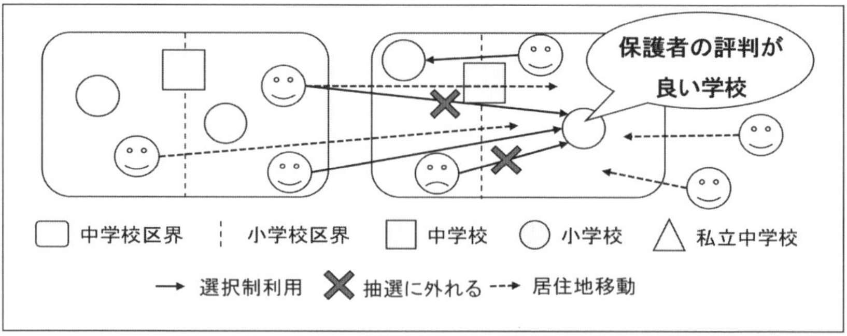

※聞き取り調査の内容を基に筆者作成。

　学校選択制の導入により、次年度入学者数が確定する時期が遅くなり、学級編成や教員配置などの準備が遅れることを指摘する学校もある[53]。前年度に算出される校区内の入学予定者数から、学校選択制利用者の分人数が増減するため、次年度の学級編成や教員数が直前になって変更されることがある。

　例えば、図6-7で示すように、学校選択制を利用して児童生徒がほかの学校へと流出し、1学級当たりの上限人数（小学1年生は35名、中学1年生は

40名）を下回ってしまった学校では、学級数が1つ減少する。I小学校の教頭は、これにより教員数が削減されるほか、学級数が減らない場合に比べて1学級当たりの児童生徒数が多くなるため、教員1人当たりの負担が増大すると指摘する。

図6-8. 学校選択制利用の流入による学級数増加の模式図

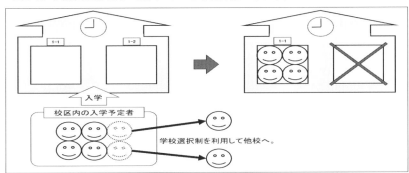

※聞き取り調査の内容を基に筆者作成。

　一方、図6-8で示すような、校区内からの入学予定者数が1学級当たりの上限人数寸前の学校では、校区外からの学校選択制利用によって児童生徒が増えると、1学級当たりの上限人数を超過するため学級数が増える。T小学校の教頭は、これにより1学級当たりの児童生徒数には余裕ができる一方、特別教室や習熟度別学習などに必要な空き教室を使用しなければならなくなり、設備面での余裕がなくなることを危惧している。

　入学者が新年度直前まで確定しないことによる学校の困難は、児童生徒の数だけではない。学校選択制利用の理由には、学校間の支援体制の違いや、支援を要する児童生徒に必要な設備の充実度合いもある[54]。こうした状況に対して西区のX小学校の校長は、特別な支援を要する児童が学校選択制を利用した場合、学校に十分な支援体制が整っていない場合があることを指摘している。校区内に住んでいる児童生徒の場合、小中学校に入学する前から幼稚園や保育所との連携の中で、必要な支援の体制を整えることができる。しかし学校選択制を利用した校区外からの入学者が確定するのは入学前年度の12月以降であるため、特別な支援を要する児童生徒に対して十分な支援体制や環境が各学校に整っているとは限らず、また各学校の準備も間に合わない。このように、各学校の最終的な入学者が新年度開始直前になって確定するた

196

め、学級数や設備、体制などにおける学校の準備時間が十分に確保できない
という意見が多く挙げられた。

　こうした各学校における負担の増大を懸念する声が挙がる一方、学校選択
制との向き合い方や、従来の学校の教育活動の在り方を見直している校長も
いる。港区のC中学校の校長は、各学校が保護者に対して特色を示し、それ
を選んだ保護者にも責任をもって学校運営に協力してもらう必要があると指
摘する。港区では現状、本来の目的とは異なる形で学校選択制が利用されて
いるが、各学校の方針を見て学校を選ぶ、選んだ学校に参画する、などとい
った保護者の責任を明確に示し、各学校も選択結果に対する十分な検証を行
うことで、学校選択制が本来目指していた公立小中学校の活性化や教育の質
の向上につながるのではないかと、同校長は語る。

　また、校区の人口が減少している港区のD中学校の校長は、予算や教員数
の減少による教育活動の縮小や教員の負担増大を指摘する一方、教員や生徒
数が減少している中で、これまでの行事や教育活動を見直す良い機会でもあ
ると考えている。しかし、現時点では課題の整理や検証が十分にできておら
ず、発展や改善にまで到達できていないと同校長は話している。

　以上のように、少なくとも聞き取り調査の範囲においては、各学校は児童
生徒数の増減や学校間の支援体制や設備の差による保護者の選択に対して、
様々な対応に迫られていることが確認された。これらはもともと各小中学校
の間に存在した、校区における就学前年齢人口の不均衡や人口動態によるも
の、あるいは大阪市全体の教育行政の課題として解決されるべきものであり、
各学校の努力のみで改善されるものではない。こうした現状は、保護者の選
好顕示を受けて各学校が学校運営を改善していくというような、学校選択制
導入時の想定とは異なったものとなっている。

5．3区における学校選択行動のまとめ

　以上の調査結果を前章で指摘した三つの可能性と照らし合わせながら整理
する。まず、「学力テストの結果が良くない学校を回避する目的で学校選択制
が利用されている」という可能性についてである。まず、今回実施した24の
小中学校と3つの区役所に対する聞き取り調査からは、そのような回答は得
られなかった。しかし、福島区では、学校選択制があまり利用されていない
理由として、中学校の教育水準や部活動、校内環境に大きな差がないことが

要因ではないかという指摘がなされた。また学校への聞き取り調査からは、家からの距離や児童生徒数の増加による校内環境の悪化、生徒数の減少による部活動の選択肢の少なさ、保護者へのアンケート調査からは児童生徒の友達同士のトラブルなどにより「通学指定校へ行きたくない」といった選択理由が確認できた。

　次に、「公開された学力テストの結果が特定の校区への転入を誘発している」という可能性についてであるが、こちらも港区と福島区の小中学校および不動産業者への聞き取り調査からは確認できなかった。q氏のように転入に際して熱心に学校の情報を収集する保護者もいたが、上記の二区ではおおむね通勤利便性や住宅価格が重視されている。西区では、特定の学校への通学を強く希望する保護者が、その学校の校区へと転入することがあるという回答が得られたが、学力テストの結果を見て学校を選んだという転入者は、聞き取り調査からは確認できなかった。第2章で示した大阪市のアンケートの結果も踏まえると、公開された学力テストの結果は、学校選択の際にあまり重視されていないと推察される。

　最後に、「就学前年齢人口の増加により、学校選択制を利用したくてもできない状況がある」という可能性についてであるが、一部の区でこれについてあてはまる状況が確認できた。特に就学前年齢人口が急増している西区において、校区内の就学前年齢人口の増加により、選択希望者の受入れ可能人数がどの学校も少なく、希望する学校を選択したくても抽選によって選択できない可能性が高いという状況も確認された。そうした中、確実に希望する学校へ通わせるために行政区内で引っ越す保護者も存在し、行政区外からの転入者も増加の一途をたどっているため、保護者の評判の良い学校では児童生徒数の増加が止まらない。反対に、児童生徒数が減少している港区では、定員を超過して抽選となる学校は現状では1校のみであり、ほとんどの学校選択制利用者が希望する学校に通うことができる。そのため、校区内の児童生徒数が減少している学校の校区から、児童生徒数が多い学校への学校選択制利用が行われるなど、児童生徒数（学校規模）の二極化が進んでいると言える。このように学校選択制を利用して希望する学校へ通うことができる人数は、行政区や校区の就学前年齢人口の動態によって大きく異なる。これは、第3章の分析結果を裏付ける知見である。

　聞き取り調査とアンケート調査では、学校選択制利用と転入に伴う学校選

択の双方において、保護者は保護者同士で共有される学校の情報や評判で学校を選んでいるという回答が得られた。学校を選択する保護者からすれば、実際にその学校に通う児童生徒の保護者からの情報は貴重なものであろう。しかし、こうした情報はある時点での学校の教育活動の一側面に過ぎないため、教員の異動によって状況が変化したり、誤った情報が風評として拡散されたりする可能性もある。また港区のように、保護者が学校の情報を参照せずに学校選択をする場合、たとえ学校が魅力的な取り組みや課題の解決策を発信したとしても、学校選択行動の最中にいる保護者に直接評価されることがない。

　以上のことを踏まえて、調査対象地域における学校選択制の現状について次の点を指摘できよう。まず、学校選択に資する情報であるとして公開された学力テストの結果は、学校選択制利用および転入に伴う居住地選択の際にあまり重視されていない。保護者が重視しているのは自宅からの距離や通学時の安全性、交友関係、部活動の有無、学校の雰囲気や校内環境などであり、特に小学校では学力テストの結果を重視して学校を選ぶ保護者は少数である。少なくとも聞き取り調査の範囲においては、公立小中学校の選択に向けた学力テストの結果の公開は、制度が想定したような選択に資する情報としての機能を十分に果たしているとはいえない。

　次に、望む学校の選択ではなく、不利な条件をもつ通学指定校の回避手段として、保護者が学校を選んでいる場合がある。こうした選択自体は制度上何の問題もなく、むしろ学校選択制の導入により、私立学校へ通わせたり引っ越したりする経済的余裕がない家庭でも、望まない学校を回避できるようになったという評価も可能である。しかし、こうした回避の要因の多くは、各校区にもともと存在した就学前年齢人口の違いによるものや、大阪市全体の教育行政の課題として解決されるべきものであり、各学校の自助努力のみで対応し改善できる課題ではない。したがって、保護者の選好顕示を受けて学校が運営を改善するといった、学校選択制が想定していたような教育サービスの最適化や質の向上には直接繋がらないと考えられる。

　さらに、上述した港区と西区のように、各行政区および校区の人口動態が保護者の学校選択行動に影響を与えている。大阪市が保護者を対象に実施しているアンケートでも、「学校によって受け入れ人数の差が大きく、また、受入可能人数が少なくて実質的に選択できない学校があった」といった回答が

毎年のように寄せられている⁽⁵⁶⁾。このように、就学前年齢人口の動態によって学校選択制の利用可能性に差が生じている。

　大阪市の学校選択制は、学力テストの結果をはじめとした情報公開と、保護者の選好顕示による学校評価を制度化することで、公立小中学校における競争と教育の質の向上を目指すものであった。しかし、聞き取り調査を実施した各区では、実際の保護者の学校選択やそこから生じている現象は、公立小中学校の活性化や教育の質の向上といった、制度推進派が思い描いていた現象や効果とは異なっている。一方で、制度導入時の議論で懸念されていたような、学力公開による学校間格差の拡大についても、現段階の分析では、保護者はあまり学力を重視した学校選択を行っていないという点で、実際の現象とは異なっている。むしろ、各学校の所在地における、人口動態をはじめとした地理的な要因によって、学校が選択されている（いない）というのが、学校選択制の現状であるといえよう。

　　注
（１）区役所のａ氏提供の資料による。
（２）Ａ中学校、Ｄ中学校、Ｆ小学校への聞き取りによる。
（３）Ｆ小学校校長とＫ小学校校長への聞き取りによる。
（４）Ｃ中学校校長、Ｅ小学校校長、Ｊ小学校教頭への聞き取りによる。
（５）表6-2に示した４つの中学校の校長とＫ小学校校長への聞き取りによる。
（６）Ａ中学校校長、Ｂ中学校校長、Ｄ中学校校長への聞き取りによる。
（７）Ｉ小学校教頭、Ｊ小学校教頭、Ｋ小学校校長への聞き取り、および区役所のａ氏提供の資料による。
（８）Ｉ小学校教頭、Ｊ小学校教頭、Ｋ小学校校長への聞き取りによる。
（９）Ｉ小学校教頭とＪ小学校教頭への聞き取りによる。
(10)　Ａ中学校の校長、Ｄ中学校の校長、Ｋ小学校の校長への聞き取りによる。
(11)　Ｅ小学校の校長への聞き取りによる。
(12)　2019年９月８日に港区役所で実施。
(13)　不動産業者①のｂ氏、不動産業者②のｃ氏への聞き取りによる。
(14)　ｂ氏、ｅ氏、元区PTAのｄ氏への聞き取りによる。
(15)　Ｄ中学校校長、ｂ氏、ｃ氏、ｄ氏、元Ｉ小学校地域活動協議会のｅ氏への聞き取りによる。
(16)　Ｍ中学校校長とｆ氏への聞き取りによる。
(17)　同上。
(18)　Ｌ中学校の校長の聞き取りによる。
(19)　Ｍ中学校校長と区役所のｆ氏への聞き取り、およびＮ中学校教頭の回答

による。
(20) L中学校校長、M中学校校長、P小学校校長、Q小学校教頭への聞き取りによる。
(21) L中学校校長、M中学校校長、f氏への聞き取りによる。
(22) M中学校校長、O小学校教頭、R小学校教頭、不動産業者④のi氏、元区PTAのk氏への聞き取りによる。
(23) L中学校校長、k氏、元福島区民生委員のj氏への聞き取りによる。
(24) 不動産業者③のg氏、h氏と不動産業者④のj氏への聞き取りによる。
(25) 同上。
(26) 同上。
(27) S中学校教頭とX小学校校長への聞き取りによる。
(28) U小学校校長とW小学校校長への聞き取りによる。
(29) U小学校校長とV小学校校長への聞き取りによる。
(30) 区役所のl氏への聞き取りによる。
(31) T小学校教頭、U小学校校長、l氏への聞き取りによる。
(32) S中学校教頭、U小学校校長、l氏への聞き取りによる。
(33) S中学校教頭とl氏への聞き取りによる。
(34) T小学校教頭、U小学校校長、l氏への聞き取りによる。
(35) U小学校校長、V小学校校長、l氏への聞き取りによる。
(36) U小学校校長、不動産業者⑤のm氏、不動産業者⑦のo氏への聞き取りによる。
(37) 2019年9月12日に西区役所で実施。
(38) A中学校校長、U小学校校長への聞き取りによる。また、筆者が2017年11月15日に住吉区の別の小学校校長に対して実施した聞き取り調査でも、同様の回答が得られた。
(39) X小学校校長への聞き取りによる。
(40) 回答者4のアンケートの自由記述による。
(41) 回答者7のアンケートの自由記述による。
(42) 回答者6、7のアンケートの自由記述による。
(43) 回答者8への聞き取りと、回答者2の話による。
(44) 本段落は特に断りがない限り、p氏への聞き取り調査による。
(45) p氏、C中学校の校長、F小学校の校長への聞き取り調査による。
(46) 本段落は特に断りがない限り、q氏への聞き取り調査による。
(47) 本段落は特に断りがない限り、r氏への聞き取り調査による。
(48) 本段落は特に断りがない限り、s氏への聞き取り調査による。
(49) D中学校校長、F小学校校長、M中学校校長、S中学校教頭、W小学校校長への聞き取りによる。
(50) C中学校校長、J小学校教頭、V小学校校長への聞き取りによる。
(51) R小学校教頭、S中学校校長、W小学校校長、X小学校校長への聞き取

りによる。

(52) D中学校校長、E小学校校長、K小学校校長への聞き取りによる。

(53) A中学校校長、I小学校教頭、J小学校教頭、T小学校教頭への聞き取りによる。

(54) 筆者が2017年11月15日に住吉区のY小学校の校長に対して行った聞き取り調査では、足の不自由な児童が通学指定校に段差が多くスロープが少ないことを理由に学校選択制を利用した事例があったという。

(55) 大阪市，2015a，平成26年度学校選択制実施区における保護者アンケートの結果について（http://www.city.osaka.lg.jp/kyoiku/cmsfiles/contents /0000305/305207/tyousakekka.pdf　2017年11月4日閲覧）

　　———，2015b，平成27年度学校選択制実施区における保護者アンケートの結果について（http://www.city.osaka.lg.jp/kyoiku/cmsfiles/contents /0000332/332067/tyousakekka.pdf　2017年11月4日閲覧）

　　———，2016，平成28年度学校選択制実施区における保護者アンケートの結果について（http://www.city.osaka.lg.jp/kyoiku/cmsfiles/contents /0000384/384317/0001A.pdf　2017年11月4日閲覧）

第7章　学校選択制の学校に対する影響とその反応
——フィールド調査に基づいて

1. はじめに

　本章では、主に教員へのインタビュー調査に基づいて、学校や教員側の視点から学校選択制および「切磋琢磨」の考え方について検討していく。繰り返しになるが、学校選択制は、「児童、生徒、保護者が学校を選ぶことができず、学校間の競争がないため、教育サービス提供の切磋琢磨がない状況」（大阪維新の会2011, p.7）の打開策として捉えられ、導入された。それでは、教員たちは、こうした学校間の競争やそれに基づく学校の教育改善についてどのように捉えているのだろうか。また、学校選択制の導入は実質的に学校にどのような影響をもたらしているのだろうか。

　第3章や第6章で述べたように、大阪市各区の学校選択制の実施状況についてみれば、「切磋琢磨」のベースとなる競争的環境は区間で不平等に存在している。都心回帰下の大阪市において、児童生徒数が過密になりつつある都心部の区では学校選択制があまり機能していない。逆に、選択制の利用が活発になり生徒数の変動が増大しているのは、生徒数の減少が著しい市の周縁部（南部・西部臨海部など）の区であり、これらは同時に社会経済的背景が相対的に厳しい区である。端的にいえば、学校選択制による「切磋琢磨」（＝競争）のプレッシャーは、全市の学校に一律にではなく、特に、児童生徒数が減少傾向にあり、かつ社会経済的背景が厳しいエリアに強く付与されている。第3章などでも指摘したように、そうした社会経済的背景が厳しいエリアにおいては、学校は貧困等を背景としたさまざまな教育課題に多く直面する中、「貧困対策のプラットフォーム」（山野2018）としての役割が期待されている。そうした中で、学校選択制の実施に教職員の力が注がれたり、競争にストレスを感じたり、あるいは、旧来の校区を越えた子どもたちに対応の範囲が広がったりすることは、学校の教育活動に注ぐエネルギーを拡散させ、子どもを支える力を弱めることにつながりはしないだろうか。

　以上のことを念頭に置きながら、以下では、次のような問いについて、節を分けて検討していきたい。

① 学校選択制の利用が活発化している区では、学校教育にどのような影響
　が生じているか。(第2節)
② 上記のような区の学校において、教員たちは学校選択制による、生徒数
　の増減の原因をどのように捉えているか。またそれにどのように向き
　合おうとしているか。(第3節)

　これらの問いについて検討するにあたり、以下では、2015年から現在まで
フィールド調査中に断続的に行ってきた8名の学校関係者への半構造化イン
タビューのデータを中心的に用いる(1)。また、筆者は、大阪市の学校での校
内研修や学校教育改善のためのアクションリサーチなど、さまざまな形で学
校に関わってきたが、そこで出会った教員から得た短い聞き取り(一部、録
音しない形での聞き取りも含む)や学校説明会の観察のデータ等も分析を補
助するデータとして用いる(2)。
　以下の内容であるが、まず、第2節および第3節において、学校選択制が
活発に利用される傾向にある、市の南部・西部臨海部を中心とした区の教員
のインタビューデータに基づき、学校選択制が各校にもたらす影響に関する
教員の見方を明らかにする。続く、第4節では、特に中学校レベルで学校選
択制の利用がさかんになっている区の中学校を事例に、学校選択制の影響に
よる生徒数の変化に対応しながら、どのような学校運営が進められているか
を検討していく。
　以上の分析を通して、教員たちがどのように学校選択制とその影響を捉え
ているかを明らかにするとともに、学校選択制を裏付けている「切磋琢磨の
理論」について現場の視点から検討したい。

2. 学校選択制の学校に対する影響
　大阪市の学校の教員は、学校選択制の学校教育への影響をどのように捉え
ているのだろうか。もちろん、影響という場合、肯定的な影響、否定的な影
響のどちらも考えられる。しかしながら、筆者が行ったインタビュー調査の
データ全体を振り返ったところ、教員の声から学校の教育活動への肯定的な
影響が語られることはほとんどなかった。
　筆者が教員の声から聞かれた数少ない肯定的な影響の例は、「障がいのある
子どもの親にとって選択肢が広がった」というものであった(3)。ある小学校

教員（学校で特別支援学級を担当）は、障がいのある子どもの親が、区内の学校の情報を調べたり、複数の学校説明会に参加したりしながら、少しでも自分の子どものニーズに適した設備や環境をもつ学校を選ぼうとしている状況を語った。同教員は、学校間での競争を促すという学校選択制全体の趣旨には反対するものの、特に、障がいのある子どもの親にとって、学校選択制により子どもにあった学校を選べるようになったことは良いことかもしれないと印象を語った。（しかし、前章でも述べたように、障がいによっては保護者が希望通りの学校選択を断られるケースもあり、他の教員のインタビューからも同様のケースがあると知らされた。）

　筆者が出会った教員の語りの中で、学校選択制の肯定的な影響が語られたのは上の一件のみである。そのほか、学校選択制によって、子どもが居住地域で定められていた学校よりも近くの学校に通える、好きな部活動がある学校に通える、また、小学校時代に人間関係でトラブルのあった他の子どもと違う学校に通える等、児童・生徒や保護者の立場から見てのメリットはあるのだろうという認識は教員のインタビューからも聞かれた[4]。しかし、それらの理由に基づく学校選択が学校教育にポジティブな影響を与えるとの教員の声は聞かれなかった。

　一方で、学校選択制が学校教育にもたらす否定的な影響については、インタビューを通して、多様な意見が語られた。以下、教員の語る学校選択制の否定的な影響を5つに分類して提示することとする。

（1）児童生徒の集中によって生じる不利益

　まず、学校選択制によって、特定の人気校に児童生徒が多く集まることで、その学校の授業や学校づくりに不利益が生じるというものである。そもそも、学校選択制の利用以前に、大阪市の都心回帰の動きにより、都心部の区には子育て世帯の転居が集中し、一部の学校の児童生徒数が急激に増加している。そうした学校では、校区におけるタワーマンション建設が急増し、結果として、児童生徒の過密や教室不足が生じている。教室不足を解消するため、校庭に新校舎が建設されることで、児童生徒の数に比して校庭が狭くなったり、運動会等の行事の運営にも支障が生じるというケースが見られる[5]。こうした都心部の小中学校における過密状況の進行は、児童生徒が安心して学べる環境づくりや、コロナ禍以降の特定のウィルスによる感染症の予防の観点か

らも是正されるべき問題である。

　同様の状況が、児童生徒数の減少が進んでいる都心部以外の区でも、学校選択制の利用が活発になることで一部の学校に生じている。西部臨海部にあるA小学校は、2020年度の児童数は選択制導入前の2013年度に比べ約60％増加し、学級の数も8学級（通常学級が3、特別支援学級が5）増えた。同区では、区長が学校選択制の利用促進に非常に積極的であり、区合同の学校選択制の説明会が開催されているほか、電車やバスを使っての区内公立学校への通学も奨励されている。このような振興策があることに加え、A小学校の教員によれば、同校が学校選択制で多くの児童を集めている背景には、同校が「駅近」にあり、通勤経路で子どもを送り迎えできる「利便性の高さ」もあると語った[6]。この児童生徒数の増加により、元々小規模校だったA小は、学校選択制の影響で、児童数・学級数が増加し、空き教室を用いた少人数授業（分割授業など）が困難になったほか、特別支援教室の確保も難しい状況にあるという。

　ただ、筆者のフィールド調査からは、西部臨海部や南部の小中学校の多くは長期的に児童生徒数の減少が続いており、A校のように急激に児童生徒数が増加し、学校運営に支障をきたす状況は稀であると見えた。

（2）児童・生徒および家庭に対する対応の複雑化

　学校選択制の導入はまた、教員の児童・生徒および家庭の対応にも一定の影響を与えていると考えられる。前述のように、学校選択制が活発になっているのが社会経済的背景が厳しい区であるならば、それらの区の学校は、家庭背景が厳しい児童生徒を多く抱えていると考えられる。つまり、そうした特徴をもつ学校における学校選択制の利用拡大は、それらの学校における生徒指導上の対応をより複雑化させる可能性がある。

　例えば、筆者のインタビュー調査で複数の教員から聞かれたのが、不登校にある児童・生徒の対応において、その児童・生徒が、選択制を利用して就学し学校から遠い地域に居住している場合、教員が家庭訪問を頻繁に行いにくいということであった[7]。この問題は、全市募集の小中一貫校に務める教員からも指摘された[8]。ただ、こうした事態についても、選択制の利用者数が少ない学校の場合には、指導上の負担が増えたと感じていないと答える教員も少なからずいた。

206

こうした子どもおよび家庭に対する対応の「複雑化」について、他の調査
対象者から聞かれたのが、学校と地域の連携による子ども支援の側面である[9]。
学校によっては、さまざまな理由で地域の教育関係者と連携した対応を必要
とする子ども・家庭のケースがある。例えば、児童虐待の対応などで、その
当事者が旧来の校区の外に居住している場合、教員（主に校長や生徒指導担
当の教員）が子どもの居住地域の民生委員など子ども・家庭に関わる地域関
係者と顔なじみでない状況が生じ、それがために、子どもについての情報共
有や連携がスムーズにいかないケースもあるという教員の声も聞かれた。

　家庭の貧困が児童虐待等の発生のリスクと相関があることをふまえれば、
社会経済的背景が厳しい区で学校選択制の利用率が高まっていることは、子
ども・家庭の対応を複雑化させ、子ども・家庭を支えるプラットフォームと
しての学校の機能に負担を及ぼすことになると考えられよう。

（3）児童生徒数の減少による学校運営上の課題

　次に、学校選択制の結果、児童生徒数が減少することは、学校運営にどの
ような影響をもたらすかについて、教員からいくつか意見を得ることができ
た。まず、児童生徒が一定数減ると、学級数や教員定数の削減につながる。
では、教員定数が減るとどのような問題が生じるのか。教科担任制を取って
いる中学校の場合には、十分に学級数が多く教員定数が多い場合には、授業
時数が多い5教科（国・数・英・理・社）については、一人の教員が特定学
年の指導を担当するだけでよいことが多い。逆に、教員定数が少ない小規模
校では、同じ教科で複数の学年を指導する「わたり」の教員が増える。これ
は、教員の教科に関わる仕事として、テスト作成や評価のようなデスクワー
クがより増加することにつながる。また、学校運営に必要とされる校務分掌
も小規模校では一人の教員が多くの分掌を兼務する必要が出てくる。また、
小学校では、教員定数が減ると、国が現在推進している教科担任制も運用が
難しくなるだろう。

　一方で、負担が大きいと思われるのが部活動の運営である。特に中学校に
おいては、大阪市全体として「やりたい部活動がある」が選択制を利用する
理由の上位に上がっている。第6章にも指摘されているが、中学校において
教員定数が減ると、教員が顧問や指導をできないことを理由に、部活動の数
を減らすケースが増えてくる。学校選択制において「やりたい部活動」が選

択理由の上位に上がっていることを考えると、ある教員がインタビューで述べているように、部活動の減少は「学校の魅力の大きな低下」を意味し、その結果、さらなる生徒減を生む「負のスパイラル」に陥るという。このような背景があるため、生徒数が減少し小規模化している中学校では、できる限り部活動の数を減らさないようにと、少ない教員数で部活動数を維持しようと努めている学校もあるというが[10]、そうなればまた教員の負担が増えると考えられる。

（4）地域的背景が厳しい校区からの児童生徒の離脱の問題

また、一部の教員からは、生活背景が厳しい家庭を多く抱えるなど、なんらかの意味でネガティブに捉えられるような校区の地域的背景があることを理由に、児童・生徒の他校への流出が生じているのではないかという声も聞かれた。

例えば、西部臨海部にあるB中学校は、学校選択制の導入後に、生徒の減少が著しい学校の一つであり、学校選択制の導入前（2013年度）に比べると2020年度は全校生徒数が5割近く減少している[11]。インタビューを行った教員によれば、中学校区内にある小学校の卒業生の多く（年度によっては中学校区内の半数ほどの小学校卒業生）が、同中学校に隣接する他の中学校に「流出」している状況があるという。B中学校は区の中心部にあり、立地上の不利はないように見える。同教員は、この「流出」の原因について、校区として社会経済的背景が厳しく、生徒が「落ち着かない」状況がしばしば生じたことに加え、生徒の学力が平均的に低い状況があることも忌避される要因ではないかと指摘している。特に近年では、「チャレンジテストの影響で学力が高い、平均点が高い学校は入試に有利になっていますから、それを考えた親の動きではないか」とも同教員は指摘している。繰り返しの説明になるが、小・中学校の全国学力・学習状況調査の結果については、学校選択制の保護者向けパンフレットにおいて学校別の結果が示されている。それに加え、近年、中学校では、府の統一学力テストであるチャレンジテストの学校平均点が生徒の内申点を左右する仕組みがあり（濱元2018）、学力的に厳しい同中学校が、生徒の進路上の不利を生むとの懸念から、保護者から敬遠されているのではないかというのが同教員が言わんとしていることである。

同教員は、「子どもたちのテストで測られる学力について、生活上の基盤が

あるところと、ないところで違いがあり、すぐに伸びないところもある」と話し、選択制について「テスト結果などに基づき、学校を淘汰する仕組みに思えて仕方がない」と印象を述べている。

　B中学校のように、地域的背景が厳しい学校が「忌避」されていると思われるケースは、筆者がこれまでの調査から得た印象ではそれほど多くはない。しかし、近年、志水（2021）も指摘するように、厳しい地域的背景により学力面で課題のある学校から生徒が「流出」していく兆候はあると考えられる。そうしたタイプの学校では、学力上位に位置づく生徒が他校に流出することにより、学校の教育改善の努力にも関わらず、学校の平均点が伸びにくいという状況もある（この点については終章を参照）。

（5）その他・学校選択制の実施に関わる業務負担と次年度計画
　　の立てづらさ

　以上に加えて、一部の教員、とりわけ管理職からは、学校選択制に関わる業務負担の増加が生じているとの声も聞かれた[(12)]。学校選択制の実施にむけては、子どもや保護者が学校を選べるよう授業参観の増加や説明会の実施、学校選択制用のパンフレットの作成、また、学校選択制における「受け入れ枠」を決めるための校長と区長の調整など、教職員（とりわけ管理職）がそれなりに時間を割かねばならない仕事が細々と存在しており、かれらのマンパワーが毎年それらの仕事に投じられている。これらの学校選択制の運営に関わるマンパワー（いわば「ランニングコスト」）は、学校選択制の導入以前には存在しなかったものであり、もし選択制がなかったとすれば、特に管理職は、そのマンパワーを学校内部の運営や地域との連携などに充てられた可能性がある。こうした学校選択制による明らかな学校の業務負担の増加は、とりわけ管理職の余裕を奪い、学校経営や地域連携の機能を少なからず低下させるものだと考えられる。加えて、これは、第4章で紹介した「現状調査」における学校関係者の声からも指摘されていたことであるが、学校選択制の導入が次年度の児童生徒数の確定を遅らせるため、次年度の学校運営の体制や計画が定まりにくく、それらの確定に遅れが出ることも指摘された。

3．教員の視点から見た保護者の「選択基準」の不可知性／曖昧さ

　大阪市全体の学校選択制の動きに詳しいある中学校の管理職[(13)]に、改めて、

　何が学校選択制による児童・生徒数の増減の原因になっていると思うかについても尋ねてみたところ、4つの要因を挙げてくれた。まず、1番目が、自宅からの通学距離など「地理的要因」であった。2番目は、中学校に限ったものであるが「部活動」である。3番目は、学校の「生徒指導面での状況」であり、特に「荒れ」がないか、落ち着いているかという点である。4番目が、「児童・生徒間の人間関係」（友達と同じ学校に行こうとすること）である。以上の4つに比べると多少影響力が弱いが、学力上の要因、特別支援教育の環境、特定の地域や学校に対する差別意識や偏見の影響もあるのではないかと指摘された。筆者が聞き取りを行った他の教員が指摘した要因も、おおむね以上の中におさまる。

　このように学校選択制による児童・生徒数増減の要因が挙げられたものの、これらは、あくまで、学校選択制における児童・生徒数の変化と学校の状況、児童・生徒や、保護者、地域関係者との談話等から教員自身が推察した要因にすぎないとも言える。教員が、自身の職場である学校の入学者の状況について最も多くの背景的な情報を持っていることは事実だが、それでも、その学校が「選ばれる」／「選ばれない」原因については、直接それを子どもや保護者に尋ねたり、アンケートを取ったりできるわけではなく、実質的には、学校外の人と同様に推測するほかない。つまり、ある年度にある学校への学校選択制による入学者が多かったり、あるいは、他校へ「流出」する人が多かったりする状況について、教員はいろいろと思い当たる「原因」があるだろうが、あくまで、それは「推測」であり、厳密にいえば「選ばれる」／「選ばれない」原因を教員が確定することは不可能である。これは、ある意味、学校選択制という「擬似市場的制度」（藤田2003）の限界であり、民間企業が商品やサービスを販売する場合に、店頭での反応やアンケートで直接的に「選ばれる」／「選ばれない」理由を把握できる状況とは異なっている。

　このように、教員・学校側にとって保護者の選択理由の不可知性ないしは曖昧さが現実としてあるわけだが、このことは、第1章で取り上げた学校選択制の「切磋琢磨」の理論を擁護する考え方においてしばしば見過ごされている。もし、学校の教育改善に必要とされるPDCAサイクルにおいて、学校選択制による児童生徒数の増減とその理由の把握が「C」（check:評価・分析）にあたるとすれば、その「C」が教員にとって不可知かつ曖昧であれば、どのように選択制の結果を教育改善に活かしていくべきか方向性を定めること

は極めて難しい。

　もう一つ、教職員の視点に立って、「選ばれる」／「選ばれない」原因を考えたときに浮かび上がってくる問題は、仮に上のような推測された「原因」が正しいとして、それらの多くが現在の教員のコントロール外にあると考えられることである。上記の教員が指摘した４つの要因の内、「生徒指導面での状況」は確かに学校の教職員の努力で改善することが可能である。しかし、他の要因、例えば「地理的要因」（学校が家から近い）や「児童・生徒の人間関係」（入学前）は、学校の努力によって変えていくことはほぼ不可能である。また、「部活動」についていえば、その指導を重視する学校・教員は多いとはいえ、それが、学校づくりの中心的な部分なのかといえば、議論の余地がある。つまり、公立中学校が「選ばれる」ために部活動の活性化に力を入れたり、実績をアピールするというのは、本来的な教育目標から逸脱しているとも言える。加えて、学校選択制以前から、もともと学校の規模が大きい学校ほど部活動の種類が多く、学校選択制導入のスタートラインから学校間で既に不平等があるとも考えられる。

　さらに、学校選択制において「選ばれる」／「選ばれない」要因の不可知性や曖昧さ、あるいは、それが教員にとってコントロール外にあることは、学校選択制を受けての児童生徒数の変動に対して学校側が何か特色ある実践を進めることが徒労に終わるリスクも大きいはずである。このような徒労に終わるリスクの存在は、結果として、同制度に対する学校の姿勢を受動的にすると考えられる。

4．児童・生徒数の減少に向き合う学校の事例

　既に述べたように、学校選択制の結果として、他校区の学校に児童・生徒が「流出」し、結果として、学級数などが減ることは、学校運営に一定の影響を及ぼすものである。もし、そうした児童・生徒数の減少に対応して、学校の教育活動を改善したとすれば、それは学校選択制の「切磋琢磨の理論」にかなった学校の変化であると解釈されるが、実際はどうなのだろうか。以下では、筆者の学校への訪問やインタビュー調査に基づき、学校選択制の結果としての児童・生徒数減少に学校がどのような対応をしたのかを、いくつかの中学校の事例をもとに検討してみたい。

（1）「荒れ」の解消につとめた事例

　筆者が訪問調査したＣ中学校は、市の都心部地域の区にあり、マンションなどが多く立地する住宅街にある[14]。しかし、同中学校は、区の端に位置するということの地理的な不利があったのに加え、生徒指導上の課題が多く「荒れている」時期も長く続いていた。特に「荒れ」の風評の影響があったためか、学校選択制が導入されてから、隣接する区の中心部にある別の中学校を選択する生徒が一定数生じ、学級数が一つ減る状態が続いた。「荒れ」ている時の学校の状況としては、校舎内外での生徒の喫煙、生徒間のトラブルや対教師暴力、一部のクラスで授業が成立しにくい状況などが多く発生していたという。こうした「荒れ」の背景には、同校の就学援助率の高さが示すように生活背景が厳しい子どもが多く、「しんどさ」を非行の形であらわす生徒が多くいたことも一因としてあったと教員は話す。また、そうした学校の「荒れ」の状況は、近隣の教職員間だけではなく、校区の保護者たちにも伝わっていたようである。

　　Ｃ中学校の教員：うちなんかでいうと、数年前まですごい評判が悪かった。たしかに、（他の学校の先生から）「今どこ行ってんの？」って言われて「○○中」って言ったら、「大変なところ行ってるね」って言われますもん。「えっ？そう？今は、もうちょっと子どもが文句言ってきてもええくらい、大人しいで」って言ってますけど。そういうのがあって、「うちには来たくない」とか、そういうウワサってね、やはり広まるものでね、だから。あと、Ｄ中学校（Ｃ中学校の校区から流出している先の学校）って行きやすいと思うんですよ、ほかから。

　学校選択制の導入後、Ｃ中学校の校区にある二つの小学校から、Ｃ中学校に隣接するＤ中学校を選ぶ生徒が一定数おり、その数はそれほど多くはなかったが、教員定数の計算上、生徒数の減少により、それまで3学級だった新1年生の学年が2学級になった。

　学級や教員定数が学校選択制の影響で減るということは、学校の教職員集団にとってそれなりに大きな心理的なショックを与えたようである。教職員は、一部の保護者が他校を選択したのは「荒れの風評」の影響が大きいと考え、学校全体として生徒指導のあり方を改めて見直すことになった。「学校規

律を確立するために、学校のきまり・規則を守らせる」ことが学校の「運営
に関する計画」にも明記され、教員が共通の目標や考え方を意識し、チーム
ワークで生徒の指導にあたるようになった。この生徒指導体制の見直しのほ
か、「わかりやすく楽しい授業」をつくっていくことにも力が入れられ、以上
の結果、学校選択制導入後の年度の中で、徐々に生徒の様子は落ち着き、授
業で生徒が授業を受ける様子にも改善が見られたという。その次の年度から
も学校選択制によって、他校を選ぶ生徒は一部いたものの、その数が増加す
ることはなく、その後、全校生徒数については若干の回復傾向が見られる。

　しかし、このように生徒指導面で一定の改善が見られる中、そのほか、何
か「特色ある学校づくり」という面で行ったことがあるか先の教員に尋ねた
ところ、「特にない」という回答であった。

　　C中学校の教員：子どもがとっても大人しくなったとか、ほぼ真面目に
　　なってきて。個々にいくつかの問題はありますけれども、授業が成立し
　　にくいであるとか、暴力事件が起きるとか、そういうことは（現在は）
　　ほとんどないんですね。でも、それ以上に、（学校選択制で）出て行った
　　子を呼び戻す、来る子を増やすために、特に何かしようというふうには
　　なっていないですね。その（何かしようという）ことに、私は否定的に
　　感じることもないですが、そこで何か競争するみたいにね、要するに、
　　市長（橋下氏）が考えているのは、選択をやることによって、競争させ
　　ようということでしょ、それは、ないですね。

　このように、皆が安心して学べるよう状況が確保されて以降は、特に学校
選択制で「来る子を増やすために」何か特色ある取り組みを始めるというこ
とではないという状況が語られた。
　C中学校のように、「校内環境」（生徒指導面での状況)が生徒の「流出」の
要因であることが明確になっている場合、選択制による生徒数減少は、生徒
指導や授業のあり方を教職員全体で見直すきっかけになる可能性もある。つ
まり、生徒の「荒れ」が共通の課題として教職員に認識され、安心して学べ
る学校をつくることが改めて教職員の責務であると確認されたからである。
しかし、そうした学校づくりが一定の成果を生み、「普通」の状況に戻って以
降は、それを超えて、生徒・保護者に「選ばれる」ための特色づくりに踏み

込もうとまではしていなかった。インタビューした教員の声から解釈するに、そのような学校の「特色づくり」で他校と競争することが学校教育の本来の目的ではないと判断されたからであると考えられる。

（2）生徒・保護者・地域を巻き込んだ学校を応援する取り組み

　市の都心周縁部の区にあるＥ中学校は、区の端にあり、校区に経済的背景が厳しい家庭を多く抱える学校であった[15]。学校選択制の導入初年度に、1学級分の生徒が他の学校に「流出」し学級数が減少し、大きなショックを与えた。同中学校の教諭は、生徒数が減少した理由として、「地理的な理由」（区の端に位置し、他の二つの中学校との距離が近い家庭が多い）が大きいという。それに加えて、「（学校選択制導入の）前年度まで中学校の荒れが大きく、悪い評判が立っていたこと」も大きかったと同教諭は話す。そのほか、同校は、被差別部落を校区に含む学校であり、そうした地域に対する偏見や差別意識が、生徒の「流出」という形で再び表面化したのではないかと考えた教員や地域の教育関係者も少なからずいたという。

　ともかく、「荒れ」の風評をなくしていくことが先決であると教員らは考え、非行に及ぶ生徒や授業や学校生活に後ろ向きな生徒に対して教職員がチームワークで関わり、また、授業の改善にも取り組んでいった。そのような教員の動きは、同校の在校生の一部にも刺激を与えたようである。学校選択制導入によって新入生が減少し、学級数が減ったことは、生徒にも一定の心理的なショックを与えていた。インタビューした教員によれば、当時の3年生の中から、「先生、おれ、この学校を誇り持って卒業したいんや」と発言する子もあらわれた。そして、数は限られているが、学校の改善に貢献しようとする生徒も出始め、校舎内のゴミを拾ったり、挨拶を積極的にしたり、廊下に座り込んで授業に入らない生徒に声をかけたりする生徒もあらわれてきたという。こうした生徒たちの変化は、自分たちが通う地域の学校を大切にしたいという思いのあらわれではないかと、インタビューした教員は語った。

　教員や生徒たちの取り組みにより、かつて多くいた授業中に教室から出て行く生徒や学校内のトラブルも減少し、学校は徐々に落ち着きを取り戻していった。また、生徒の保護者らもＥ中学校が良い学校だとの口コミを広めるなど協力したことで、学校選択制による生徒数の動きにも変化があらわれてきた。依然、他校へ「流出」する生徒もいたものの、生徒の仲間づくりを重

視するE中学校を選んで入学する生徒もおり、毎年の新入生の数も徐々に回復してきている。

　E中学校の動きと似た動きは、前述のB中学校（学校選択制の影響で生徒数が減少）にも見られる [16]。B中学校では、選択制の導入後の著しい生徒数の減少を受け、PTAや学校に関わりのある地域住民が動き出した。校区内の小学校にB中学校の良さを伝えようと、B中学校を会場とした校区フェスティバルのようなイベントを企画し、校区の小学生たちに楽しい体験を提供したという。また、保護者や地域の人たちが校区内のさまざまな機会に、B中学校の良さをアピールした。そうした取り組みの成果もあってか、イベントを実施した翌年、B中学校の新入生の数はやや回復したようである。

　こうしたB中学校、E中学校のような、教職員だけではなく、生徒や保護者、地域住民も加わった学校を応援しようとする動きは、学校選択制の導入を推進している論者にとっては、選択制の結果に刺激を受けた学校の教育改善の好例として受け取られるかもしれない。しかし、筆者はそのような安易な受け取り方には異を唱えたい。上のように学校の応援に関わる人々としては、競争したくてそれに参加しているわけではないこと、地域の学校から生徒が「流出」するという事実からのショックから、学校のために自分ができることをしようとの思いで取り組んでいることなど、関係者の思いを想像する必要があるからである。

（3）生徒数減少に対して特色ある学校づくりで挑むF中学校
① 学校選択制による生徒数減少

　最後に、学校選択制による生徒数減少をきっかけに、学校の「特色づくり」に積極的に取り組みだした中学校（F中学校）の事例を取り上げたい [17]。同中学校については、筆者は、校長へのインタビューを行ったほか、学校の取り組みや学校見学会の観察なども行っている。

　F中学校は、西部臨海部にある区の最も端のエリアに位置する公立中学校である。学校選択制の導入前、F中学校の生徒数は230人であったが、導入初年度には200人弱へと減少し、他校への「流出」が続いた結果、現在（2021年度）は生徒数が元の半数以下である100名程になっている。通常学級数も、選択制導入以前は全学年2学級ずつであったが、現在は、全学年単学級となっており、各学年（学級）の生徒数も少ない。

　前述のように、Ｆ中学校は、臨海部にある区の一番端に位置しているが、学校選択制導入後、同校よりも区のやや中心部に位置する別の中学校へと生徒の流出が増えた。その大きな理由は、Ｆ中学校のもともとの校区に含まれる２つの小学校区が大きな河川で隔てられており、この２小学校区のうち橋の東側にある小学校区が別の中学校（Ｇ中学校）により近接しているためである。結果として、Ｇ中学校に近い方の小学校の卒業生の多くが、大きな橋を渡らず通学できるＧ中学校へと入学するようになり、Ｆ中学校の入学者が大きく減ることになった。実は、本章で既に紹介してきたＣ中学校やＥ中学校も区の端のエリアに位置し、他校区から「流入」が難しい地理的環境にある。ともかく、こうしたＦ中学校の状況は、かつて長崎市の学校選択制において、急な坂の上にある中学校が避けられ、隣接する平地の学校に生徒が流出することになった状況に類似している。

　また、Ｆ中学校では、生徒数減少を受けて教員定数も減り、その結果、男子生徒に人気のあるサッカー部が顧問の配置ができず廃部となるなど、部活動の数が減った。この部活動数の減少が、生徒の流出をさらに強める要因となり「負のスパイラル」となった。選択制導入以前には毎年50〜60名いたＦ中学校への入学者は、現在は毎年20名前後と大幅に減少している。また、Ｆ校の校長が入学した生徒の声を聞いて感じたのは、子どもたちの小学校時代の友達関係やトラブルなども学校選びに大きな影響を与えており、Ｆ校を選んでいるのはどちらかといえば大人しいタイプの生徒が多かったという。

②Ｆ中学校の特色ある学校づくりと魅力の発信

　このまま生徒数減少が続けば、学校の存続も危ういと感じたＦ中学校の校長（Ｎ校長）は、地元の保護者・生徒に「選んでもらえる学校」となることをめざし、自らが旗振り役となって、特色ある学校づくりを進めた。同校長は、「21世紀型スキルの育成」を目標に、小規模校の環境を活かした学校づくりを進めた。その内容には、授業のＩＣＴ化、生徒の協同学習、地元企業との連携した「総合的な学習の時間」の取り組みなどが含まれる。

　特に、数学など教科の授業では、学級を２分割（ないしは３分割）して少人数授業を実施し、また、１人１台のタブレットを生徒に積極的に活用させながら、個々の学習ペースに対応した授業を実施している。そのほか、小型のホワイトボードを班学習に導入して、それを使った教えあいや発表も取り

入れられている。このような学習形態は、まさに学習の「個別最適化」を目指すものであり、大阪市内の学校教育の中でも、類を見ない全く新しいものである。

　多くの自治体の学校では、学校が過度に小規模化し、教員定数が減ると、一部の技能教科（音楽や美術、技術家庭など）を教える専任の教員を持てなくなるため、他の教科を教える教員に臨時免許を出して、その教科の指導を代行させる事態も生じる。当然のことながら、臨時免許の教員に代行された教科では、専門性の高い教科指導は期待できない。しかし、校長は、そうした事態を避けるために、教育委員会と熱心に交渉し、学校として特色ある授業づくりの研究推進を進めることを条件に、複数の加配教員を確保して、専任の教員を配置できるようにした。これによって、もともと少人数であった生徒たちに対して多くの教員が関わる体制がつくられた。実は、F中学校は、この校長が赴任する以前には、生徒指導上の課題がそれなりに大きい学校でもあったのだが、そのような生徒一人ひとりに細かく指導し対応できるようになったことで、皆がより落ち着いた環境で安心して学べるようにもなった。これまでの赴任校でも人権・同和教育の実践を重視して教育実践に取り組んできたN校長にとっては、「荒れない学校づくり」が学校運営の最も重要な目標であり、F中学校でも、学校改革を通してこの目標が達成できていることの意義は大きいと語っている。

　一方で、「総合的な学習の時間」の取り組みでは、地元企業と連携した体験的、探求的な授業を進めており、学校外に出かけての学習機会がカリキュラムの中に豊富にある。そのほか、新しい部活動として、校区内にある博物館施設と連携した特別の部活動を設け、月2回程度、活動を行っている。活動の内容としては、博物館スタッフとともに大阪湾の海岸部の自然環境や生物を調査したり、海岸の環境保全の取り組みを行ったりなど、他校では決して得られないだろう貴重な自然学習の体験だと言える。また、この活動を通じて研究したことを生徒たちが、中学生・高校生を対象にした全国的な自然科学の研究発表のコンテストで発表することも行われている。このコンテストに参加している他の学校のほとんどは私立学校であり、F中学校のような公立校からの出場は稀であったという。この点からも、F校の取り組みが公立学校の中でもいかにユニークであるかがわかる。こうした教育活動は、ある意味、F中学校が学校選択制の結果、小規模・少人数になったからできるこ

とであり、校長はそれを強みとして保護者・子どもにアピールしていきたいと語った。

　　F中学校校長：少人数だからできることを最大限やっていくこと。そういうことにやっぱり保護者や子どもも魅力を感じてほしいなと。だから、よその学校では体験できないことを、ここに来れば体験できると。部活はもう仕方ないですね。顧問がいなかったらできないことやからね。だけどそれ以外のことについて、本当にこの学校の地の利を生かしたというか。博物館もすぐそばにあり、大阪湾の学習をできたりとか、また区内のいろんな企業と連携したりとか、またタブレットを活用した授業を受けれるとか、ちょっとよそにはないと思うんで。そこは、よそよりもうちが進んでると思うんですよ。

　以上の取り組みに加え、校長は、市のPTA新聞や地域の情報誌など様々なメディアでF中学校の魅力を発信することにも努めてきた。実際、F中学校の実践は、新しい学校づくり・授業づくりの事例として全市的に脚光を浴びるようにもなってきた。その結果、同校長の在任期の終わり頃には、以前は全く参加者のなかった学校説明会（次年度入学者向け）にわずかながら参加する保護者・子どもも出てきた。2020年の新入生の保護者説明会には、筆者も参加したが、校長は来場した保護者たちに学校づくりへの思いを次のように語った。

　　F中学校校長：私がこの学校に来たときに、この学校が来年、再来年どうなっていくのかいうことで非常に悩みました。ひょっとしたらこのまま何にもせずに何年か後にこの学校を終わらせてしまう（閉校させる）ということも一つやったと思うんです。だけども今、このF中学校に通学している子どもたち、この子どもたちの未来はどないなるん？　将来に対する夢や希望は誰が実現させてあげるんだろう？　というようなことを非常に考えました。（…中略…）このF中学校を選択してもらえる学校にしようと。小学校の子どもたちや保護者の皆さんがF中学校に行きたい、行かせたいと思ってもらえる、そういった学校づくりをしようということで今、取り組んでるということなんです。

　この説明会で校長は、Ｆ中学校が行っているユニークな取り組みや教育方針を保護者に伝え、「決して、他の学校に負けていません」と学校の良さをアピールした。

　では、小規模校の環境を活かした特色ある学校づくりやその魅力の発信は、新入生の獲得にどのような成果をもたらしたのだろうか。残念ながら、こうした改革後も全校生徒数は減少の一途にある。2013年度に60名程度であった入学者数は毎年減り続け、2020年度、2021年度ともに20名前後にとどまっている。つまり、Ｆ中学校の特色ある学校づくりの取り組みは（さらなる生徒流出に一定の歯止めをもたらしている可能性もあるが）、残念ながら、目に見えるような入学者の回復までには到っていないのである。

③Ｆ中学校の小括──学校選択制による「切磋琢磨」は可能なのか

　以上、学校選択制の導入による生徒数減少を受けての、Ｆ中学校における特色ある学校づくりを見てきた。学校選択制の結果、Ｆ中学校は大阪市の中で最も小規模な学校となったが、同時に、保護者・子どもから「選ばれる学校」になろうと、授業改革が進められ、他校にはないユニークな教育実践が生まれてきた。校長によれば、生徒数が多い学校をうらやむ声が生徒たちの間にないわけでないが、それでも、「21世紀型スキル」の育成を目指し、生徒主体の新たな教育スタイルを後押しする学校が生まれたことの意義は大きいと言う。

　しかしながら、このように特色ある学校づくりが進められても、容易に入学者が増えない状況がある。この状況について、筆者は校長へのインタビューの中で、「学校選択制による切磋琢磨は可能なのだろうか」と校長に尋ねてみた。すると、校長は「切磋琢磨なんてできないと僕は思いますね。今言ったみたいに、違う要因が多過ぎるんですよ」と答えた。ここでいう「違う要因」とは、学校の地理的な位置づけ、元々の規模、部活動、入学以前の子どもたちの人間関係などの要因を指している。つまり、これらが保護者の選択に影響を与えており、学校の教育改善や特色づくりが直接的に評価され、入学者の増加につながるわけではないことを示唆している。

　以上、Ｆ中学校の事例から何が考えられるか、少しまとめてみたい。Ｆ中学校の生徒数減少は、学校選択における地理的な不利、そして、生徒数減少により生じた部活動の減少が主な原因であると考えられる。そうした中、学

校存続の危機感を感じた校長は、その危機感をばねに、21世紀型スキルを育むことを目標とした授業改革など、教育活動の創造に取り組み始めた。そして、このような特色ある取り組みを構築し発信することで、区の他校との差別化を図り、保護者から選ばれる学校になることで学校の存続にむけて取り組んできたのである。

F中学校のこのような特色ある学校づくりは学校選択制のねらいに即したものであり、まさに、それは「切磋琢磨」への積極的な関与であると見ることができる。しかし、「切磋琢磨はできない」という校長の発言に示されるように、学校選択制を通しての「切磋琢磨」の仕組みには矛盾がある。つまり、「切磋琢磨」として特色ある学校づくりを通して積極的に関与したとしても、入学者の回復という形で成果がすぐに期待できるわけではなく、端的にいえば、市場原理が機能しえないということである。特に、「地理的な理由」や「好きな部活動」が学校選択が利用され生徒が「流出」している主な理由であるとすれば、それらに特色ある学校づくりで応えようとしても、その取り組みが報われる見込みは薄い。なおかつ、なぜ、F中学校のように地理的環境の不利をもつ特定の学校だけがそのような特色ある学校づくりへのプレッシャーを担わされなければならないのかという点も大きな矛盾である。

また、学校選択制の影響で生徒数減少があった場合、それを受けて大胆な学校改革に取り組めるかどうかは、特に、校長のもつ個人的な要因（リーダーシップやビジョン、創意工夫）も大きいと考えられる。それゆえ、同じ状況に置かれたとき、どの校長も同じように特色ある学校づくりを進めていく（「切磋琢磨」に積極的に関与する）わけではないと考えられる。また、管理職のリーダーシップのあり方が異なれば、生徒数減少がもたらす危機感や、学校の実践上の努力が入学者の増加という形で報われない状況は、教職員にとって大きなプレッシャーとなり、職務意欲を減退させてしまうおそれもあるだろう。

5．考察

本章では、学校選択制の利用やそれによる児童生徒数の増減が学校運営にどのような影響をもたらすかを検討してきた。以下、本章の知見の整理を行いたい。

多くの学校の教員からは、現段階では、それほど深刻な影響としては語ら

れなかったが、学校選択制の利用の活性化により、生徒の居住地域が広がり、生徒指導対応がより複雑になっていることが指摘された。また児童生徒数が急増している学校では、空き教室の不足など、環境面でのマイナスの影響も聞かれた。特に、生徒の居住地域が広がり、学校と地域の連携が複雑化することは、近年、学校に期待されている「貧困対策のプラットフォーム」(山野2018)としての機能を妨げていることが予想され、児童・生徒の継続的かつ包括的な支援の観点からも問題があると考えられる。

　また、インタビューにおいて教員たちは、近年の保護者の学校選択制による児童生徒の動きが、部活動のような学校教育の副次的な要素や、地理的状況や仲間関係など学校の教育内容とは異なる要素によって左右されていると考えていた。学校の「校内環境」(「荒れ」の有無など)は教員の取り組みによって改善が可能であるが、それ以外の要因が複合的に絡んで学校選択制を介した児童生徒数の変動につながっていると考えられるため、その変動に彼らの教育内容の変化が直接、影響を与えるとはみなされていなかった。この点は、学校選択制による「切磋琢磨」の考え方の大きな矛盾である。

　さらに、本章の後半では、生徒数の大幅な減少にどのように向き合ったのかについていくつかの中学校の事例をとりあげた。それらの事例の中で、特に、中学校の存続が危ぶまれる中、新たな学校づくりへと梶を切ったF中学校について詳しく検討した。N校長によって進められたこの学校づくりは、学校選択制でねらいとする「切磋琢磨(競争の中での向上)」への積極的参加として捉えることができる。見方によっては、F中学校の事例は、学校選択制による競争的な政策環境が学校の特色づくりを促した、「切磋琢磨」の好例として捉えられるかもしれない。F中学校の事例にみられるような、学校選択制による児童・生徒数の減少に対応して「選ばれる学校」になるために特色ある学校づくりを進める小・中学校は、学校選択制の利用が活発化している市の周辺部により顕著に生まれてくる可能性がある。ただ、それが入学者の増加という形で成果を生み出すかどうかは不明であり、この点に学校選択制の「切磋琢磨」の理論の問題がある。

　以上の知見をふまえ、本章における教員のインタビューデータの分析に基づき、疑似市場主義的な教育制度(藤田2003)としての学校選択制に対する学校の向き合い方について理論的な考察を行う。

　学校選択制における「切磋琢磨」の考え方は、つきつめると「保護者、生

徒から選ばれるため、特色ある取り組みを創出し、他校との差別化を図れ」
というものだと考えられる。しかし、実際の多くの小中学校は、学校選択制
による選択結果に対する姿勢は受け身的である。言い換えれば、多くの場合、
学校は「選ばれる学校」になるために他校と差別化しうる何かに取り組むと
いうよりかは、むしろ「選ばれない学校」になる要因を減らすという防衛的
な姿勢でのぞんでいるようにみえる。というのも、多少、学校選択制の影響
で児童・生徒数が減ったとしても、学校運営を支える基盤が大きく崩れるわ
けではないからである。ただ、「選ばれない」条件として浮上する、校内の
「荒れ」などは、安心して学べる環境として問題があるので、そこは教職員で
協力して直していこうとするきっかけになる可能性がある。

　他方で、学校選択制に対して学校が受け身的になる別の要因としては、保
護者の選択の基準が不可知で曖昧であり、「選ばれる学校になろう」と何らか
の特色づくりを試みても、それが入学者の増加という結果を生まず、空振り
に終わるリスクもあるからだろう。

　そもそも、学校選択制における「切磋琢磨」に能動的に取り組む、すなわ
ち教育内容に関して、他校との差別化を図ろうとすることは、義務教育レベ
ルの公立学校教育の論理に合うことではないとも考えられる。通常、義務教
育レベルの学校教育は、入学者の獲得という市場的論理によってではなく、
入学してきたすべての子どもに対する平等な教育の提供という社会権保障の
論理に基づいて営まれている。

　以上のように、多くの場合、学校の学校選択制に対する向き合い方は受け
身的なものであったが、そうではなく、能動的に参加していくケースも確認
された。そのケースの一つが前述のF中学校である。そのような「積極的な
関与」にいたるのは、どのような時であろうか。

　第一に、F中学校の改革の例が示すように、生徒数の大幅な減少で学校の
存続も危ぶまれるような「危機感」が生じた時である。そして多くの場合、
そうした「危機感」を生み出す児童生徒数減少の原因となっているのは、「地
理的要因」や校区の社会経済的背景など、もともと学校が背負っている環境
上の不利である。

　第二に、このような児童生徒数減少を受けて、教員の確保や、学校を存続
させるために何らかの「特色づくり」やそのアピールを積極的に行う必要が
生じる時である。例えば、それは区の教育行政から、学校選択制にむけて、

学校の特色をアピールすることなど切磋琢磨への参加を要請される時などが含まれる。

　以上のような場合、児童生徒数の減少の「危機感」を起点として特定の学校で切磋琢磨への「積極的な関与」が生じる可能性があるが、そうした学校のケースは、都心部ではなく、選択制の利用が活発で児童生徒数の増減が激しい市の周縁部で生じやすい。しかし、既に述べたようにそうした児童生徒数減少がもたらす「危機感」が常に学校組織にポジティブな影響をもたらすとは限らない。例えば、先行研究（序章の山下2021参照）にも示されたように、学校の教育改善の努力が、入学者の回復という形で報われない状況が続けば、その学校の教職員に失望感が広がるおそれもあろう。かつ、幾度も述べているように、学校選択制の利用の活発化と児童生徒数の変動は、貧困対策のプラット・ホームとしての機能を弱め、多様な背景・課題を有する子どもたちを支える学校組織の力を弱める可能性もある。

引用文献

藤田英典 （2003）「疑似市場的な教育制度構想の特徴と問題点」『教育社会学研究』第72号, pp.73-04.

濱元伸彦 （2018）「チャレンジテストに基づく評定システムは中学校現場に何をもたらしたか――教育制度および実践における公正性と応答性の揺らぎ」濱元伸彦・原田琢也編著『新自由主義的な教育改革と学校文化―大阪の教育改革に関する批判的教育研究』明石書店, pp.98-pp.131.

大阪維新の会 （2011）『大阪秋の陣 市長選マニュフェスト』
（https://oneosaka.jp/news/2011/11/0210.html　2022年9月1日閲覧）

山野則子 （2018）『学校プラットホーム―教育・福祉、そして地域の協働で子どもの貧困に立ち向かう』有斐閣

注

（1）半構造化インタビューの対象者の総数は8名で、うち3名は学校長である。

（2）筆者は、2020年度、2021年度にそれぞれ大阪市の小学校、中学校に学校元気アップ事業における教育改善の支援者として関わった。大阪市人権教育研究協議会における各校の人権教育の担当者会などにも時々出席したほか、一部の学校の人権教育の研修講師も務めた。その他、大阪市における教育問題の学習会も数多く参加し、学校内外のさまざまな機会

に教員から直接話を聞く機会があった。

（3）市立小学校の教員からのインタビューによる（2020年7月）。

（4）市立小学校の教員（2020年3月）、同中学校の教員（2021年8月）らのインタビューによる。

（5）例えば、朝日新聞（夕刊）記事「都心回帰、過密化する小学校」（2018年5月29日）を参照。

（6）市立小学校の教員からのインタビューによる（2021年2月）。

（7）市立小学校の教員からのインタビューによる（2020年5月）。

（8）全市募集を行っている小中一貫校の教員のインタビューによる（2019年5月）

（9）市立中学校の教員（2020年3月）のインタビューによる。

（10）現実に、ある中学校で部活動の数は維持しているものの、部員の数も少なく、自校だけで試合ができないクラブもあると言う。

（11）B中学校の状況については、同校の教員（2021年8月）のインタビューによる。

（12）市立中学校の校長（2020年3月）のインタビューによる。

（13）市立中学校の校長（2021年7月）のインタビューによる。

（14）本項目の内容（C中学校）は、市立中学校の教員（2016年6月）のインタビューによる。

（15）本項目の内容（E中学校）は、市立中学校の教員（2016年6月）のインタビューによる。

（16）B中学校の教員（2021年8月）のインタビューによる。

（17）F中学校の状況については、同校の校長（2021年7月）のインタビューによる。また、F中学校の教育実践の記述については、その前後に行った授業見学やそこでの同校教員からの聞き取り、同校の情報が掲載されたPTA新聞等の資料から得た情報も用いている。

終章 学校選択制は学校の「切磋琢磨」をもたらしたのか
──知見の総括と提言

1．はじめに

　本書のねらいは、大阪市の学校選択制の利用状況や学力テストのデータ、フィールド調査のデータの分析結果を総合し、学校選択制の実態について明らかにすることであった。加えて、その実態解明を通じたもう一つのねらいとして、学校選択制の「切磋琢磨」の理論について検証することがあった。

　繰り返しになるが、学校選択制の「切磋琢磨」の理論とは、学校選択制の導入により、学校が保護者から選ばれることを通して、学校間に競争が発生するという制度的環境がつくられ、それが学校を教育改善に導くという市場主義的な政策理論を指す。

　序章で述べたように、「切磋琢磨」の理論のルーツは、英国のサッチャー政権の教育改革や米国のミルトン・フリードマンの選択理論などにある。これらをもとに、英米を中心に、学校選択制の実施により、教育制度に市場原理を導入することで教育が改善するという「変化の理論」が形成された。また、こうした海外の教育改革や理論を受け、日本でも、1980年代の臨教審を巡って「教育自由化論」が登場し、2000年代前後の経済界の要求や政府の規制緩和を巡って進められた「通学区自由化」の政策を背景に、東京都特別区などで学校選択制が導入されるなどの動きがあった。こうした学校選択制の導入をめぐる政策言説の中で形成されてきたのが「切磋琢磨」の理論である。1990年代以降、序章でも述べたが、『選択・責任・連帯の教育改革』や黒崎勲氏の学校選択制の理論などのようにニュアンスの若干異なる学校選択制の理論も登場している。これらは学校選択制の捉え方や教育改善を導く説明図式に若干の違いがあるものの、保護者の学校選択が学校の教育改善の動機付けにつながるとの基本的な考え方においては、主流である「切磋琢磨」の理論と共通するところが多い。また、2010年代に入り、本書で扱った大阪市の事例における、橋下徹の学校選択制の考え方やそれを支えた大森不二雄の学校選択制の理論も、この学校選択制の「切磋琢磨」の理論の系譜にある。

　本書では、この「切磋琢磨」の理論の検証をねらいとして、四つの研究上の問いを設定した。その四つの問いは、①大阪市の学校選択制はどのような

仕組みになっているか、②学校選択制はどのように利用されているか、③学校選択制はどのような成果をもたらしているか、④学校選択制は学校にどのような影響を与えているか、である。以下では、これらの四つの問いに基づいて知見を整理し、理論的な考察を行う。そして、その考察をふまえて、大阪市の学校選択制に関する政策提言を行うこととする。

2．研究上の問いに基づく知見の整理
（1）大阪市の学校選択制はどのような仕組みになっているか

　この問いに対しては、第1章、第2章がそのまま答えとなっている。第1章は、学校選択制以前における「越境入学の防止」の取り組みなど大阪市の教育制度や地域的背景、そして、学校選択制の導入過程を整理した。この導入過程は、橋下市長（当時）によって進められたきわめてトップダウン的なものであったが、一方で、学校関係者や市民代表者、学識者を集めて行われた「熟議」の政策形成への影響も無視できないものであることを指摘した。この「熟議」により、学校選択制を直接学力向上等の教育改善に結び付けようとする橋下市長や大森氏の改革案と学校選択制の結び付き（言い換えれば、「切磋琢磨」の理論の具現化）は多少弱められた可能性がある。これは、東京都の品川区や足立区、荒川区など、教育改革における切磋琢磨モデルが顕著に見られる区と大阪市の比較による筆者の見方である。しかし大阪市においても、学力テストの結果や中学の高校進学実績など、学校別の情報が公開されることにより、学校選択制を巡って教育成果に関するアカウンタビリティが強化されたのは事実である。

　また、第2章では、同市の選択制の仕組みを細かく説明しているが、区によって、あるいは、小学校・中学校の校種によって選択制の方法に多少の違いがあることを明らかにしている。

（2）学校選択制はどのように利用されているか

　2番目の学校選択制の利用実態に関する問いについては、本書全体で様々な角度から分析してきたところである。区により利用率の高低があるものの、市全体としては、2014年度の学校選択制導入以降、市全体の利用率は毎年上昇傾向にあり、2021年度には小学校で10.5％、中学校で6.9％の保護者が入学時に選択制を利用していた。利用率の上昇傾向は、学校選択制の保護者への

浸透を示唆するものであり、今後、選択制の利用は大阪市においてさらに拡大していく可能性がある。この予測に立てば、後述する選択制の学校運営への影響力も今後さらに増大していくと考えられる。

　加えて、第3章の分析で示したように、大阪市全体では、都心回帰の動きの中で人口動態に区間でかなりのばらつきがある。これを受け、子育て世帯が増加している区とそうでない区の間で学校選択制の利用状況の格差が鮮明になっている。特に子育て世帯が集中する都心部の区では、学校選択制が利用しにくく、ほぼ動かない状況があるのに対し、児童生徒数の減少が進んでいる都心部の外側に位置する区では、学校の児童生徒数の受け入れ可能枠が多く、利用しやすい状態にあり、その結果、学校選択制が活発になっていると考えられる。

　このように学校選択制の利用が活発か否かが地域的背景によって異なるとすれば、学校側が学校選択制という制度から受けるプレッシャー（改善への動機付け）が不均等であると言ってよいだろう。そして、区間の格差や区内の地域格差から、学校選択制が学校の教育改善を平等に動機づけるものでない状況があるとすれば、この制度は学校の教育改善を促す施策としては公平さを欠くものである。

　また、一部の区で学校選択制の利用が活発化する中、児童生徒の他校への流出が強まり、児童生徒数が激減している小・中学校も一部生じている。それらの学校の特徴として、特に学校が校区の端にあったり、その校区が大きな道路や河川で分断されたりしている（他校のほうが通学アクセスがよい）という地理的要因やそのほかの地域的背景における不利が作用していると考えられる。これらの要因が保護者の選択行動にもたらす影響については、第6章における3区での詳細な聞き取り調査からも裏付けられている。

　さらに、第7章の中学校の事例に示したように、大阪市の臨海地域にある一つの中学校は通学に不便な立地のために、多くの生徒が隣接する別の学校を選んでいる。この結果として生じた部活動の減少が、さらに入学者を減らす「負の連鎖」も生まれている。これらの結果は、初期条件としての学校の立地や通学アクセスのよさ、そして学校の規模が極めて大きな影響要因になっているという、序章でとりあげた複数の先行研究の知見を支持するものである。

　このように学校選択制の影響下で、小規模化が進む学校がある一方、都心

回帰による子育て世帯の一部の区（あるいは特定校区）への集中、あるいは学校選択制を介した流入等によりますます大規模化している小中学校も存在する。この傾向は、第6章で取り上げられた、都心中心部に位置する福島区や西区の一部など、交通の利便性なども含め「居住環境がよい」とされるエリアで特に強い。

　以上の知見を総括して言えることは、都心回帰の動きと学校選択制の導入の双方の影響が相乗して、大規模化する学校と小規模化する学校への分化が強まり、大阪市で学校規模の二極化が進んでいるということである。学校の小規模化の面についていえば、大阪市全体としてはもともと少子化の傾向があり、多くの地域において学校が小規模化するのはある程度避けられなかったが、選択制の導入が一部の学校の小規模化に拍車をかけていると考えられる。

　さて、次に保護者の「選択の基準」についてみていきたい。第2章における大阪市実施による保護者アンケートの分析では、「校内環境のよさ」「部活動」（中学校）など学校の教育活動に関連する要因も上位にはあるが、特に選択の割合として大きいのは「自宅から近い」、「友達が同じ学校へ行く」、「通学上の安全」など教育内容以外のものである。一方、教育方針や公開の学力データなどは選択基準としての順位が低く、それほど重視されているとは言い難い。これらの「選択の基準」に関する結果は、第6章で紹介した3区での聞き取り調査や（小規模ではあるが）アンケートの結果ともほぼ合致している。

　こうした大阪市の学校選択制に関する選択基準の特徴は、序章で紹介した東京都特別区における学校選択制の事例ともほぼ共通している。また、序章で述べた、藤田（2005）の学校選択の基準をもとに考えると、藤田が挙げた主な3つの基準（序列性の基準、特色性の基準、安全性の基準）では、他の2つよりも「安全性の基準」が最も重視されていると考えられる。そして、藤田がこの3つの基準に続く副次的な基準としてあげた「近距離の学校」「学校の規模」「友達と一緒に行ける学校」のほうが、大阪市の学校選択制においては、むしろ上位の基準に挙がっているように見える。特に、テストの成績など「序列性の基準」が選択基準の前面に出てきていない理由については、後述するように、学校間の序列性のまなざしを抑えるこれまでの大阪市の教育行政の影響が大きいのではないかと筆者は考えている。同時に、保護者の

選択の基準は、学校独自の教育の方針や取り組みに注目するものではなく「特色性の基準」もまた重視されているとは言えない。すなわち、上記の保護者アンケートなどの分析結果からは、大阪市においても嶺井（2010）が指摘したように特色ある学校づくりなど学校の教育改善と保護者の選択基準のミスマッチが生じていると考えられる。

　第6章では、さらに3区での学校関係者や保護者、不動産業者への聞き取り調査から、よりミクロなレベルでの保護者の選択行動とその動機を検討している。調査結果によれば、保護者が選択の際に利用する学校の情報源としては、学校選択制用の学校紹介パンフレットや学校説明会、保護者間で共有される情報などが主になっており、それ以外の「学校公開」の取り組みはほとんど利用されていなかった。

　また、福島区や西区の事例で、特に人気校の学校選択制の「枠」が限られている場合には、確実に自分の子どもをその学校に入れるために、学校選択制を利用せず、子どもの入学に合わせて対象校区に転居するという保護者の事例も確認されている。加えて、保護者や保護者に住宅を紹介する不動産業者への聞き取りからは、子育て世帯が、居住環境の良さや交通の利便性によって住宅を選ぶというだけではなく、子どもを人気の高い特定の公立学校に入学させたいという理由で住宅を選ぶというケースもあるという。

　こうした特定の学校への子どもの入学をめざしての「転居」は、学校選択制を経由しない別の学校選択であると言える。実際、序章で紹介した米国の先行研究（コルヴィン訳書2007）は、ある学校への子どもの入学を意図した転居こそが「最も広範に用いられている」学校選択であると指摘している。むろん、都心中心部でこうした選択ができるのは、経済的に裕福な保護者世帯に限られることだろう。そして、現在起こっている大阪市の都心回帰では、こうした第二の学校選択（転居による選択）のケースも多くなっているはずである。

　また、第6章などでもふれているが、経済学における公共選択論の論者C・ティボーの「足による投票」（住民は自治体の行政サービスの評価をそこに移り住んで表し、そうした集合的な市場的選択の結果として、各自治体の行政サービスの最適化が図られるとの考え方）という概念を用いて、学校選択制を「足による投票」として捉える研究もある（高木2004; 中西2019）。経済学者であるティボーの仮説（Tiebout,1956）は、そうした住民による選択

（足による投票）が住民のニーズに応じた公共サービスの最適化と向上を生むと想定している点で「切磋琢磨」の理論と親和的である。学校選択制は、居住するエリア内で選択肢として挙げられた学校の中から一つを選び子どもを通わせるという意味では確かに「足による投票」である。

　ただ、現実の大阪市の動きでは、上の福島区や西区の調査結果からも示されるように、「転居」という手段による学校選択、もう一つの「足による投票」が存在している。都心回帰における子育て世帯の都心中心部への集中自体の中にもそれは含まれていると考えられ、特定の人気校への児童生徒の集中を生み出す原因になっている。そして、こうした二重の学校選択（＝足による投票）が作動する中で、上記のような学校規模の二極化が生じており、特に後者の「転居」による選択（足による投票）はそれが可能な経済力をもった子育て世帯によるものであり、その動態は階層分化を伴うものであると考えてよいだろう。一方で、保護者のニーズないしは欲求に従ったこうした二重の「足による投票」が、それに合わせて「公共サービス」としての教育の向上につながっているかは、次項に述べるように定かではない。

（3）学校選択制はどのような成果をもたらしているか

　3番目の問いに対して、検討してみたい。大阪市の学校選択制については「就学制度の改善について」（大阪市教育委員会2012）に期待されるメリットとして、①子どもや保護者が意見を述べ、学校を選ぶことができる、②子どもや保護者が学校教育に深い関心を持つ、③特色ある学校づくりが進められ、学校教育の活性化が図られる、④開かれた学校づくりが進む、の4つが挙げられている。そのほか、大阪市の学校選択制の推進者となった大森（2000）は、学校選択制の導入は、学校間の競争関係をつくり学校を教育改善へと動機づけることで、学力の向上などの成果をもたらすと捉えていた。上のようなメリットが実際に生じ、成果があったか否かの評価は、本書が焦点を当てている、学校選択制が「切磋琢磨」をもたらすとの政策理論の試金石となるものであり、詳細に検討する必要がある。

　上の4つのメリットについては、まず、第4章の「現状調査」の分析により、保護者・地域関係者・学校関係者の三者の評価を通して検討している。そこで指摘したように、保護者は、アンケート結果において、市の学校選択制に対し概ね肯定的な評価をしている。現実には、選択制が利用しやすい区

とそうでない区の違いがあるはずだが、「選択できる」ことに対して肯定的に捉えている保護者の割合が大きい。特に、実際に学校選択制を利用した保護者は、この制度の意義をより積極的に評価していることが分かった。

　次に、他の成果項目（上記の②〜④）についてであるが、上の「現状調査」における保護者のアンケート回答では、保護者が全体として学校選択制に肯定的なこともあり、この制度の導入により、学校教育への関心がより高まるとともに、学校自体も特色ある学校づくりや開かれた学校づくりが進んだと見る保護者が一定の割合でいた。しかしながら、学校側の見方としては、そうした成果に対しては否定的であり、学校選択制の導入によって、特色ある学校づくりや開かれた学校づくりが進んだと評価した学校関係者は少数にとどまった。実際に、第6章の3区における調査では、学校関係者の回答として、学校選択制によって学校の教育方針を変えたという回答はなく、選択制が学校の教育改善の動機付けになったとは捉えられていなかった。

　さらに、学校選択制が学校の教育水準を高めることに寄与しているのかについても検討してみたい。第5章では、学力テストのデータの分析結果を提示しているが、例えば、学校選択制の利用が活発になっている区において（そうでない区と比べて）学力テストの結果が向上しているとの結果は確認されなかった。さらに、第6章における学校関係者の聞き取り調査においても、学校選択制の導入により、学力テストの結果や中学校における高校入試の進路実績等で向上があったとの回答は得られていない。学力テストの結果については次項でも詳しく述べるが、本書の分析で学校選択制の導入が学力向上を後押ししているとの知見は確認されなかった。

　それでは、学校選択制の導入が学校教育の改善に対して何の成果ももたらさなかったのかというと、そうとも言い切れない。成果の可能性として考えられるものの一つは、保護者アンケートでも学校選択の基準として比較的上位にある「校内環境」への影響である。学校選択制の導入は、学校の「荒れ」に対する対応など「校内環境」の向上に部分的にであれ寄与した可能性がある。ただ、以下に述べるように、学校選択制の導入と同時期に学校の生徒指導に関わるさまざまな取り組みがあったため、その寄与がどの程度であるかは慎重に評価されねばならない。

　例えば、大阪市が発表した小中学校での暴力行為、いじめ、不登校に関する統計のまとめによれば、特に近年、学校での暴力行為は著しく減少傾向に

ある。この傾向は、他の自治体でも聞かれる話であり、必ずしも大阪市に限った変化ではないかもしれないが、それ自体は教育環境の大きな改善と言ってよいだろう。

　では、どのような取り組みがこの変化の背景にあったのか。まず、大阪市では、2013年にある大阪市立の高校で起こった体罰事件以降、学校の中での暴力行為（教員の体罰及び児童生徒による暴力）を予防するための取り組みは強化されてきた。さらに、小・中学校に対しては、児童生徒の問題行動に対する対応の基準を明確化した「学校安心ルール」を子どもや保護者に伝える取り組みもあった。これらの取り組みが問題行動や暴力行為を減少させ学校の安全性の向上を促した可能性が考えられ、実際、近年の筆者らのフィールドワーク中にも、特定の小・中学校が現状において「荒れている」との情報は全くといってよいほど聞かれなかった。

　では、以上の取り組みに加えて、学校選択制は「校内環境」に関してどのような寄与があったと考えられるのだろうか。前述のように、学校選択制の保護者アンケートの結果によれば、保護者の選択基準として最上位ではないが「学校の校内環境」は小・中学校ともに5位以内には毎年入っている。一方で、教員の聞き取りからも、前年度に「荒れがあった」という情報により、特定の学校が保護者から「選ばれない」要因になったとの意見もいくつか聞かれた。加えて、第7章でみたように、いくつかの中学校では、学校の荒れや問題行動が入学者減少につながるという危機感や懸念が学校内で共有され、生徒指導体制の向上に努めたというケースも聞かれた。以上をふまえると、学校選択制の導入が学校の「荒れ」の減少を促す要因の一つになった可能性はあると言える。これは（その見方が正しいとすれば）保護者の「選択の基準」と学校の教育改善がマッチングした数少ないポイントの一つとして捉えられる。

　しかしながら、別の教育課題として、大阪市の不登校の状況に目をむけると、学校が「全ての」子どもにとって安心安全になったとは言い難い。同市の不登校率は、日本の政令市の中でも突出して高い値であり、かつ、学校選択制の導入以降も毎年右肩上がりで増加が続いている。具体的には、学校選択制の導入直後の2015年度には不登校児童・生徒の率が小学校で0.5％、中学校で4.6％であったが、それから4年後の2019年度にはそれぞれ1.2％、6.1％と上昇している（2020年度はコロナ禍の影響も考慮する必要があるが、それ

それ、1.2％と6.5％）。こうした不登校児童・生徒の多さを見る限り、不登校の増加も全国的な傾向ではあるが、大阪市において、学校選択制をとったことが不登校の歯止めにはなったとは言えないだろう。例えば、学校選択制の推進論においては、保護者や子どもが自分で学校を選べることで学校への参加意欲が高まり、学校との信頼関係や連帯が高まるとの主張もあった（例えば、社会生産性本部による『選択・責任・連帯の教育改革』）。しかし、もしそうだとすれば、学校選択制により、生徒が学校に主体的、意欲的に参加し、不登校は減るはずである。しかし、近年の不登校の増加は、学校選択制が子どもの参加意欲や連帯感を向上させることにはつながっていないことを示している。

（4）学校選択制は学校にどのような影響を与えているか

　次に④の学校選択制の学校に与える影響についてだが、これも本書全体を通して、さまざまな知見が得られた。まず、学校運営への影響ということでいえば、学校選択制の導入は、各校が学校のもつ「特色」を保護者に対して明示することが要求されるようになった。この状況は、以前に比べ、校長が、学校の「特色」に結びつくさまざまな取り組みやその実現のためのリーダーシップを打ち出しやすい環境になった可能性もある。しかし、第4章で取り上げた学校選択制の「現状調査」の結果からは、学校側の見方として、学校選択制導入により「特色ある学校づくり」が進んだと肯定的に評価する回答は少数に留まっている。つまり、実質的に各校の「特色ある学校づくり」が進んだとは少なくとも学校現場からは捉えられていない。一方で、現状調査では、学校選択制導入の前後で、通学の安全などにおいて学校の責任や危機管理意識に関する負担が増えたとの学校側の声があがっているほか、学校運営へのマイナスの影響が多く指摘されている。

　加えて、第6章の聞き取り調査においても、学校関係者からの声として、学校選択制の実施に伴い、説明会や学校見学会の開催、学校選択制にかかわる情報の整理や発信、区との連携など、学校の実務上の負担が増していることが指摘されている。また、選択制の導入により、児童生徒数の増減が生じ、学級数や教員定数の確定が年度末まで遅れ、次年度の運営体制や特別支援を必要とする児童生徒を受け入れるための環境整備などを準備しにくいとの声も上がっている。子ども・保護者による学校選択制利用の結果を、学校の取

り組みの検証や向上に活かしていくことも大事だという校長の意見も一部あったが、全体としては、選択制の導入による学校運営へのデメリットを指摘する意見が多く聞かれている。

　②の問いでも述べたように、区の地域的背景によって学校選択制の利用状況は大きく異なっており、児童生徒数が減少し、経済的背景が厳しい区において学校選択制が活発になるという状況が生じている。こうした地域では、学校には多様な地域から子どもが通うことになり、毎年の入学者数にも変動が生じることや事務負担が増大することのほか、教員による不登校児童生徒に対する家庭訪問なども難しくなっている。地域の諸団体、諸組織との間の子どもに関する情報流通や連携が困難になる可能性もある。以上を総合すると、結果的に、学校選択制の導入は、社会経済的背景が厳しく、教育課題が多い地域の学校の運営体制をより不確実かつ負担の多いものにしており、特に、学校に期待される貧困対策のプラットフォームとしての役割にもデメリットをもたらすと考えられる。

　他方で、近年、志水（2022）は著書の中で学校選択制による学校の二極化、特に学校間の学力面での格差拡大の発生を指摘しているが、この点についても言及しておきたい。志水は、「二極化」を示す例として、大阪市南部のある区（A区としておく）の中学校の全国学力・学習状況調査（以下、学力テスト）の結果において、2014年と2019年を比較して学校間の格差が開いていること、また、学力テストで上位に位置する学校には、学校選択制による入学者が多いこと（逆に、下位にある学校には選択制による入学者が少ないこと）を示し、これが選択制を経由した学校の二極化が生じているエビデンスとして示している。

　ただ、第5章で学力テスト結果の分析を行ったほか、中学校を対象に著者が行った独自の分析の結果[1]、志水の指摘するようなテスト結果の「二極化」について、選択制開始後の数年間で持続的なパターンとして他の区では明確に確認することはできなかった[2]。また、学校選択制における入学者数の増減と学力テストのスコアの増減の間の関係もかなりランダムであった。実際、多くの区で、学校選択制を用いて入学する生徒が増えた学校のテスト結果が大きく下がったり、逆に「不人気校」のテスト結果が伸びているという事例も散見された。

　ちなみに、志水が事例として挙げたA区においても、各校の学力テスト結

果の対全国比を、二時点間ではなく、選択制導入前の時点から数年間継続してみると、学校間の相対的な順位に大きな変化はなかったものの、各年度で格差が極度に縮まる年度もあれば、広がる年度も確認された。つまり、必ずしも選択制を導入後、学校間の格差が年を追うごとに広がるという格差拡大のパターンにはなっていなかった。

　もう一つ、市の中学校群を、学校選択制の利用率が高い区の学校（8区・45校）と利用率が低い区の学校（14区・60校）とに分けて、学力テストの対全国比の推移（2014年度と2019年度）を比較してみた。学校選択制の利用が学力格差拡大（二極化）を進めているとすれば、前者の区のほうが後者に比べて、テスト結果のばらつき（標準偏差）が大きくなると考えられる。しかし、実際には、後者の学校選択制の利用率が低い区のほうが前者に比べてテスト結果（対全国比）のばらつきが大きかった。

　以上をまとめると、志水の指摘する大阪市における学校選択制を経由した学校の学力面での二極化は根拠が乏しいと考えられ、少なくとも、多くの区でそれが生じているとは断定できない。その理由を考えてみると、現状において、学校選択を利用する大半の保護者の選択基準において、学力以外の側面が重視されているためだと考えられる。第2章でとりあげた保護者のアンケート結果が示すように、保護者の学校選択の基準としては、学力以外の要因が学校選択の主な基準となっている。特に中学校の場合、「やりたい部活動」が選択制利用の大きな理由になっているとすれば、それを理由に、生徒の流出入が生じたとしても、学校の平均的な学力の変動には影響を及ぼしにくいのではないかと考えられる。

　しかし、だからといって、志水（2022）の指摘する学校選択制を経由した学力面での格差の拡大について楽観視できるわけではない。まず、学力面での二極化はともかく、第3章で指摘したように、小・中学校どちらにおいても少なくとも学校規模の二極化は確実に生じており、既に説明したように、その背景には、保護者による二つの学校選択——都心回帰下における「転居」による選択と学校選択制を利用した選択——の双方の影響が複雑に絡んでいる。第4章の学力テストの結果に関する分析では、学校選択制の直接的な影響はテスト結果に影響せず、むしろ、都心回帰下における児童生徒数の増加が進む学校のほうが、学力テストの結果が向上している結果が確認された。端的にいえば、学校選択制による学力格差拡大というよりは、もう一つの

「選択」（都心回帰による子育て世帯の一部地域への集中的流入）による格差拡大のほうが顕著になっている可能性がある。

　では、学校選択制のほうは、学力格差拡大（二極化）を生み出さないのかというと、そうとも言い切れない。筆者の分析によれば、選択制で「選ばれている」（人気がある）学校が学力的に上位に来ているという区がそれほど多くないため、「二極化」というわかりやすいパターンでは確認しにくいものの、選択制による影響もあって、学力的な低迷が続いていると推察される学校は一部存在する。学校個別のデータの紹介は控えるが、いくつかの区で、全国学力・学習状況調査の結果で低迷が続き、選択制で児童生徒の流出が進んでいる学校が見られる。そうした学力的な低迷は、もともとの校区にある地域の生活背景の厳しさもあるが、加えて、筆者が教員のインタビューや教員の研究集会での報告などから得た情報により推察すると、学校選択制の導入で、学力的に上・中位層の児童・生徒が他校に「流出」していることも大きく影響しているようである。そうした「流出」が持続的に生じているとすれば、学校がいかに教育改善に努めようとも、学力的に課題のある児童生徒が多いため、目に見えるような学力向上の結果はあらわれにくいであろう。

　また、こうした学校の状況とは別にということになるが、市の教員らと話をしていると、以前にはあまりいなかったが、「（学校紹介のパンフレット等で公開されている）学力テストの結果が高いから、この学校を選んだ」という保護者や生徒も徐々に出てきているとの声も聞かれる。濱元（2018）でも指摘しているように、近年、大阪府がとっている公立高校入試内申点評定の仕組みでは、チャレンジテストの学校平均点が内申点に反映される仕組みがあり、子どもの進路に強い期待を抱く一部の保護者が、学校選択制により学力の高い学校を選ぶ動きが強まっていく可能性はある。

　そもそも、欧米の学校選択制における「上澄み掬い」（cream-skimming:序章を参照）の理論では、学校選択制を利用して居住地で指定される校区を選ぶのは高学歴や教育に熱心な保護者であることが多く、そうした保護者とその子どもの選択制を通じた移動が「学力格差」を生むと考えられてきた。山下（2021）も東京都の一部の特別区における保護者の選択行動において「上澄み掬い」を支持する分析結果を示している。だとすれば、今後、大阪市で学校選択制の利用がより活発になるほど学力格差の問題もより顕著になってくるという可能性は否定できない。

　そのほか、山下（2021）も東京都特別区の学校選択制の研究で指摘しているように、学校選択制において「選ばれない学校」では教員の職務意欲が下がる傾向があるということをふまえれば、そうした厳しい背景を抱える学校がより課題を大きくし、結果として、学力面での格差拡大が生じる可能性もあると考えられる。学校選択制の結果が、志水（2022）や藤田（2005）の指摘するような教育上の格差を広げていかないよう注視するとともに、後述するように学校の「序列化」を抑える措置を取る必要がある。

3．学校選択制の「切磋琢磨」の理論に対する検証

　以上、4つの研究上の問いに基づいて分析結果の知見を整理してきた。これらの知見のいくつかは、東京都特別区等における先行研究の知見とも共通点をもっており、あらためて、「切磋琢磨」の理論が抱える問題を浮き彫りにするものである。以下、本書のねらいである学校選択制の「切磋琢磨」の理論についてこれを検証するという観点から考察を行う。

　本書の分析からの知見を整理すると、学校選択制が学校の教育改善を動機づけるとの「変化の理論」としての「切磋琢磨」の理論には、（先行研究との一致点が多いが）次の3つの課題があると考えられる。

　第一は、保護者が学校選択の基準として重視していることの大半が学校および教員の自助努力で対応できないものだということである。中には学校の校内環境や部活動のように学校の教育活動に関わり、多少なりとも対応できるものもある。しかし、他のほとんどの基準は、学校の規模や地理的な利便性、就学前の人間関係など、教員の自助努力ではカバーできないものが多い。そう考えてみると、大半において、この保護者の選択の基準やその結果は教育改善の動機付けとはならないのである。

　第二は、上とも重なるが、学校の規模や地理的環境、区の地域的背景に関連して、学校の置かれている「初期条件」が学校選択制の利用に大きな影響を与えている点である。例えば、近年は保護者が大規模校を選ぶ傾向が強まっており、選択制開始時点の学校規模という初期条件が保護者の選択を左右する。また、都心回帰による人口動態を受け、区の地域的背景により選択制の環境条件にも違いが生じ、より活発に機能する区とそうでない区がどちらも発生する。つまり、選択制が「より活発に機能する区」のほうが制度から学校が受けるプレッシャーは大きくなる。このように、一見平等な「競争」

のように見えるかもしれないが、学校が位置付けられている初期条件（むろん学校教員の自助努力ではカバーできない）が選択基準として強いとすれば、学校の教育改善を動機付ける施策としては、公平性に問題があると捉えることができる。また、先行研究において、橋野（2004）が指摘しているようにその初期条件の違い（例えば学校規模など）は、選択制の利用が続くほどに強められ、学校規模の格差が広がっていく可能性がある。

　第三は、改革がもたらす「負の影響」である。前項で指摘したように、学校選択制には学校運営体制の負担増や、子どもの数が変動することによる学校運営の不確実性の増大などのデメリットがあり、かつ、それらは学校に対して均等にというよりは、特定の学校に集中している。これは特定の地域的背景を持った学校や不利を背負っている学校により大きなプレッシャーや学校運営上の課題を与える施策だと考えられるので、教育改善を公平に動機づける施策としては理にかなっておらず、むしろ、不公平であると考えられる。

　以上の3つの指摘は、学校の教育改善を公平に動機づけるという同理論のメカニズムが、選択制の実態と乖離があることを明らかにし、その理論の正当性を否定するものである。学校選択制導入は、確かに一部の保護者の便益向上にはつながり、また、学校教育の一部の側面についてアカウンタビリティを高める側面があることは否めないが、制度下にある自治体の学校群に公平にその動機づけを与えたり、結果として、全体的な学校教育の向上や特色ある学校づくりが推進されるというのは、推進者がもつ机上での期待であり、現実ではない。むしろ、特定の学校への負担の集中、学校規模などの格差の広がりなど様々な副作用をもつ制度であることをあらためて認識する必要がある。

　上の指摘は、あくまで学校選択制が学校の教育改善を公平に促すという理論の問題性について行われたものであり、「保護者・子どもが学校を選べる」ということそれ自体のメリットを否定するものではないとも言える。学校選択制の推進論者（大阪市の場合には、橋下氏や大森氏）はしばしば「選べる」ということ自体に価値があると指摘しており、多少のデメリットはあっても、保護者が学校を「選べる」のであれば、それは意義があると主張することも可能である。しかし、そうした保護者の便益に関する意義があったとしても、他方で、学校選択制の学校への影響が公平ではないこと、また、結果として、一部の学校の教職員に選択制による負担が増せば、その学校の保護者も影響

をこうむるという状況が発生するということは留意せねばなるまい。

4．政策的な提言と見直しのための7つの論点

　以上にまとめた、本書の知見は、学校選択制の「切磋琢磨」の理論の正当性を否定するものである。すなわち、日本における学校選択制の推進派の主張に共通して存在してきた、選択制が教育改善を公平に動機づけるという政策的な言説には根拠がないということを指摘するものである。

　この指摘をふまえ、学校選択制が自治体内の教育改善を公平に動機づけるであろうとの期待のもとで、学校選択制を導入する自治体があるとすれば、次のように助言したい。すなわち、学校選択制を導入しても、想定する成果が上がらない公算が高く、かつ、特定の学校に負担をかけ、教育機会の平等を支える基盤を損なうような弊害も発生すると考えられ、その導入は避けたほうがよいということである。また、現在、選択制を導入している自治体も、現状の成果と課題を分析して、見直ししていくことが必要であると主張したい。

　以上に加えて、後述のように、学校の教育改善を公平に動機づけ前進させたいというのであれば、学校選択制という疑似市場的な改革モデルではなく別の方法を採るべきではないかとも提案したい。

　では、現実的に、現在、大阪市において導入されている学校選択制をどうしていくべきなのかという問題が残る。以下、政策提言として、各区での裁量による学校選択制の見直しという大きな方向性と方法を示した後、その見直しにあたって、考えるべき論点を示す。最初に述べる提言は、大阪市を想定した政策提言ではあるが、その内容の根本は、学校選択制を採用している、あるいは検討中の自治体に対する提言にもなりうるものだと筆者らは捉えている。

【大阪市への提言】

　まず、筆者の大きな方向性としては、現行の大阪市における学校選択制については、市教委が全体を管轄するのではなく、区ごとにその存続を検討していくことが必要であると考える。この検討を行うにあたっては、各区が就学制度の見直しの委員会を、区役所、学校および保護者、地域住民の代表者を集めて立ち上げ、区の就学制度検討委員会（仮称）をつくる。そして、学

校選択制の利用状況や、学校教育への影響を考慮してメリット、デメリットを検討して、現行の学校選択制も含め就学制度のあり方を検討する。その中で、現行の学校選択制が機能していない、あるいは、そのデメリットが大きいと考えられる場合には、学校選択制を撤廃するか、選択制から「指定外就学の基準拡大」という方法に変更するなど、変更を行う。

　多様な意見があると思われるが、実質的に、児童生徒の学校の過密状態が著しく、学校選択制がほとんど機能していない都心部の区は、学校選択制から「指定外就学の基準拡大」という方向に戻してもほとんど影響はないと考えられる。ただ、都心部において児童・生徒が過密状況にある大規模校を避け、子どもに適した教育環境として小規模校を選びたいという保護者の声の存在は考慮する必要がある。

　幸いにも、学校選択制の導入時に、「熟議」での議論をもとにつくられた指針「就学制度の改善について」では、学校選択制と指定外就学の基準拡大の二つの方向性が示されており、前者から後者への変更にあたっても、同指針はよきガイドとなると考えられる。また、「熟議」がそうであったように、上の委員会については、区の職員だけではなく、学校の教員、保護者の代表、地域の代表も参加してもらい、その区の学校選択制利用の実態を共有して、就学制度のあり方について議論すればよい。

　このように大きな手続き的な方向性を示した上で、もし、上のような就学制度変更の委員会が立ち上げられることがあるとするならば、本書に示した調査結果の知見をふまえ、以下の七つの論点をその論議の中で考慮する必要がある。第一は、選択制の副作用ともいえる学校間の序列化を抑えることである。第二は、部活動による選択の是非を考えることである。第三は、学校間の競争ではなく、学び合い高め合うモデルへの転換を考えることである。第四は、学校の特色とは何かをあらためて考えることである。第五は、地域社会と連携・協働し、地域の教育力を再度重視した教育を考えることである。第六は、都心回帰下における地域間格差をなくすための都市政策を進める術を考えることである。最後に第七は、就学制度に関する民主的な議論を活性化させ、対話のネットワークをつくっていくことである。

（1）学校間の序列性を抑える

　第一の論点は、学校選択制がもっている副作用といもいうべき学校間の序

列化の影響を抑える措置である。

　そもそも、保護者の「選択の基準」を見つめていると、「自宅から近い」
「友達が通っている」「校内環境」などが上位にあり、それらを総合すると、
保護者が最重要視しているのは、子どもの通学を含め学校生活全般において
「安心安全に学べる」か否かであると考えられる。それは先行研究で、藤田
（2005）が述べた学校選択の三つの基準でいえば「安全の基準」が最も影響が
大きいということである。全学年単学級のような小規模校ではなく、大規模
校が選ばれるのも、子ども同士で何かトラブルが発生したときに、クラス替
えがあるという安全弁をもっていることが保護者に重視されていると考えら
れる。これに加え、中学校では「部活動」が子ども・保護者にとっての「特
色」として捉えられ、選択の基準として強い。

　以上のように整理すると、例えば、各校の学力的な位置づけは現在の保護
者の選択基準の中では低く位置付けられている。学力が選択基準の中で上位
になっていない理由としては、そもそも学校の学力的な位置づけに関心があ
る保護者は、学校選択制以前に、住宅選定の段階で、そうした学校のある校
区を選んで居住している可能性もある。一方で、他の要因として大きいと考
えられるのは、第1章でも述べたように、大阪市が長らく取り組んできた
「越境防止」の取り組みの成果として、公立学校を序列的にみる見方が抑えら
れてきたことが大きいと考えられる。もちろん、学校間での学力格差は一定
あったと考えられるが、他方で、市のどこの学校に通っていても、教えられ
る内容はほぼ同じだろうとの認識が長い年月をかけて醸成されていたのでは
ないかと思われる。これについて、格差のある現実を直視していないとの見
方を取るむきもあるだろう。しかし、そのように教育内容に学校間で大した
差はないだろうという素朴な見方は、学校教育に対する人々の社会的信頼で
あるとも捉えられ、換言すれば、それは、人々の意識に根付いた公的な教育
に対する信頼＝財産としてみることもできる。

　これに比べ、英国など一部の新自由主義的な教育改革が発展した国におい
ては、毎年発表される学校間の学力順位や第三者組織による格付けによって、
学校の評判が上下し、それに従って、学校選択制を経て入学者も激しく増減
する。そのように学校に対する外的評価に人々の選択が左右されてしまうの
は、子どもに合ったよりよい教育を選びたいとの保護者の思いもあるだろう
が、同時に、各学校の教育内容や質に違いがあり、選択を誤れば、ひどい教

育を受けてしまうだろうという強いリスク意識もあるのである。このリスク意識は、裏返せば、学校教育制度全体に対する社会的信頼が低いということを意味する。

近年、国際的に質の高い教育を提供しているとの評価が高いフィンランドでは、学校選択制は取られていないが、一般的に、「家から最も近い公立学校が一番良い学校だ」という認識が保護者に共有されているという。つまり、どの学校も平等に質の高い教育を提供しているという認識があり、学校教育制度に対する社会的信頼が高い状態にあるのである。日本の学校においても、様々な問題が指摘されてはいるが、（学校選択制が導入されていなくても）基本的には同様の社会的信頼を培ってきたと言えるのではないか。

逆に、学校選択制の導入は、序列性を排除してきた学校制度に対して、保護者の間に「比較し選ぶ」というまなざしを生むよう促すものである。学校の取り組みや表面的な成果の違いに目を向けさせて、保護者の選ぶまなざしをつくり、また学校側にも特色を出し、互いに差別化を図るよう働きかけるものである。そのような保護者のまなざしを作り出すことは、藤田（2005）の言う序列意識を醸成し、その意識による選択行動の積み重ねは、現実に学校間の格差をつくりだしていく可能性がある。本来、序列意識がなかった、または極めて薄かった制度中に序列意識をつくりだしていくことは、公共政策、教育政策としては大きな誤りであり、最も避けるべきことの一つであろう。結果として、学校選択制により、学校ごとに教育内容に大きな違いがあるという意識を保護者に植え付けさせていけば、学校教育制度一般に対する社会的信頼が掘り崩され、特定の学校の教育が他よりも優れているという見方を広げることになりかねない。

学校選択制を見直すにせよ、あるいは、続けるにせよ、可能な限り、学力などの表面的な基準で学校間を序列的に捉える見方を広めないような措置を取る必要がある。特に、大阪市の学校選択制に伴って行われている、全国学力・学習状況調査の学校別テスト結果の公開や中学校の進路実績の公開などは、そうした序列的まなざしを作る元になるものだと考えられるので、それらの公開が本当に必要なのか、もし、学校を選ぶ上での基準として重視されていないのであれば公開を止めるべきではないかなど、区ごとに市民とともに話し合って考えていくことが求められよう。また、学校教育に関するアカウンタビリティが下がらないようにするのであれば、上記のテスト結果等を、

学校選択制の判断材料として公開するのではなく、学校便りや学校協議会内の情報共有など、当該学校の関係者にのみ公開するという方法でも問題ないのではないか。

（2）部活動による選択の是非

次に、中学校の場合、部活動が選択の基準として大きいと考えられ、部活動の種類が多いために大規模校が人気をもつ要因の一つとなっている。学校選択制と部活動の関係について、部活動がもつ生徒の成長や自己実現への意義、運営体制上の課題なども考慮しつつ、選択制の論点の一つとしていくことが求められる。

中学校における部活動は、中学生が、学校生活をより楽しみ、また、その活動を通して自分の力を伸ばしたり、自信や達成感を持てる場として捉えられている。また、これまで、中学校の教育活動と部活動は相乗して生徒の生徒指導を支えているとの考えもあり、例えば、生徒の部活動への加入率が高いことは、生徒集団が落ち着いていることの一つの指標としても捉えられてきた。

また、生徒の側に視点を移すと、筆者も多くの学校を調査訪問する中で、さまざまな背景的課題を持つ生徒が、学級や授業の中ではなく、部活動に自己実現の場をもてることで救われているというケースを多く聞く。そうした話を聞くと、学校選択制の利用を通して、部活動を基準に学校を選ぶということは、生徒それぞれの社会的な成長を支える意義も大きいと考える。他方で、部活動を理由にある学校を選択したものの、その部活動にうまくなじめず、不登校傾向に陥ったという生徒のケースもあると実際に聞いた。つまり、部活動による選択が常にうまくいくとも限らないのである。

一方で、学校の教育活動において部活動は、副次的な位置づけであり、近年、教員の働き方改革の文脈においても、部活動の在り方をどうしていくかが論点となっている。

授業など学校の中心的な教育活動ではなく、学校教育活動のいわばオプション的な位置づけにある部活動が選択の基準の上位に来るという状況自体が、学校選択制が学校の教育改善を促すとの「切磋琢磨」の理論の大きな反証材料なのである。もし、この「選択の基準」に従って、学校が保護者・生徒に「選ばれる」学校になるべく競争するとするならば、学校が部活動の種類や活

動の質を競うというおかしな状況に陥る。実際、筆者が調査した小規模な中学校も、少ない生徒数・教員数の中でもできる限り部活動の種類を減らさないよう運営体制に苦慮していた。ちなみに、現状の中学校の教職員の人事に関して言うと、教科担当に加えて、学校の部活動指導を担当できるかどうかも配置で考慮されるポイントになることにも留意しておく必要がある。

　学校選択制の「初期条件」の問題でいえば、もともと大規模校であった学校は、部活動の種類も豊富であるし、また、生徒数が多いため、運動部も文化部も部員が多く活発であることが多い。そう考えると、初期条件として大規模校であった学校は、より生徒数が多くなり、部活動の種類が少ない学校は生徒数が減少する。そして、本書の事例で述べたように、生徒数減少によりさらに部活動が減ると、よりその学校は魅力が減り、生徒数が減るという負の連鎖に陥る。そして、このように生徒数が減っていくと、生徒数が少ないことなどによる教育活動上の支障も一定生じてくるだろう。

　このように、部活動による選択が拡大することが、生徒数の格差拡大やそれによる教育活動への影響をもたらすとすれば、それに一定の歯止めをかけることも必要かもしれない。例えば、学校選択制から通学区域弾力化（部活動を理由にした選択も可）などに変更するなども一つの対策である。あるいは、複数の中学校で部活動を共同でもち、また、地域住民など外部講師の力を得ながら運営体制をつくり、どの中学校からでも参加できる体制にしたりすれば、学校選択制と部活動の問題をある程度切り離せる可能性もある。現在、部活動の指導の地域運営へのシフトが国政レベルで議論されているが、大阪市がそれにどう取り組むか、ここまで述べてきた学校選択制との関連も視野に入れて検討していくとよいだろう。

　以上のように、部活動の生徒の成長や自己実現への意義、運営体制上の課題なども考慮しつつ、学校選択制の論点の一つとして考えていくことが求められる。

（3）競争ではなく、学び合い高め合うモデルへの再転換
　続いて、教育改善のモデルに関して、特に、学校間の競争に基づく「切磋琢磨」モデルの見直しについて述べたい。
　本書では、分析に基づき、教育改善を促す公平な政策として学校選択制は機能しえないことを指摘した。しかし、そもそもそのように学校間が競争す

るモデルが日本の公立学校教育制度に必要なのであろうか。

　学校選択制を導入している国は多くあるが、例えば、そうした導入国が国際的な学力調査の成績で上位を占めているわけではない。PISAやTIMSSなどの国際学力調査では、選択制導入国のスウェーデン、オランダ、イングランドよりも、非導入国の日本やフィンランドが常に上位にいる。例えば、スウェーデンは学校選択制で競争モデルに近い制度を持つが、同じ北欧にあり、国際的な評価の高いフィンランドは学校選択制をとっていない。そして、PISAでは、フィンランドのほうがスウェーデンよりも学力面で常に上位にある。もちろん、教育成果は学力だけで測れるわけではなく、順位に意味があると主張したいわけではないが、学校選択制による「競争モデル」がそれほど成果を上げているわけでもない事実にまず注目するべきである。

　日本の教育は画一的だとよく批判されるが、国際学力調査では常に上位にあり、質の高い教育の平等な提供という目標を概ね達成している。特にTIMSSでは小中学校の学校間格差が非常に小さいことが日本の特徴であると指摘されている。

　近年注目されているフィンランドの学校教育制度では、地域に関わりなく等しく質の高い教育を受けられる環境を実現しようとする点で、その理念においては、日本の学校教育が目指してきた方向性と近いものである[3]。フィンランドでは、「(保護者にとって)家から最も近い公立学校が一番良い学校だ」との認識が共有されており、どの学校も同等に質の高い教育を受けられるとの信頼感が保護者の側にある。フィンランドでは、学校間の競争による質の高い教育の実現ではなく、各教員のスキル向上が最重要視されており、教員養成大学の難易度を上げ、充実した教員養成システムにより質の高い学校教育の実現に努めている。そうした意味においては、学校への信頼感のベースにあるのは教員の資質に対する信頼であると考えられる。つまり、信頼回復のために競争させるのではなく、教員が力をつけられる環境を整えることで、学校教育の質を高めることができるように行政が制度を整えている。フィンランドの事例が示すように、学校選択制を通じた学校間競争モデルは世界標準ではなく、選択のないモデルより優位であるともいえない。

　日本に話を戻すと、日本では、学校内外に競争がなく切磋琢磨がないとしばしば(学校選択制の推進派からは)批判されるが、学校現場に密着すれば、そこには教員の間に、本来的な意味での切磋琢磨があると筆者は見ている。

つまりそれは、教員や学校がお互いに学び合い高め合うという関係のことを指している。学校現場には教員間、学校間の実践交流や共同研修等がある。そうした場を用いて、教員間や学校間で互いの実践を意識し、高め合うような動機付けが発生しており、その中で自然な形での切磋琢磨が発生している。実際に学校選択制のない自治体でも、学校間の研究交流を研修を活発化させることにより切磋琢磨を生み出している。

　また、そのような研究交流を通して、他校の良い実践を学び取り、採り入れていくことも行われてきた。こうした学校間の交流の重要性についての研究上の指摘は少ないが、学校間の学び合いや高め合いのネットワークの存在は、海外にはない日本の学校の質を支える大きな要素である。そして、学校間の学び合いや高め合いを生むための場づくりやコーディネートこそが教育行政の役割だと考えられる。学校間の持ち回りで研究成果発表の機会をつくったり、学校に研究推進のための補助金をまわしたりして、自治体の教育行政は様々な形で学校間の研究交流を活発化させることができる。

　確かに、教育行政がそのようにコーディネートをするのではなく、学校間で競争的環境をつくり、その中で勝手に学校が自助努力で向上してくれれば、お金も人も要らず教育行政は楽であるが、学校選択による切磋琢磨のモデルはフェアな形で機能しないことが本書全体の研究知見である。本書の内容が示すように、競争モデルに任せると学校運営の負担増大や学校間での不平等の発生などの制度の副作用が生じることが多く、競争モデルは大きな問題を抱えている。

　大阪市は学校選択制を導入し、英米型の自律的な学校運営を目指しているように見える。しかし、その競争で求めるのは特色化つまり他校との差別化であり、視点を変えれば、他校の実践からは学ばず、自分独自のものをつくり出す姿勢を強めるものである。結果として一部の特色ある実践は生まれるかもしれないが、良い実践が幅広く共有される可能性は小さくなる。筆者も大阪市の学校現場を研究する中で、学校独自の取り組みを工夫している状況はよく聞くが、近隣の他校の実践を自校に取り入れたりするなど、近隣校との横のつながりによる学び合いや高め合いはますます聞かれることが少なくなっている。

　学校教育の持続可能性（sustainability）を高めるという考え方に基づけば、長期的には、学校間が競い合う関係よりも学び合いを通して支え合う関係の

246

ほうがそれに適している。このように学校選択制による競争や差別化という考え方を転換し、学校相互の学び合い、高め合いを後押しする改革に切り替えるべきであろう。

（4）学校の特色づくりを再考する

（3）の論点とも重なるが、学校の「特色」「特色づくり」についても改めて考える必要がある。教育において特色とは、それをつくろうと目指すものではなく、学校が子どもたちに向きあい、研究や試行錯誤を積み重ねるなかで、自然と現れて根付くものではないかと筆者は考えている。

参考までに、橋下徹が政治評論家の三浦瑠璃との対談本（橋下・三浦2019）の中で述べている次のような言葉を紹介したい。

> 僕は（大阪府）知事時代は、私立高校の無償化、疑似バウチャー化をいち早く取り入れ、公立私立高校の切磋琢磨を促しました。そのことによって各学校は自分たちの特徴を打ち出し、子供たちに選ばれる学校になる努力を一段とするようになりました。その結果、選ばれなかった公立高校は統廃合の対象になりました。市長になってからは、所管の公立小中学校についても、子供たちが選択する制度を導入しました。その結果、大阪市の公立小中学校の状況をまとめた資料は、私立学校のように充実するようになり、子供たちはそれを見て学校を選んでいます。(橋下・三浦, 2019)

この引用部で、橋下徹は学校選択制の導入によって、学校が自校の特色をより意識し、学校の特色を学校紹介のパンフレットに書くようになり、パンフレットが私立学校のもののように内容豊富になったといい、それが切磋琢磨の成果なのだと述べている。それが、学校選択制の切磋琢磨の成果なのかと思うと、いささか残念な気がしないでもないが、そもそもそのように対外的に見える特色をつくることが、義務教育レベルの公立学校の目標になるという発想自体に問題はないだろうか。

学校、特に義務教育レベルの学校の目標は他校との差別化ではないはずである。もし、公立小中学校に「特色」というものがあったとしても、それは、私立学校が他校との差別化を意識してアピールする「特色」とは根本的に性

質の異なるもののはずである。その校区内の地域に住む子どもたちを迎え入れ子どもたちの実態に合わせた教育に取り組み、また、地域社会の人や文化とさまざまに関わる中で、学校はそれ独自の教育のあり方をつくりだしていく。そのようにして積み重ねられてきた学校の「よさ」が結果的に「特色」になるのではないか。その過程では、子どもたちの現状を中心に据えて教育を計画し、地域にいるどのような背景をもつ子どもたちも安心して、楽しく前向きに学校生活を送れるような環境づくりや、子どもたちが意欲や興味・関心をもって参加できるような授業や学校行事を創ることが求められる。また、教員が教育活動の改善のために話し合って研究を進めたり、地域の人や団体と協働したりすることもその過程に含まれる。そのような過程の中で、自然と学校の実践や文化の中にあらわれるものが学校の「特色」である。そして、その特色は、子ども、教職員、保護者や地域などをつなぎ学校コミュニティとしての一体感や共通のアイデンティティを作り出すものだと筆者は考えている[4]。

　同時に、上のような何らかの特色や文化がその学校に育っていくプロセスは学校単体で進むものではない。その過程で、他の教員や学校との交流を通して、教員が別の学校から学んできたことが混ざっても構わず、むしろ混ざるはずなのである。そのような学校間の交流の中で学び合ったものが多ければ、各学校の取り組みは似通ったものに見えるかもしれず、外部の人が学校紹介のパンフレットだけを見ればどこに違いがあるのか判別が難しくなるだろう。しかし、それは問題ではない。子どもや保護者がその学校にいて本当に楽しいと感じ、学校生活に安心して前向きに参加できればよく、そのための実践や考え方の特徴が学校の「特色」なのである。

　前述の、学校教育制度に対する社会的信頼の問題とも関連するが、たとえ、このまま学校選択制が存続した場合においても、子どもも保護者も、「どの学校も同じくらいよく」指定校区の学校のほかを選ぶ積極的な理由が存在しない、結果として、ほとんどの人が選択制を利用する必要がない状況、それが望ましい公立学校教育の状態ではないかと筆者は考えている。

　また、大阪府・市が進めてきた人権・同和教育においては、校区（地域）にいる全ての子どもが就学し学ぶ権利を保障することが大きな目標として意識され、実践へと移されてきた。こうした取り組みについて、大阪の人権教育の推進者の一人であり堺市の教育長も務めた野口克海（2007）は「社会権

の保障」を具体化するものとして捉えている。また、野口はこの「社会権の保障」の取り組みが、学校選択制を通して保護者の選択やそれを通しての学校間の競争にさらされることで崩されていくことへの懸念を表明している。

　「社会権の保障」としての学校教育との関連してであるが、例えば、大阪市の市立大空小学校の取り組みは、そのインクルーシブな教育実践は全国的にも注目されている。しかし、この学校の取り組みを形づくった木村泰子元校長がいうように、あくまでもその取り組みは「すべての子どもの学習権を保障する」学校づくりを目標に進められてきたものである。つまり、上で野口が述べた「社会権の保障」としての学校教育を具体的に実現してきた結果、それが外部には「特色ある」ものとして映っているにすぎない。同校の取り組みについては、野口友康（2020）が詳細な観察や聞き取りに基づく研究書を刊行しており、詳しくはそれを見てもらいたい。しかし、同書の結論部で、野口が大阪市の学校選択制を活用して、大空小のようなフル・インクルーシブの教育を進める学校がどの区にも１校ずつ設置され、保護者がそれを自由に選べるようにすればよいと提案している点については（p.349）、氏が同校のインクルーシブな実践を選択可能な「特色」として捉えているように見え、あまり賛成できない[5]。

　ともかく、学校選択制の文脈で考えられてきた「学校の特色」「特色ある学校づくり」とは何を意味しているのか、改めて考える必要がある。

（5）地域社会と協働し、地域の教育力を重視した教育への再転換

　５点目として、教育環境としての地域社会の重要性を改めて考えて見る必要がある。多くの自治体が学校選択制を導入後に見直したり、廃止したりしているが、その要因の一つに「子どもと地域との関係が希薄になる」がある。「子どもと地域との関係」の希薄化は学校選択制の問題と関わりなく、以前から指摘されている問題である。しかし、今日、子どもを地域につなげていくことの重要性が改めて認識されつつある。例えば、近年、国の教育改革の方向性においても、「コミュニティスクール」「地域と共にある学校づくり」の推進など、地域社会と学校との関係がより重視されつつあり、これらを受け、子ども・学校と地域のつながりを強めていくことが必要だとの認識が社会の中で強まりつつある。

　また、近年の各地域における人口減少や災害の頻発を背景として、地域コ

ミュニティの維持や防災、福祉の問題とも関連して、学校を一つの拠点とした地域社会づくりがますます求められている状況もある。こうした観点からも、学校と地域の結びつきを弱めると考えられる学校選択制の意義は揺らいでおり、見直しを進める自治体が増えている。

　以上の多様な文脈を考えると、子どもの生活圏と学校の通学区域が空間的にも人間の繋がりの上でも重なりを持つことが基本的には望ましいと考えられる。また、大阪府・市が1990年代末から取り組んできた教育コミュニティづくりの取り組みにおいては、子どもたちがそのように空間的にも人間関係の面でもコミュニティとつながることが、子どもたちの地域にねざしたアイデンティティ形成と社会的な成長を支えるものと捉えられてきた。子どもたちが地域に対して所属意識をもてず、地域に対してアイデンティティを持てない「根無し草」のような存在にならないように学校と地域がつながる必要がある。筆者（濱元）もこれまで大阪府・市の教育コミュニティづくりの研究や研修に携わってきたが、そうした日常的な子どもと地域との触れ合いや地域活動への参加が「地域の教育力」となり、子どもの学びに向かう力など、非認知スキルを支える上でも関連性が強いことが筆者の研究（濱元2020）を通しても分かっている。

　また、大阪市では貧困家庭の子どもの割合が大きく、社会経済的背景が厳しい校区もある。そのような地域では子どもが自分の家庭や地域に対して否定的なまなざしを持ち、その反映として子どもの自己肯定感も低くなる可能性もある。近年の柏木（2020）の研究では、単に子どもが自己肯定感を持つだけではなく、自分の地域に対する肯定感（地域肯定感）を持てるような取り組みが重要であると指摘されている。柏木の研究では、貧困が集中する地域の学校における地域学習が取り上げられており、その取り組みでは、子どもが地域の人々の暖かさや地域の素晴らしさを発見し、子どもと教員がそれを共有することがねらいとされている。そして、柏木は、そのような地域肯定感が子どもたちの長期的な自立を支えるものであると指摘している。また、このような柏木の指摘に加えて、子どもたちが学力を身につけ地域から出ていくのではなく、地域づくりの一員また主体になるための主体性（=エージェンシー）を育んでいくことも地域に根差した教育活動の重要な部分であると考えられる。

　以上のように考えるとき、学校選択制によって一部の子ども・保護者が、

特定の希望にそって就学できる学校を選ぶ余地を残すことは必要かもしれないが、基本的には、大多数の子どもが自分の地域の学校に通うことを中心に据えて就学制度をつくることが、子どもの成長にとっても、地域の持続可能性にとっても望ましいと筆者は考えている。

大阪市も、大阪府と共に2000年代より教育コミュニティづくりを教育政策の目標の一つに掲げ、その目標は現在まで維持されている。また、その教育コミュニティづくりを支える基盤として、学校選択制以前からの取り組みとして、学校と地域の協働を下支えする豊富なリソースがある。例えば、学校と地域の協働の調整組織である「はぐくみネット」や大阪市独自の取り組みともいえる生涯学習ルーム（小学校内にある生涯学習の場）である。

しかし、子どもと地域のふれあいを促進するためにこれらのリソースを十分に生かしてきた学校は、比較的少ないと筆者は感じている。学校選択制に移行しても、学校と地域の連携でそれほど困っていない、むしろ、そこで困るほどの密な連携ができていなかったと話す学校の声をフィールド調査において筆者も聞いた。しかし、今、改めて、学校と地域の協働の重要性が再認識されつつある中、子どもと地域のつながりを回復させるような取り組みが必要ではないだろうか。筆者は、学校選択制を見直し、学校選択制の運営に割かれてきた管理職のマネジメントの時間やエネルギーを、学校と地域社会の協働に用いれば、より学校内外の教育活動が充実し、子どもが地域に支えられる学校になると考えている。

（6）都心回帰化における地域間格差を抑制する都市政策

次は、地域間格差を弱める都市政策である。少し学校選択制の問題から離れるが、就学制度の在り方や教育格差の問題を考える大きな図式として、都心回帰の動きや都市開発の問題にもふれておきたい。

第1章でも紹介したように、学校選択制導入にあたり、橋下徹や大森不二雄は議会答弁などにおいて、学校選択制を通して子どもが質の高い教育にアクセスをできれば、教育格差を克服できるとさかんに主張してきた（第1章第3節（5）を参照）。しかし、そもそも各学校の単体の取り組みで教育の地域間格差を埋めるほどの機能を果たせるわけではなく、地域間の格差をなくす上で、むしろ、より大きな役割を果たすのは都市政策である。すなわち、地域間格差をなくし、どの地域にも子育て世代が定住し、その地域の学校に

通う子どもが増えるように設計された都市政策が必要であると考える。

　特に、学校規模の格差という点で考えると、本書の知見に基づけば、都心回帰の動きと学校選択制の導入の双方の影響で、まず学校規模の二極化が進んでいる。すなわち、都心回帰による都心中心部への集中的なマンション建設と子育て世帯の流入（かつ行政のその放任）により、都心部の学校がますます大規模化する反面、市の周縁部の区では少子化が加速して小規模校がより増加する状況になっている。この影響に加えて、周縁部の区では、学校選択制により、特に小規模校がより小規模になっていく動きが見られ、結果として、小学校の統廃合計画が加速化している。つまり、逆説的であるが、そうした区では実質的に学校の選択肢が減ることになる。

　特に、都心回帰による、子育て世帯の都心部への集中傾向を放任する都市政策には、学校規模の二極化を促す以外にも大きな問題がある。都心回帰は、階層分化の側面もあわせもっており、高価格なマンションを購入して都心部に移り住むのは上・中流家庭が中心だとすれば、今後、都心部とそれ以外の地域で、経済格差とそれに裏付けられた学力格差が拡大するおそれがある。実際、第5章の分析においても、子育て世帯の流入度の高い地域において学校の学力テストの結果が伸びていることが確認されている

　この間の大阪市の行政を見ていると、都市政策と教育行政があまりうまく連携出来ておらず、教育行政は行き当たりばったりな住宅開発のあおりを受けて、特に都心部で学校の受け入れキャパシティーを越える子育て世帯の流入が発生している。

　こうした政策がもたらす、都心の一部地域への子育て世帯の集中が生み出す集合的不利益も考えてみなければならない。近年、都心回帰の動きの中で、都心部の一部エリアにタワーマンションが乱立し、学校が子どもの増加に対応できない状況がある。これは単に人口が増えればいいという大阪市行政の無計画な成長プランのためだと考えられる。そのために一部の学校がパンク状態になり、教育環境の悪化が生じている。それらの学校では、校庭に新たな校舎を建てて対処しているために校庭が非常に狭くなったり、校内が密集状態になったりする。加えて、本書が執筆されている時期は、2020年から2022年のいわゆる「コロナ禍」だが、この間の新型コロナウィルスの集団感染等による休校は、大阪市において小規模校よりも大規模校においてより多く発生していた [6]。学校の規模が大きいほど三密も発生しやすいため、集団

252

感染が発生しやすくなると考えられる。こうした感染予防に関わる問題も、大規模校のデメリットの一つに挙げられよう。

　市の都心部における子育て世帯の集中と学校の大規模化を抑えるには、一部の政令市や中核市が実際に行っているように、都心部へのマンション建設などに一定の制限をもたらし、住宅開発の市全体への分散を後押しすることが必要である。

　ここまで述べてきたように、都心部への人口集中や統廃合の加速化により、特定の学校が大規模化するのを避けることが、教育体制を持続可能にするためにも、また、教育上の格差を縮小するためにも重要である。また、もし、保護者のニーズを重視し学校選択制を維持するのであれば、保護者が、過密な大規模校ではなく、教員の目が一人一人の子どもに届きやすい小規模校も選べるようにすることも必要かもしれない。いずれにせよ、大人の利便性ではなく、子どもの「最善の利益」とそれを守る環境を考えた都市政策が必要であり、この都市政策との関連の中で学校選択制の是非を問わねばなるまい。

（7）就学制度に関する民主的なネットワークの再構築と対話の促進

　最後の提言は、就学制度をめぐる民主的なネットワークの再構築と対話の促進である。橋下徹市長の就任以降、大阪市では、学校選択制のほか、さまざまな新たな改革が進められたが、保護者との対話や保護者の意見を取り入れる機会は著しく失われ、トップダウンで政策が次々と進められた。それにより多くの改革が導入されたかもしれないが、トップダウンによる制度変更に依存した結果、市行政としても市民と対話する力がどんどん弱くなっていった。例えば、大阪市生野区における統廃合問題では、行政が市民と十分に対話することができず、一部の校区で地域住民や保護者の間に大きな不満を残す状態が生じたとされている[7]。一方で、同じ生野区ではあるが、統廃合措置で廃校になったある小学校（御幸森小学校）の跡地を、区の住民やまちづくりに関わる企業やNPO法人が協働して再利用する取り組み（いくのパーク）が実現した。同跡地は生涯学習やまちづくりの多様な活動が行われ、在日コリアンなど外国籍の住民が多い地域にあって多文化共生の拠点になることを目指している[8]。この廃校の跡地利用の事例は、区の住民と行政の粘り強い対話の産物であり、学校という地域の拠点が統廃合によって失われても地域住民のつながりの拠点を守ることは可能であることを示唆するもので

ある。

　2020年に大阪市立学校活性化条例が改正され、特に通常学級数が11学級以下の学校についてすみやかに学校再編整備（統廃合）の計画を進めることとなっている。特に、同条例の内容では、これまでのように保護者や地域住民との対話を長期にわたり経ずとも、トップダウン的に統廃合の計画が進められると考えられる。こうした条例は、確かに統廃合に関する政策決定をスピードアップさせるかもしれないが、行政の決定が上意下達式になればなるほど、行政側も、市民の側も就学制度や学校のあり方について共に話し合い、学びあうスキルや経験そのものが失われていく可能性がある。こうした行政と市民の間の対話不足は、最終的に教育の第一の受益者である子どもの「最善の利益」を考えた教育の設計を阻むことになろう。

　本節の冒頭には、政策的な提言として、見直しの時期に来ている学校選択制の在り方について、学校や地域、保護者の代表者が各区で話し合う検討委員会の設置を提案した。学校選択制の現状や問題をオープンに話し合い、学校間の格差拡大や特定の学校の不利益が生じていないかなどをモニタリングするとともに、就学制度の改善を住民主体の民主的な形で進める形をつくることが求められる。

　そのような区ごとの対話によって、例えば、一部の区では学校選択制が十分機能していないために、方法を見直し、通学区域の弾力化という方法に変更する区や、選択制のあり方を学校側に負担のかからないものに変える区が出るかもしれない。また、学校の学力による序列化を回避するため、パンフレットの内容に、学力テストの結果や高校の進学実績などを載せるのを止める区も出てくるかもしれない。加えて、一部の学校の統廃合の必要性の有無や計画なども住民の声を入れながら話し合われていくかもしれない。

　このように、区ごとに住民が対話し、学び合いながら意思決定に参加していく形をつくることが、真の意味で「ニア・イズ・ベター」を実現し、教育行政を地域に根差したものにする手立てである。そうした環境を基盤にして、区の中で組織の壁をこえたネットワークができ、学び合いを通して学校も地域も活性化していくと筆者は考えている。これまでのトップダウンの政策で失われた対話や学び合いを取り戻し、住民の参加を実現していくことが、教育を持続可能なものにしていく上で最も重要である。

5．結びに

最後に、大阪市の学校選択制について今後の研究課題を述べたい。

本書では、大阪市の学校選択制に関わる市の公開データおよび筆者らのフィールド調査（インタビューなど）のデータの分析を通して、学校選択制の実態を明らかにした。これらのデータから、特に学校選択制における児童生徒数の変化やそれに関わる地域的背景、学校運営への影響などについて、一定の知見を得ることができた。しかしながら、これらのデータから解明される内容については未だ限界があり、以下のように解明が難しい面がいくつか存在している。

その内容の一つに、どのような保護者が学校選択制を利用しているかがある。序章でも述べたように、学校選択制が——いわゆる保護者の「上澄み掬い」（cream-skimming）を経由して——教育上の格差を拡大させるとの指摘は欧米の研究で多く指摘されている。日本でも、山下（2021）が東京都品川区の分析を通して、こうした「上澄み掬い」の存在を支持する知見を示している。志水（2022）も、大阪市の分析でも同様の状況が生じているのではないかと指摘しているが、今のところ同市については十分な分析結果が示されていない。というのも、学校選択制による教育上の格差の拡大の有無を検証しようとする場合、保護者の社会経済的背景（SES）なども項目に入れた学校選択制の利用に関する保護者対象の質問紙調査の実施が必要となるからである。現在、大阪市教育委員会が毎年実施しているアンケート調査は、こうした保護者の社会経済的背景などの情報や、どの学校を選択したかまで踏み込んだものではない。それゆえ、今後、大阪市においても、そうした調査項目を含めた独自の質問紙調査などを研究者が考案し、調査・分析することが望まれる。

また、学校選択制によって生じている児童・生徒数の違い、つまり「人気校」「不人気校」の違いが教員の職務や意識にどのような影響を及ぼしているかも検討されねばならない。こうした、学校選択制による選択の結果が教員の教育改善に対する意識にもたらす影響の検証は、学校選択制の「切磋琢磨」の理論をより直接的に検証するものにつながるものだと言え、これを行うためには、教員を対象にした質問紙調査を行う必要がある。ここでも、山下（2021）が分析した東京都品川区のデータ（教員の意識調査）が一つの参考例となろう。

　そのほか、本書では十分に焦点を当てていないが、学校選択制において、特別支援学級の枠における児童・生徒の移動にも今後注目していく必要がある。濱元（2018）も指摘しているように、障害を含む特別な教育ニーズのある子どもが特定の学校に集まることは、逆に言えば、そうした子どもが一部の学校で少なくなることを意味し、そうしたニーズのある子どもの不均等は「学校文化の分化」を生む可能性がある。特定の学校に特別支援学級に在籍する学校が集まる傾向はないか、また、そうした児童・生徒の動きが学校にどのような影響をもたらすか、インクルーシブ教育を推進する観点からも分析が必要である。

　最後に、学校選択制と学校統廃合の関係についてである。本書でも指摘したように、学校選択制の導入により、一部の学校がより小規模化することを通して、「学校配置の適正化」（学校統廃合）の計画がさらに進行していく可能性がある。しかし、そうした学校選択制の結果を経た学校統廃合がどのような影響を地域（子どもや保護者も含む）にもたらすかについては先行研究で十分に扱われていないため、今後の政策分析の課題として、これも挙げておきたい。

　以上、大阪市の学校選択制についての今後の研究課題を挙げてきたが、これらは、同時に、日本国内のすでに学校選択制を導入している自治体においても検討してみる価値のある課題だと言える。筆者ら自身の研究としても、上のような研究を進めていきたいと考えているが、他の研究者にも是非、上のような研究課題に関わっていただき、より豊富な研究知見を生み出すことに協力してもらいたい。そのような研究知見が、それぞれの自治体において、学校選択制が本当に必要なのか市民が主体となり熟議していく上での助けになると考えている。

引用文献
藤田英典（2005）『市民社会と教育—新時代の教育改革・私論』世織書房
濱元伸彦（2018）「チャレンジテストに基づく評定システムは中学校現場に何をもたらしたか——教育制度および実践における公正性と応答性の揺らぎ」濱元伸彦・原田琢也編著『新自由主義的な教育改革と学校文化—大阪の教育改革に関する批判的教育研究』明石書店、pp.98-pp.131.
濱元伸彦（2020）「子どもの成長を支える「地域の教育力」とは」原清治・山内乾史編『教育社会学』ミネルヴァ書房、pp.98-pp.131.
橋下徹・三浦瑠麗（2019）『政治を選ぶ力』文春新書

池田寛（2001）「学校のアイデンティティ」『学校再生の可能性―学校と地域の協働による教育コミュニティづくり』大阪大学出版会, pp.37-53.

柏木智子（2020）『子どもの貧困と「ケアする学校」づくり――カリキュラム・学習環境・地域との連携から考える』明石書店

嶺井正也編（2010）『転換点にきた学校選択制』八月書館

中西広大（2019）「大阪市における学力テスト結果公開と人口流入：小・中学校における学校選択制の検討から」『都市文化研究』第21号, pp. 66-79.

野口克海（2007）「教育現場からの問題提起 学校選択制がもたらす新たな課題―子どもたちの社会権を考える」『部落解放』576号, pp.159-170.

野口友康（2020）『フル・インクルーシブ教育の実現にむけて―大阪市立大空小学校の実践と今後の制度構築』明石書店

志水宏吉（2022）『二極化する学校―公立校の「格差」に向き合う』亜紀書房

高木新太郎（2004）「特別区における学校選択制の影響の一例」『学術の動向』9(11), pp.33-39.

Tiebout, C.M.（1956）A Pure Theory of Local Expenditures, Journal of Political Economy, 64, pp. 416-424

山野則子（2018）『学校プラットホーム―教育・福祉、そして地域の協働で子どもの貧困に立ち向かう』有斐閣

山下絢（2021）『学校選択制の政策評価:教育における選択と競争の魅惑』勁草書房

注

（1）この追加の分析結果については、濱元が関西学院大学教育学会の2021年度研究会（2022年3月22日）において「学校選択制は学校の二極化を進めているか―大阪市の学校選択制の事例から」と題して報告を行った。その報告内容については、本書に補論として収めたいところであったが、本書刊行のスケジュールに間に合わず、入れることはできなかった。

（2）公開された全国学力・学習状況調査の結果が確認できた市内の中学校（統廃合対象になった学校を省く）105校*を対象に、国語と数学の平均点の対全国平均比を用いて行った分析による。志水と同様に、学校選択制が導入された2014年度と2019年度の結果を比較した。

（3）ここでのフィンランドの教育に関する記述は、フィンランドの学校教育に関する以下の文献を参考にしている。北川達夫・高木展郎（2020）『フィンランド×日本の教育はどこへ向かうのか：明日の教育への道しるべ』三省堂、明石書店、五百住満・八木眞由美（2017）「教員の資質能力の向上とそれを支援する教育行政の在り方について：フィンランド教育から考える」『教育学論究』第9号, pp.1-11。

（4）こうした学校の特色が子どもや教職員など学校に関わる人々の一体感やアイデンティティに寄与するとの考え方については池田（2001）に示された氏の教育論に依拠している。

（5）野口の提案は、大阪市の中でインクルーシブ教育の認知と実践を広げていくためであるが、しかし、もし、一部の学校がインクルーシブの拠点校になれば、特別な教育ニーズのある子どもや保護者が学校選択制を通じてその学校に集まることで、逆に他の学校は、そうした子ども・保護者が減ることで、学校文化の排除性を強めることになりはしないか。インクルーシブ教育の理念から考えれば、全ての学校が、いかなる背景や個性をもつ子どもにとって参加しやすく、学びやすい環境になるべきであると考えられるため、筆者は野口のこの提案には反対である。また、現実に、人権・同和教育の考え方に基づき、原学級保障の取り組みを進めてきた大阪市においては、大空小学校以外にもインクルーシブな教育を進める学校は少なくない。

（6）新型コロナウィルス感染症の第5波にあった2021年度2学期において、2学期の開始後3週間（8/25〜9/20）で、大阪市立の小学校において臨時休業が発生した学校の割合を、小規模校（通常学級が11学級以下）とそれ以外の学校で比較した。筆者が公開データを用いて分析した結果、同時期に、臨時休業が発生した割合は、小規模校で28.6％、それ以外の学校では51.1％となった。これにより、小規模校のほうが、感染による臨時休業のリスクは低いと考えられる。

（7）生野区の学校統廃合の問題については、産経新聞オンライン記事「1年生本当に通える？　12校→4校の小学校統廃合計画に住民反発…通学路延び、教育指導にも懸念」（https://www.sankei.com/article/20170617-FSGUWYRDGJINPFJ6J6WUGMCIGA　2017年6月17日）や「中1ギャップも要因になる街中の学校再編問題」（https://www.sankei.com/article/20220319-JTTKN4FKLJPW5DOHVKXSJBEEPA　2022年3月19日）を参照。

（8）御幸森小学校の跡地の再利用の取り組みについては、産経新聞オンライン記事「年500校が消える　求められる廃校活用の知恵」（https://www.sankei.com/article/20170617-FSGUWYRDGJINPFJ6J6WUGMCIGA 2022年8月6日）を参照。

あとがき

　さまざまな教育改革があるが、学校選択制に対しては、筆者自身特別な思いを持っている。筆者を大学で指導してくれた恩師は池田寛（大阪大学・2004年逝去）である。池田は教育社会学を研究領域とし、また、人権教育や学校と地域の協働をテーマにしていた。また、池田寛は大阪府の教育にさまざまな形でコミットし、特に、1990年代から亡くなる直前の2000年代初めまでは、大阪府における学校と地域の協働に関する行政施策の前進に大きな貢献を行った。現在でも、大阪府や大阪市は、政策目標の一つに「教育コミュニティづくり」を挙げており、それを実現するための校区単位の連絡調整組織を持っている。こうした「教育コミュニティ」の構想であったり、それを実現するために、学校と地域がどのように関わりあうべきか、また、それを支える地域の人材育成をどうするべきかなど、池田の具体的な提案は今でも少なからず、大阪府・市の施策の中に残っている。そして、橋下府政・市政以降、さまざまな改革が押し寄せてきた中でも、「教育コミュニティづくり」の看板は（やや目につきにくいが）教育施策の中に健在であり、また、亡くなってから20年近く経った今でも池田が研修を通して関わった学校や地域の教育関係者はそれぞれの地域で活躍している。ちなみに、筆者が大学教員になって以降は、筆者もかつて池田が行っていた大阪府や府内自治体の研修の一部を担うこととなり、池田を知る地域の人々との交流の機会も多い。

　学校と地域社会の協働や教育コミュニティを研究し、またそれを構想した池田寛の大きな問題意識では、社会の変化に伴い地域社会のつながりや教育機能が弱まり、子どもたちの社会的な成長の場が脆弱になってきたという。同時に、学校や家庭が担う教育の責任が増し、特に家庭の孤立が進んだと考えられている。

　池田寛の教育コミュニティづくりの構想は、その著書『地域の教育改革：学校と協働する教育コミュニティ』（2000）、『教育コミュニティ・ハンドブック』（2001）などに記されている。その基本構想では、中学校区を単位に、その中に含まれる学校園や地域の人・団体が集まり、子どもの教育活動の企画や連絡調整、情報発信などの面で協働し、教育を縁にした新たなコミュニティを築いてくことが提唱されている。この構想に基づく大阪府・市の取り組

みは、国が2010年代以降提唱してきた「社会に開かれた教育課程」「地域学校協働活動」を先取りした画期的なものである。端的にいえば、これらの取り組みの基本理念は、校区を基盤とした学校と地域の協働をベースに「地域ぐるみの教育」、「地域の子どもは地域で育てる」というものであった。

　上のような形で、子ども・家庭を支える「地域ぐるみの教育」の再興と、「協働」をベースにした新たな保護者・地域の教育への参加のあり方を考えた池田は、2000年代より全国的に広がってきた学校選択制の動きに対しては無論批判的であった。池田は特に米国のマイノリティの教育保障の取り組みなど、米国の教育についても詳しく研究していたので、より深く学校選択制の問題点を捉えていた。以下、池田の著書からの抜粋である。

　　　日本の学校選択論は、アメリカでの学校選択の負の側面を見ていない。学校選択によって学校の淘汰が生じるのだが、淘汰された学校は廃校もしくは休校ということになる。廃校や休校になった学校はどういう学校かを調べると、黒人やメキシコ系、アジア系のマイノリティが多く住む地域にあったこと、そして、学校を失った地域ではさらに一層地域の環境が悪化し、コミュニティの崩壊が進んでいることが明らかになった。学校は淘汰されるわけだから、「よい学校」が生き延びることになるが、「学校栄えて、地域滅ぶ」という実態を日本の学区廃止論者・学校選択論者は取り上げようとしていない。（池田2001,pp42-43）

　「学校栄えて、地域滅ぶ」と警鐘を鳴らした池田寛の下で学んだ筆者だったが、子どもと地域社会のつながりを弱めるとの論点から、筆者も学校選択制に対して基本的に批判的である。また、20代後半に米国に留学した後も（留学して間もなく池田は他界されたが）、筆者は米国における学校選択制の研究をレビューし、学校選択制の効果について研究界での論争が続いていること、また、いわゆる「上澄み掬い」（cream-skimming）など制度利用の階層間格差のような問題もあることを知るようになった。

　留学が終わり、筆者は大阪府の中学校教員となったが、2010年代に入り橋下徹氏が「学校選択制の導入」を公約に掲げ市長選に当選した時には、よもや大阪に学校選択制が来るとはと驚いたものである。そして、2014年に学校選択制が本格的に大阪市で導入されるようになると、これが一体どのような

変化を学校と地域にもたらすのか気になった。もし、存命であれば、池田も
またこの学校選択制導入という事態に相当なショックを覚えたはずである。
あるいは、この学校選択制や学力テストを軸にした大阪市の教育改革を現実
に目の当たりにせず良かったのではないかとさえ思ってしまう。ともかく、
池田から教え伝えられたことが常に頭の片隅にあり、大阪市の学校選択制の
結果についてそれを総括するような研究成果を世に出すことが筆者にとって
使命であると感じるようになった。それが、本書を刊行した主たる動機であ
る。

　2015年に大学教員になった後、大阪大学の高田一宏氏や金城学院大学の原
田琢也氏らが行っていた科研費のプロジェクト「新自由主義的教育改革と学
校文化の葛藤に関する研究」に研究協力に加わったことをきっかけに、大阪
市の学校選択制についても政策資料の収集やフィールド調査などを始めた。
この時期、本書の中でも扱っていないが、当時開校されたばかりの全市募集
の小中一貫校にも高田氏や原田氏と共にフィールド調査に入らせてもらった
りしている。その後、大阪府・市の新自由主義的な教育改革については2018
年末に原田琢也氏との共著書『新自由主義的な教育改革と学校文化』（明石書
店）にて当時の段階までの研究成果をまとめた。しかし、同書では、学校選
択制の影響に関する十分な分析を行っていなかった。それゆえ、この共著書
の刊行後も大阪市の学校選択制について、教員を中心に聞き取り調査などを
続けていった。

　そして、特に、大阪市港区の中学校で調査を行っていた際に、偶然出会っ
たのが、当時、大阪市立大学の大学院生で学校選択制を研究していた本書の
共同執筆者である中西広大氏であった。中西氏は、教育社会学を研究領域と
する筆者とは異なり、地理学が専門であるが、卒業論文の時から大阪市の学
校選択制をテーマにし、学校選択制が学校・地域に与える影響についてフィ
ールド調査と量的分析の双方を用いて分析を行っていた。また、中西氏が公
開された学校のテスト結果と人口動態のデータを組み合わせて分析した結果
をまとめた論文『大阪市における学力テスト結果公開と人口流入：小・中学
校における学校選択制の検討から』は優れた政策分析の論文である。筆者は、
自分の研究成果と中西氏の研究成果を合わせることで、大阪市の学校選択制
について総括的な政策分析の研究書を刊行できるのではないかと着想を得た。
この出版の企画を中西氏に提案したところ、中西氏も快く引き受けてくれた。

ちなみに、このような出版企画の話し合いをしたのが、中西氏が大学院修士を修了した2019年度末（2020年の初め）で、当時はその1年後の2021年初めに本書を刊行予定としていたので、出版の企画は2年も後にずれ込んでしまったことになる。中西氏は、自分の担当章の原稿を早めにまとめ、大学院を修了後、私立学校の教員となったが、その後何度も（筆者の側で）「まだ原稿が完成していない」ことを連絡させてもらった。原稿がなかなか完成しなかったのは、他に参加している調査研究のアウトプットに忙しかったのに加えて、大阪市の学校選択制について新たなデータであったり分析の視点が現れることが多く、なかなか執筆上のゴールを見出せなかったからである。

　また、本書の出版元はかねてより八月書館にお願いしたいと考え、打診していた。八月書館にお願いした理由は、日本の学校選択制の研究でも重要な位置を占める嶺井正也氏（元専修大学）の学校選択制に関する研究書を何冊も刊行されてきたからである。嶺井正也氏らの研究書に続く一冊として、筆者らの大阪市の学校選択制の本を加えさせてもらえたらという思いがあった。八月書館の尾下正大氏は、快く本書の企画を引き受けてくれ、応援してくださったが、入稿時期のずれ込みが幾度も生じ、その度に大きな落胆を与えてしまうことになった。それについては、ここで深くお詫び申し上げたい。そして、本書を刊行まで導いていただいたことに心から感謝申し上げたい。

　加えて、本書の分析の元となるデータ収集では、実に多くの大阪市の教育関係者に出会い、お世話になった。これについても改めて御礼申し上げたい。

　最後に、本書は初め学校選択制に対する批判の書としての構想し執筆を進めたが、ゴール間際になって、若干のトーンの変化があった。大阪市在住である筆者の身近に、学校選択制を使って少し遠方の小学校に通っている子どもとその保護者がいることもある。一方で、真っ向から批判すると決めてかかるのではなく、就学制度に関して行政と市民との「対話」こそが重要であると考えるに至り、その「対話」に資する研究成果が重要ではないかとの認識の変化もあった。ともかく、本書が今後、大阪市やその他の自治体の市民が、学校選択制の問題を考え、対話するのに役立つものとなれば、筆者らにとって誠に幸いである。

濱元伸彦

　共著者の濱元先生に初めてお会いしたのは2019年、私が修士課程2年生の夏のことだった。港区における調査で大変お世話になっていたある学校の校長先生から、同じように港区で調査をされていた濱元先生をご紹介いただき、お互いの研究内容について意見を交わした。濱元先生からはその日のうちに、研究の成果を共著著として発信することをご提案いただいた。当時大阪市の学校選択制を取り扱った研究は十分な蓄積がなく、その中のひとつである自分の研究を濱元先生が目に留めてくださっていたのは大変嬉しく、光栄なことであった。時を経てこのような形で書籍が出版されたことは大変感慨深く、濱元先生をはじめ出版にご尽力いただいたみなさまに厚くお礼を申し上げたい。

　自身の研究を振り返れば、なんといっても指導教員の山﨑孝史先生（現大阪公立大学）のご指導が大きかった。学部3年生の演習から一貫して、学校選択制というテーマに地理学の分野からアプローチするための理論的視座や方法論についてご指導いただいた。調査においても、ただの学部生が多忙な学校現場に聞き取り調査のお願いをしても無理だろうと勝手に諦め、なかなか聞き取り調査に行こうとしなかった私に、「紹介状を書いてやるからそれを持って直接訪問してこい」と背中を押していただいたこともあった。このように研究の見通しが甘かったり、完成した修士論文を学術誌に提出することをご提案いただいたにもかかわらず就職を理由に断り続けたりと、とにかく計画の甘さ、思慮の浅さがめだつ学生であった。それでも3年半にわたって共にこのテーマに向き合ってくださり、手厚いご指導で研究を導いてくださった山﨑先生には、本当に感謝している。

　また、私の研究では学校関係者、保護者、地域の方、区役所の方、不動産業者の方など、多くの方々に聞き取り調査にご協力いただいた。もともと縁のなかった地域での調査だったため、聞き取り調査にご協力いただいた方から次の調査対象者をご紹介いただくという、いわゆる「芋づる式」というような形式で調査を進めた。こうした方法では地域の方の協力が不可欠なのだが、特に修士論文の調査では各区でお力を貸していただくことができ、学校選択制を利用した保護者の方への聞き取り・アンケート調査を実施することができた。様々な方のお力添えによってこの研究ができたことをここに記し、改めてお礼を申し上げたい。みなさまのお力添えを修士論文、さらには本書という形で結実させられたことは、私にとって大変嬉しいことである。

　さて、大阪市が実施しているアンケートや本研究の調査では、例えばいじ

めなどを理由とした人間関係、支援が必要な児童生徒に対する学校の支援体制や設備の不足、生徒数の多寡による部活動の有無、通学路の安全性などを理由とした学校選択が多数見られた。大阪市にはいじめや通学上の安全などのいくつかの条件に当てはまる場合、通学指定校の変更や区域外就学を認める制度が存在するが、これらの制度ではなく学校選択制が利用されている場合がある。これらの問題やそれによる通学校の変更は、本来ならば教育行政上の問題として、あるいは学校同士や地域社会との連携を通して、改善や是正に向けた措置が講じられるべきものである。学校選択制は、各学校が特色を打ち出し保護者が学校を選択することで、各学校の教育活動の向上を目指す制度であったはずだ。しかし、第6章で述べたように、実際には各学校の特色による選択はほとんど行われておらず、むしろ教育行政上解決されるべき課題を回避する手段として学校が選択されているというのが、調査で明らかになった現状であった。

　私自身、当初は学校選択制そのものに違和感を覚え、批判的な立場からこのテーマに取りかかった。しかし研究を進めていくうちに、制度そのものよりも、むしろ導入時に想定されていたものとは異なる選択行動、ならびにそのような行動を引き起こす要因にこそ、重要な論点があるのではないかと感じるようになった。学校選択制の検証は、政策的なイデオロギーに基づいてその是非を議論することよりも、実際に起こっている現象に目を向け、その意味と要因を紐解いていくことの方が重要ではないだろうか。そしてこの検証は、教育制度論的な視点はもちろん、経済学的に想定される人間の選択行動と現実の人間の選択行動のギャップや、保護者の選択行動を引き起こす社会的要因、人口減少時代における公共サービスの在り方、当該地域の歴史的背景、都市構造や人口構成といった地理的視点など、幅広い切り口からアプローチできる（すべき）ものであり、それらを積み重ねて議論を深めることで、より良い教育環境の創出へとつながるテーマであると確信している。

　私は研究の現場を離れてしまったが、かつての私が憧れた大学での研究活動の成果である本研究が、そうした議論の礎となるのであれば、大変幸せなことである。このような機会を与えてくださった濱元先生、研究を最後まで導いてくださった山﨑先生をはじめ、私の研究活動と本著の出版にご支援いただいたすべての方々に、改めて厚く御礼を申し上げて、あとがきに代えさせていただきたい。

中西広大

初出一覧

序章　学校選択制と「切磋琢磨」の政策理論
　　　──書き下ろし

第1章　大阪市の地域的背景と学校選択制の導入過程
　　　──濱元伸彦（2016）「大阪市における学校選択制の導入過程
　　　の再検討：橋下前市長の「民意の政治」に着目して」『市政
　　　研究』（193号）pp.62-77

第2章　大阪市の学校選択制の現状
　　　──中西広大（2019）「大阪市における学校選択制の地理的
　　　検証──義務教育と公共選択論との関係から」（大阪市立
　　　大学・修士論文）の第Ⅱ章を加筆修正

第3章　学校選択制の利用状況と各区の地域的背景の関係
　　　──濱元伸彦（2020）「大阪市各区の学校選択制の利用状況と
　　　地域的背景の関係──都心回帰による児童生徒数の変化に
　　　着目して」『日本教育政策学会年報』（27号）pp.169-185を
　　　加筆修正

第4章　学校・保護者・地域は学校選択制の影響をどのように
　　　評価しているか
　　　──濱元伸彦（2021）「大阪市の学校選択制は学校にどのよう
　　　な影響をもたらしているか：6区の現状調査の結果を総合
　　　して」『教育学論究』（13号）pp.91-103を加筆修正

第5章　学力テストの結果を用いた分析
　　　──中西広大（2019）「大阪市における学力テスト結果公開と
　　　人口流入：小・中学校における学校選択制の検討から」『都
　　　市文化研究』（21号）pp.66-79を修正

第6章　大阪市の３つの区における学校選択制の現状
　　　　——中西広大（2019）「大阪市における学校選択制の地理的検証
　　　　　　—義務教育と公共選択論との関係から」（大阪市立大学・修
　　　　　　士論文）の第Ⅳ章の内容を修正（内容については、人文地
　　　　　　理学会2019年大会においてもポスター発表を行う）

第7章　学校選択制の学校に対する影響とその反応
　　　　——次の３つの研究発表の内容を整理して執筆
　　　　　・濱元伸彦「学校選択制は学校の「切磋琢磨」をもたらして
　　　　　　いるか——大阪市の学校選択制の事例より」日本教育社会
　　　　　　学会・第72回大会（2020年9月）
・
　　　　　・濱元伸彦「ある中学校の学校選択制による生徒数減少とそ
　　　　　　の反応としての教育活動の創造」関西学院大学教育学会学
　　　　　　会・2020年度研究会（2021年3月）
　　　　　・濱元伸彦「学校選択制を介した学校の教育実践の棲み分け
　　　　　　の進行—大阪市X区のフィールド調査より」日本教育社会学
　　　　　　会・第72回大会（2021年9月）

終章　学校選択制は学校の「切磋琢磨」をもたらしたか
　　　　——次の２つの研究発表の内容を整理したものに大幅に加筆
　　　　　・濱元伸彦「学校選択制は学校の「切磋琢磨」をもたらすの
　　　　　　か——大阪市での事例研究を総括して」日本教育政策学会
　　　　　　第72回大会（2021年7月）
　　　　　・濱元伸彦「学校選択制は学校の二極化を進めているか——
　　　　　　大阪市の学校選択制の事例か」関西学院大学教育学会学会
　　　　　　2021年度研究会（2022年3月）

著者　濱元伸彦・中西広大

濱元伸彦（はまもと のぶひこ）
　　1977年 大阪府生まれ
　　大阪府公立中学校教員などを経て
　　現在、関西学院大学教員
　　主要著作『新自由主義的な教育改革と学校文化―大阪の教育改革に関す
　　　る批判的教育研究』（共編書：明石書店、2018年）
　　主要論文「大阪市各区の学校選択制の利用状況と地域的背景の関係――
　　　都心回帰による児童生徒数の変化に着目して」『日本教育政策学会年報』
　　　第27号（2020年）
　　執筆担当：はじめに、序章、1章、3章、4章、7章、終章

中西広大（なかにし　こうた）
　　1995年 京都府生まれ
　　大阪市立大学大学院文学研究科修士課程を修了後、
　　現在、大阪府私立学校教員
　　主要論文「大阪市における学力テスト結果公開と人口流入：小・中学校
　　　における学校選択制の検討から」『都市文化研究』第21号（2019年）
　　執筆担当：2章、5章、6章

学校選択制は学校の「切磋琢磨」をもたらしたか
**　　――大阪市の学校選択制の政策分析から**

　　発行日　2023年5月25日
　　著　者　濱元伸彦・中西広大
　　装　幀　柊　光紘
　　発　行　株式会社八月書館
　　　　　　〒113-0033　東京都文京区本郷2-16-12 ストーク森山302
　　　　　　TEL 03-3815-0672　FAX 03-3815-0642
　　　　　　振替 00170-2-34062

　　印刷所　創栄図書印刷株式会社

ISBN978-4-909269-19-5　　定価はカバーに表示してあります